国家林业和草原局职业教育"十三五"规划教材

大学生心理健康教育

于俊红　廖忠明　钟　萍　主编

中国林业出版社

图书在版编目(CIP)数据

大学生心理健康教育／于俊红，廖忠明，钟萍主编.
—北京：中国林业出版社，2021.8
国家林业和草原局职业教育"十三五"规划教材
ISBN 978-7-5219-1205-0

Ⅰ.①大…　Ⅱ.①于…　②廖…　③钟…　Ⅲ.①大学生-
心理健康-健康教育-高等职业教育-教材　Ⅳ.①G444

中国版本图书馆 CIP 数据核字(2021)第 108732 号

中国林业出版社·教育分社

策划、责任编辑：田　苗
电话：(010)83143557　　　　　　　　　　传真：(010)83143516

出版发行　中国林业出版社(100009　北京市西城区德内大街刘海胡同 7 号)
　　　　　E-mail：jiaocaipublic@163.com
　　　　　http://www.forestry.gov.cn/lycb.html
印　　刷　北京中科印刷有限公司
版　　次　2021 年 8 月第 1 版
印　　次　2021 年 8 月第 1 次印刷
开　　本　787mm×1092mm　1/16
印　　张　13.25
字　　数　291 千字
定　　价　48.00 元

前 言

本人从事大学生心理健康教育已有 15 个年头了，进入学校工作之后就走上了大学生心理健康教育的前线。心理健康教育中心从无到有，心理功能室从一间到四间，从四间到十间，心理健康课程从选修到必修……这些不仅见证着心理工作的重要性和发展，也见证着心理健康教育的必要性。

教材在编写之初，充分考虑到大学生的心理特点及在校期间面临的具体、常见的心理困惑，以发展的眼光围绕人才培养目标，运用心理学的基本理论，从四个篇章全方位、多角度展示大学生活中的点点滴滴，是一部在翻阅中就能找到解决或缓解困惑方法的教材。

教材共分为四篇十章。第一篇"而今迈步从头越"中包含了心理健康知识概述、生命教育及自我认识三个方面的内容；第二篇"路漫漫其修远兮"中包含了情绪管理、人际交往及恋爱与婚姻三个方面的内容；第三篇"今朝把盏踏歌行"中包含了时间管理、网瘾之窥两个方面的内容；第四篇"星光不问赶路人"中包含了压力管理、幸福人生两个方面的内容。

教材层次清晰，脉络明了，内容全面，形式多样。课程思政体现在每一章的"思政小课堂"中，在大思政的指引下完成心理健康教育的学习，树立正确的人生观、价值观，提高心理健康水平和心理健康素质。同时，教材内容类型丰富，课堂引导帮助学生了解每一章的总体内容；故事导入激发学生的好奇心和进一步探索的兴趣；知识链接将现象升华为理论，增加学生的内涵；心灵思考、课堂互动让知识落地，进一步引领学生体验、感受所学内容；知识拓展和好影推荐用于学生课后的内涵延伸，加深对课堂内容的理解和掌握。

在编写教材的过程中，参考了大量的文献资料。在此，向相关作者表示衷心的感谢。由于编者水平有限，书中难免有疏漏和不当之处，敬请广大读者批评指正。

于俊红

2021 年 6 月

目 录

第三篇　今朝把盏踏歌行

第四篇　星光不问赶路人

第一篇

而今迈步从头越

亲爱的同学们，恭喜你翻开了"心"的一页。我们经历了春夏秋冬的四季变换，尝尽了风霜雨雪的各种滋味，迈进了大学校园。校园里洋溢着青春的气息，到处有灿烂的笑脸和青春的身影。你们的到来为学校带来新的活力，新的动力，笑声在校园的每一个角落回荡。然而，从高中到大学，从生活环境、学习方式、经济能力到人际交往等各个方面都会有全新的感觉，这是一个需要不断进行身心调整、达到动态平衡的过程。作为大学新生，我们需要尽快认识自我，适应前所未有的生活，扮演新的社会角色，更要从当前自己的情况出发，做好适应新环境、迎接新挑战、解决新问题的各种准备。

"00后"的我们，可能是第一次远离家门，远离朝夕相伴的父母、亲人、朋友以及原来熟悉的环境，这意味着崭新的独立的生活已经开始，对许多的问题需要独立思考、独立解决。所以，我们要尽快熟悉大学新环境，与老师、同学建立新的关系。认识并熟悉学校环境，这是新生适应大学生活的"第一课"。

同时，我们应该更加关注"我"与周围世界的联系，人们需要知道我是谁，这其中包括"我"的年龄、姓名、长相、身高、肤色、体重等；接着开始探究"我"是一个怎样的人，包括兴趣、爱好、能力、气质、性格等，在这样的探索中完成对自己的认识，从而悦纳自我。而"我"所期待的一切都以生命为基础，没有生命就没有一切。人们只有拥有了生命，才有机会去了解和探索这个世界，才会充满力量，才会创造无限的可能。绝大多数的人一生所走的路不可能平坦，何况一年还有春夏秋冬，评价人的一生也不是只看"一季"。无论你现在是取得了骄人的成绩，还是过得平平淡淡，或者不如别人聪慧，但只要你积极行动起来，正视自己，树立信心、保持童心、有恒心；与别人和谐相处，不断建立"人脉"关系，具有阳光心态，每天都在做有意义的事，做一个负责任的人，追求上进的人，你的生命的深度也会不同凡响，你也会有一个精彩别样的人生，你的生命的大树也会根深叶茂，生命的"年轮"也会加密、加宽。

进入新环境，适应新生活，是每个大学生都要面对的现实，"雄关漫道真如铁，而今迈步从头越"，勇敢地迎接新生活吧！

第一章

谈"心"变色
——心理健康离你有多远

📖 思政小课堂

健康中国，是 2017 年 10 月 18 日，习近平总书记在党的十九大报告中提出的发展战略，人民健康是民族昌盛和国家富强的重要标志，要完善国民健康政策，为人民群众提供全方位、全周期的健康服务。

一个人的健康是立身之本，人民健康是立国之基。大学生的心理是否健康，小而言之，影响着一场考试的得失，影响着一场比赛的胜负。大而言之，影响着人的工作、学习和生活，影响着班级、学校的和谐和社会的安定。

"少年强则国强"，只有心理健康、人格健全、朝气蓬勃、富有梦想的青少年，才能在人生道路上行稳致远，肩负起时代重任！让我们在关注身体健康的同时，一起来关注心理健康，做一个全面健康的人，共同呵护阳光心理，建设健康中国！

✔ 课程引导

当你看到"心理"二字时，你脑海中快速闪现的词语有哪些？

2018 年《中国城镇居民心理健康白皮书》历时五年对全国约 112 万城镇人口的心理健康大数据的分析显示：我国 73.6% 的人处于心理亚健康状态，存在不同程度心理问题的人有 16.1%，而心理健康的人仅占 10.3%。不看数据不知道，一看才发现，原来我们中的那么多人，并没有看上去的那么"生龙活虎"，绝大多数人的心理或多或少生了一点"病"。虽然存在一些心理方面的困扰，但很少有人会第一时间去找专业心理医生来解决问题。世界卫生组织估计：中国精神疾病医疗费用负担到 2020 年将上升到疾病医疗费用总负担的 1/4，抑郁症患者超过 2600 万人，但只有不到 10% 的人接受了相关药物治疗。我们绝大多数普通人，似乎都还停留在那个一说谁有心理问题，就马上代入他是神经病，是疯子的年代。并没有随着时代的进步，摘掉对"心理问题"这四个字的有色眼镜，也就不能真正把心理健康放在与身体健康同样重要的位置。

第一节　"心"健康　知多少

📖 故事导入

　　一天，一名妇女发现三位蓄着花白胡子的老者坐在家门口。她不认识他们，就说："我不知道你们是什么人，但各位也许饿了，请进来吃些东西吧。"三位老者问道："男主人在家吗？"她回答："不在，他出去了。"老者们答道："那我们不能进去。"傍晚时分，男主人回到家后，妻子向丈夫讲述了所发生的事。丈夫说："快去告诉他们我在家，请他们进来。"妻子出去请三位老者进屋。但他们说："我们不一起进屋。"其中一位老者指着身旁的两位解释："这位的名字是财富，那位叫成功，而我的名字是健康。"接着，他又说："现在回去和你丈夫讨论一下，看你们愿意我们当中的哪一个进去。"妻子出来问三位老者："敢问哪位是健康？请进来做客。"健康起身向她家走去，另外两人也站起身来，紧随其后。妻子吃惊地问财富和成功："我只邀请了健康。为什么两位也随同而来？"两位老者道："健康走到什么地方我们就会陪伴他到什么地方，因为我们根本离不开他，如果你没请他进来，我们两个不论是谁进来，很快就会失去活力和生命，所以，我们在哪里都会和他在一起的！"人生的幸福之基，就是保持好你的健康。

⚛ 知识链接

一、健康的含义

　　现代人出现了怪现象：皮肤松了，头发脱了，肚子大了，耳朵背了，眼睛花了，动脉硬了，腿脚软了，脾气急了，反应慢了，体力弱了，心智钝了，血压高了，血脂稠了，食欲差了，睡眠少了，排便难了，心情抑郁了——这种现象，以前叫"亚健康状态"。《中国大百科全书》(第二版)中对亚健康的定义是：介于健康与疾病之间的身体状态，或称为第三状态、灰色状态、潜病状态。但这种情况，说明了人们的体质在下降，有的社会学专家说"整个社会都产生了广泛性焦虑"，这是个不争的事实。

　　健康是"1"，金钱、地位、名誉等为其后的"0"，只有当前面的"1"存在时，后面的"0"才有存在的意义。我们不妨问一下自己："假如没有健康，即使你得到了整个世界，又有何意义？"

　　健康是一个存折，只有不断存钱，才不至于有天把钱取完或出现负数，至少得保持着存取的动态平衡才行。同时，健康和幸福，是一种财富，是要管理和经营的，将正面情绪——高兴、乐观、友善、开心等视为赢利，而将负面情绪——压抑、悲观失望、苦闷、担心、焦虑等看作亏损！

　　健康是一粒种子，她需要阳光、雨露的滋润，需要肥沃的土壤，才能生长与壮大。

健康还是一种幸福的体验，不同的人对幸福的认识是不一样的，但基本的一点是相同的，那就是当你幸福时，你的心情是平静的，心神是宁静的，自我感觉是较惬意和舒服的，有一种由内而外的满足感。

对于国家与社会来说，健康更是一种资源，是生产力要素中最重要的要素。要实现中国梦，个人的健康必不可少。

二、世界卫生组织的健康观

体温、脉搏、血压等指标在今天是可以测量的，并能及时反映我们身体健康的状态。然而，身体的各项生理指标正常是否就意味着健康？世界卫生组织（WHO）给出了答案，世界卫生组织早在1948年成立之初的《宪章》中就指出"健康不仅是没有病和不虚弱，而且是身体、心理、社会功能三方面的完满状态"。

1990年世界卫生组织对健康的阐述是：在躯体健康、心理健康、社会适应良好和道德健康四个方面皆健全。道德健康的内容是指不能损坏他人的利益来满足自己的需要，能按照社会认可的行为道德来约束自己及支配自己的思维和行动，具有辨别真伪、善恶、荣辱的是非观念和能力。

对于健康来说，7%取决于气候与地理条件，8%取决于医疗条件，10%取决于社会条件，15%取决于遗传，60%取决于个人生活方式。

> **心灵思考——学而思不罔**
>
> 读读下面的故事，分析健康的含义：
>
> 在一间病房里有两个身患绝症的病人，一个在靠近窗户的床位，另一个则远离窗户。因为两个人都不能动弹，只能躺在病床上忍受病痛的折磨。靠近窗子的病人就每天向另外一个病人讲述他看到的窗外的景色，旭日东升，温暖和煦的朝阳洒满大地，美丽绚烂；可爱的蜜蜂在临近的花丛里欢快地跳舞，辛勤地劳动，自由自在；月亮害羞地露出半张笑脸与满天闪烁星星将黑夜照亮。每次的讲述，都可以看到他眼里充满了对幸福生活的渴望。远离窗户的病人也被他所描述的画卷深深地吸引。他们在此刻忘记了病痛的折磨，心中感到无比的温暖。就这样日复一日地过去了几个月，靠近窗子的病人因为病情加重在一天夜里平静地离开了。他的病友搬到了靠近窗子的床位，他这才发现根本没有美丽的景色，只有一堵高高的、冷冰冰的墙，根本就没有他所向往的美丽景色。原来这个阳光般的画卷只是一个美丽的谎言。

三、健康的标准

（一）世界卫生组织的健康标准

世界卫生组织给健康所下的正式定义中，衡量是否健康的十项标准为：

①精力充沛，能从容不迫地应付日常生活和工作；

②处事乐观，态度积极，乐于承担任务，不挑剔；

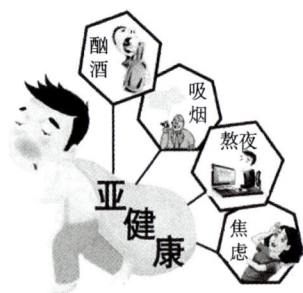

③善于休息，睡眠良好；

④应变能力强，能适应各种环境变化；

⑤对一般感冒和传染病有一定的抵抗力；

⑥体重适当，体态均匀，身体各部位比例协调；

⑦眼睛明亮，反应敏锐，眼睑不发炎；

⑧牙齿洁白，无缺损，无疼痛感，牙龈正常，无蛀牙；

⑨头发光洁，无头屑；

⑩肌肤有光泽，有弹性，走路轻松，有活力。

（二）心理健康的标准

一般来说，心理健康的人都能够善待自己，善待他人，适应环境，情绪正常，人格和谐。心理健康的人并非没有痛苦和烦恼，而是他们能适时地从痛苦和烦恼中解脱出来，积极地寻求改变不利现状的新途径。他们能够深切领悟人生冲突的严峻性和不可回避性，也能深刻体察人性的阴阳善恶。他们是那些能够自由、适度地表达、展现自己个性的人，并且和环境和谐地相处。他们善于不断地学习，利用各种资源，不断地充实自己。他们也会享受美好人生，同时也明白知足常乐的道理。他们不会去钻牛角尖，而是善于从不同角度看待问题。心理健康的人都拥有一个美好的生活。

心理学家认为，人的心理健康包括以下七个方面：智力正常、情绪健康、意志健全、行为协调、人际关系适应、反应适度、心理特点符合年龄。了解什么是心理健康，对于增强与维护人们的整体健康水平有重要意义。

心理学家将心理健康的标准描述为以下十点：

①有适度的安全感，有自尊心，对自我的成就有价值感；

②适度地自我批评，不过分夸耀自己也不过分苛责自己；

③在日常生活中，具有适度的主动性，不为环境所左右；

④理智，现实，客观，与现实有良好的接触，能容忍生活中挫折的打击，无过度的幻想；

⑤适度地接受个人的需要，并具有满足此种需要的能力；

⑥有自知之明，了解自己的动机和目的，能对自己的能力作客观的估计；

⑦能保持人格的完整与和谐，个人的价值观能适应社会的标准，对自己的工作能集中注意力；

⑧有切合实际的生活目标；

⑨具有从经验中学习的能力，能适应环境的需要改变自己；

⑩有良好的人际关系，有爱人的能力和被爱的能力。在不违背社会标准的前提下，能保持自己的个性，既不过分阿谀，也不过分寻求社会赞许，有个人独立的意见，有判断是非的标准。

美国心理学家马斯洛和米特尔曼提出的心理健康的十条标准为：

①充分的安全感；

②充分了解自己，并对自己的能力作适当的估价；

③生活的目标切合实际；

④与现实的环境保持接触；

⑤能保持人格的完整与和谐；

⑥具有从经验中学习的能力；

⑦能保持良好的人际关系；

⑧适度的情绪表达与控制；

⑨在不违背社会规范的条件下，对个人的基本需要做恰当的满足；

⑩在集体要求的前提下，较好地发挥自己的个性。

(三)大学生心理健康标准

在实践中，我们认为，大学生心理健康应从以下几个方面把握：

1. 智力正常

这是大学生学习、生活与工作的基本心理条件，也是适应周围环境变化所必需的心理保证，因此衡量时，关键在于是否正常地、充分地发挥了效能，即有强烈的求知欲，乐于学习，能够积极参与学习活动。

2. 情绪健康

其标志是情绪稳定和心情愉快。包括的内容有：愉快情绪多于负面情绪，乐观开朗，富有朝气，对生活充满希望；情绪较稳定，善于控制与调节自己的情绪，既能克制又能合理宣泄；情绪反应与环境相适应。

3. 意志健全

意志是人决定达到某种目的而产生的心理状态，往往由语言和行动表现出来。意志健全者在行动的自觉性、果断性、顽强性和自制力等方面都表现出较高的水平。意志健全的大学生在各种活动中都有自觉的目的性，能适时地作出决定并运用切实有准备的方式解决所遇到的问题，在困难和挫折面前，能采取合理的反应方式，能在行动中控制情绪和言行，而不是行动盲目、畏惧困难，顽固执拗。

4. 人格完整

人格指的是人的性格、气质、能力等的总和，也包括个人的道德品质等。人格完整就是指有健全统一的人格，即个人的所想、所说、所做都是协调一致的。即人格结构的各要素完整统一；具有正确的自我意识，不产生自我同一性混乱，以积极进取的人生观作为人格的核心，并以此为中心把自己的、需要、目标和行动统一起来。

5. 自我评价正确

正确的自我评价乃是大学生心理健康的重要条件。大学生进行自我观察、自我认定、自我判断和自我评价，做到自知，恰如其分地认识自己，摆正自己的位置，既不以自己在某些方面高于别人而自傲，也不以某些方面低于别人而自愧，能够自我悦纳，喜欢自己，接受自己，自尊、自强、自制、自爱适度，正视现实，积极进取。

6. 人际关系和谐

良好而深厚的人际关系，是事业成功与生活幸福的前提。其表现为：乐于与人交往，既有广泛而深厚的人际关系，又有知心朋友；在交往中保持独立而完整的人格，有自知之明，不卑不亢；能客观评价别人和自己，善取人之长补己之短，宽以待人，乐于助人，积极的交往态度多于消极态度，交往动机端正。

7. 社会适应正常

个体与客观现实环境保持良好秩序。做客观观察以取得正确认识，以有效的办法对应环境中的各种困难，面对困难不退缩，还要根据环境的特点和自我意识的情况努力进行协调，或改变环境适应个体需要，或改造自我适应环境。

8. 心理行为符合大学生的年龄特征

大学生是处于特定年龄阶段的特殊群体，大学生应具有与年龄与角色相应的心理行为特征。

第二节　多因素　找原因

📖 故事导入

小刚，男，进入某高职院校进行专业学习。第二学期的某个早上，班长突然打电话给辅导员，说小刚从周日晚开始就没有出现，也没有回宿舍，而且电话也联系不上，总是关机。了解这一情况后，辅导员立即与他联系，手机关机，家里电话无人接听，紧接着与他父母联系，确认他已经回家。大约过了两天，该生回校继续上课并主动找老师谈话。觉得自己虽然学习很刻苦，但取得的效果并不理想，特别是机械制图，每次看到图纸，就像天书一样根本看不懂，即便是原样照着抄一遍，都感觉到无从入手，花上半天甚至一天时间都看不懂。

这次连续两门课程考试都很不理想，感觉再学下去也是浪费时间和金钱。但又想到他的父母工作辛苦，觉得现在不上学有点对不起他们；而且现在不上学了，到社会上去一没学历二没技术，靠什么来养活自己和父母呢？心里很矛盾，常常整夜地睡不着觉。

思考：

1. 小刚面临着哪些问题？
2. 小刚受到了哪些影响？

⚛️ 知识链接

一、环境变迁

个体所处环境的巨大变迁也会使个体产生心理应激反应。虽然环境变迁也是生活的一部分，但这种变化对个体适应的影响比较突出。生活环境的变迁对新生是一个不小的挑战。这种变化的主要方面就是要自己独立生活，应付一切生活琐事。例如，几个同学共住一个寝室，彼此生活习惯、作息安排包括语言隔阂，都需要去面对和适应。尤其很多新生远离家乡、亲人，要适应起来还需一段时间。

但相对来讲，大学生对新的人际关系的适应远比对学习和生活环境的适应困难。进入大学意味着进入全新的人际关系之中。面对来自各地风格、特点各异的新同学，如何建立协调、友好的人际关系是非常重要的。大多数学生在入学前一直生活在自己所熟悉的同学或亲人身边，人际关系相对稳定。而一旦进入大学，将面临一个重新结识老师和同学，确立人际关系的过程。这一过程的进展将对整个大学生活产生非常大的影响。在大学生中普遍存在的人际交往以及适应障碍，可能都与新生阶段的人际关系状况有着一定的关系。

对新环境的适应也包括对自己地位变化的适应。这种变化既包括全新的学习内容与学习方法，也包括新的人际关系，语言表达能力与未来发展定位等。全新的角色要求大学生重新评价自己与他人，重新设计自我。在适应过程中，一个基本的特点是大学生在新的环境中希望自己优秀。对于刚刚经历巨大环境变迁的新生来讲，不仅存在一个适应外部环境的问题，同时，更重要的是他们也面临一个如何自我调适的过程。过去的新生入学教育更注重前者，而实际上，是后者对他们的心理健康状况影响较大。总的来看，无论是对学习和生活环境的适应，还是人际关系及自我地位变化的适应，都会极大地影响大学生们当时的心理健康状况。

二、学校因素

在高考的指挥棒下，我国初高中教育目前以应试教育为主，过于重视学生的学业成绩，存在一切唯分论的现象，传统应试教育所存在的考试压力造成学生学业负担过重，成绩成为学生在进入大学之前的第一要务，教师以提升学生成绩为主要目标，并未对学生开展个人发展规划等一系列人本主义教育，大学生进入大学后，环境的突然转变，容易使大学生迷失方向，失去前进的动力。此外，当前高校普遍存在扩大招生和提高教学质量的双压力，一些高校对大学生心理健康教育的重要性认识不足，认为心理健康教育的实效性和紧迫性相对较弱，对心理健康教育投入不到位。有调查显示，我国高校配备的专业心理教师数量相对较少，专业上更是"半路出家"，基本上由其他岗位工作人员兼任，缺乏对新形势下大学生心理健康教育的任务、特点和规律的理解和研究，系统的心理教育理论与行之有效的方法也无从谈起。当前心理健康教育的主要方式是传统的课堂教学模式，形式呆板、内容陈旧，缺乏与学生之间的互动交流，远远跟不上时代发展的需要，难以达到预期目标，使大学生得

 VS

传统课堂　　　　　　　翻转课堂

老师逼迫学生学习　　　学生自学　老师帮助

学生没有机会去思考和好奇　　　遇到问题后

不到应有的心理健康教育，未能及时发现有轻度心理问题的学生，从而也导致未能对其进行有效干预。

三、家庭因素

学生的个人家庭对其成长有着巨大的影响，大学生对外部世界的认知是从家庭环境开始的。家庭的影响主要包括家庭的情绪氛围、父母的教养态度及家庭结构、家庭经济状况四个方面。家庭是人生的奠基石，父母是孩子的第一任老师，对学生的成长与成才的影响是长久而深远的。家庭的情绪氛围是良好心理素质形成的前提，家庭成员间的语言及人际氛围，直接影响着家庭中每个成员的心理，对个性逐渐成熟的大学生影响更具有特别的意义。父母的教养态度和教育方法直接影响孩子的行为和心理，民主、平等而非命令、居高临下的，开明而非专制的，潜移默化而非一味娇宠的教养态度与教育方法有利于学生心理的健康发展；家庭结构的变化如单亲家庭、重新组合家庭等因素必然会对正在读书的大学生心理有一定影响；家庭经济状况特别是困难甚至贫困家庭的学生易产生心理不适感。由于家庭环境带来的学生心理问题其影响是深远而长久的。

目前大部分大学生是独生子女，家庭生活条件优越，从小受两代人的溺爱，再加之大多数父母对学生学习成绩督促得很紧，物质上的极大满足，行为上放任不管，极少给予学生合作等意识的教育，造成学生表现出依赖性强、缺乏自控力、脾气暴躁、不懂得谦让、不顾及别人感受、容易出现一切以自我为中心和难适应集体生活等各方面的问题。

心灵思考——学而思不罔

谈一谈，你对上述四幅漫画的理解。

四、个体因素

(一)个体自我认知

大学生活始终是丰富多彩，令人向往的，然而大学生进入大学以后，由于学习生活的转变，自身所具备的特长等诸因素的影响，大多数人对自我的评价也在逐渐的发生转变。这些不仅表现在学习成绩、生活起居上，还表现在知识面、社会经验、人际交往以及个体综合能力等方面。自我认知也会出现两极振荡，当取得一点成绩时容易自负，而遇到挫折时容易自卑，不断地调整自我认知对每位大学生都非常重要。大学生作为同龄人中学业优秀的群体，现实自我与理想自我总有相当差距。对这一客观事实认识不足，就会引起认知上的矛盾，从而严重影响大学生的心理状态。在客观现实面前，有的大学生能及时调整对自身的认识，重新确立目标，符合客观现实的要求；而有些大学生则企图逃避与现实的矛盾冲突，出现消沉、颓废、苦闷、抑郁等心态，或耽于玩乐、放纵，发泄对现实的不满，以此来麻痹自己的心灵，甚至滋生自杀倾向等严重心理问题。处于大学阶段的青年人已强烈意识到"自我"，也注意到了自我的脆弱，因而产生出强烈的充实自我、发展自我的需求。有的同学在追求发展自我中顾此失彼，没能达到期望的目标，从而产生了不良心理反应。还有的同学，在发展自我过程中放大了自我弱势、忽略了自我优势，由于害怕暴露自己的弱点而采取防御机制，缺乏必要的社会支持，甚至产生严重的烦恼和恐惧不安等。

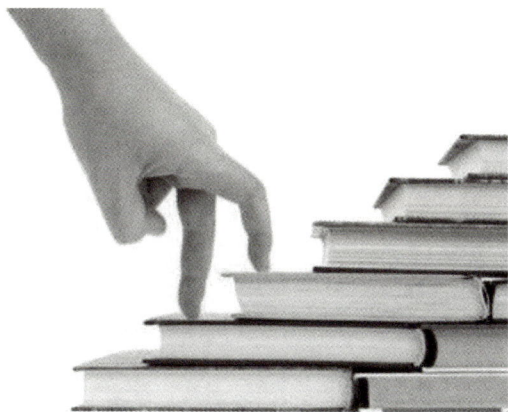

(二)心理冲突

心理冲突是指个体在有目的的行为活动中，存在着两个或两个以上相反或相互排斥的动机时所产生的一种矛盾心理状态。心理冲突常常会造成动机部分地或全部地不能满足，同时也使动机所指向的目标的实现受到阻碍，动机与挫折相关，也是造成挫折和心理应激的一个重要原因。大学生的心理冲突既有群体的如独生子女与贫困学生特有的心理冲突，也有个体发展中面临的升学与就业、学业与情感等。大学时代是"心理断乳"的关键期。心理断乳意味着个人离开父母家庭的监护，彻底切断个人与父母家庭在心理上联系的"脐带"，摆脱家庭的依赖，成为独立的个体，完成自我心理世界的建构。当多重发展任务同时落到大学生身上时，必然会产生各种各样的心理冲突。事实上，大学生的心理冲突并非是非判断引起的冲突，而是由于选择带来的取舍。如升学还是就业，都只是人生诸多选择的一种，并不从本质上改变人生的方向；再如毕业后是否从事专业，都是在实践中再选择的过程。

大学生是一个承载着社会、家庭高期望的群体，随着现代社会的飞速发展，大学生所承受的压力持续增加，由此引发的心理问题也在不断增多，这种趋势严重影响了大学生的健康成长。为了扭转这种局面，学校、家庭、社会、个人这四项因素应该统一起来，形成一股调控力量，把学生的心理健康状态调到最优，增强学生的积极情感，帮助学生树立正确的人生观、价值观、世界观，培养学生的创新精神，促进学生健康成长。

第三节　新环境　新天地

📖 故事导入

　　小珍因高考失利，考入了一所高职院校，心情低落。在她准备入学前，她的母亲郑重地把她叫到身旁，给她一颗珍珠，告诉她说："当工人把沙子放进蚌的壳内时，蚌觉得非常不舒服，但是又无力把沙子吐出去。所以蚌面临两个选择：一是抱怨，让自己的日子很不好过；二是想办法把这粒沙子同化，使它跟自己和平共处。于是蚌开始把它的精力和营养分一部分去把沙子包起来。当沙子裹上蚌的外衣时，蚌就觉得它是自己的一部分，不再是异物了。沙子裹上蚌的成分越多，蚌越把它当作自己，就越能心平气和地和沙子相处。"

　　母亲启发她道，蚌并没有大脑，它是无脊椎动物，在演化的层次上很低，但是连一个没有大脑的低等动物都知道要想办法去适应一个自己无法改变的环境，把一个令自己不愉快的异己转变为可以忍受的自己的一部分，人的智能怎么会连蚌都不如呢？小珍听后，郑重地向妈妈点点头。

　　西方一位学者这样说过："在中学阶段，学生伏案学习；在大学里，他需要站起来，四面观望。"一名大学新生，从中学到大学，从备受父母呵护到走向独立，要适应各种转变，要调整心态，适应新环境、新生活。因此，同学们对大学生活要有一个清醒的认识，有一个良好的心态和角色认同。

课堂互动——好知者不如乐知者

发现变化，适应变化

　　大学校园，一切都是陌生而又新鲜的。新的学校、新的老师、新的同学、新的课程……它们会以怎样的姿态迎接你呢？你为全新的生活做好心理准备了吗？你能尽快熟悉新环境、结交新朋友吗？你能适应新老师的教学方法吗？请我们填写下表吧。

内容	高中阶段	大学阶段
文化环境		
生活环境		
学习环境		
人际环境		

请选择上表至少两个不同之处，与周围同学讨论"如何适应这些变化"。

变化：	变化：
建议：	建议：

小结：适应新环境是每位大学新生必然面临的问题。大学阶段是青少年由独立个体向社会化角色转化的关键时期。被问到上大学的感受时，几乎所有的新生都异口同声地回答"自由"。的确，在经历三年"捆绑式"的高中生活后，大一新生们仿佛是飞出"囚笼"的鸟，觉得外面的天空很大。大学在你们的眼中是个全新的世界，大学给了每位新生一片崭新的天空。在这里，你可以选择学什么、怎么学，你可以选择做什么、怎么做。在这里，你可以知道生活是什么，并学会怎么生活。而了解和适应变化了的环境则是开始新生活的第一步。

知识链接

一、校园环境的适应

第一次离家远行的入学旅程，是大学生独立处理事情的开始。很多大学生在谈到入学旅程时认为，第一次独自离家远行，的确对自己没有多大的信心，但是经过这第一次独立处理事情的锻炼，如买车票、转车签票、托运行李等，就觉得自己有点儿像个大人了。而这种感觉正是他们走向成熟的良好起点。如果说入学旅程是大学生独立处理事情的开始，那么入校后能否迅速地了解和熟悉校园环境，则决定了大学新生能否在这个环境中自如的生活、学习。

首先，要尽快熟悉校园的"地形"。有的新生入校后一安排好行李，马上就到校园的各处熟悉情况，例如，了解教室、图书馆、商店、活动中心在什么地方，学校有几个食堂，食堂什么时候开饭，食堂的饭菜口味、价钱如何，学校有几个大门等，都要在短时间内了解清楚。这样，在办理各种手续、解决各种问题的时候就会比别人更顺利、更节省时间。与此相反的是，某些大学新生显得非常拘谨，生怕走远一点儿就会迷路，又不好意思开口向别人寻求帮助，最后不得不尽量少走动、少说话，实在迫不得已就跟在别人的后面。

其次，要多向高年级的同学请教。直接向高年级的同学请教是熟悉校园环境的一个便捷方法，一般来说，多数高年级的同学都比较愿意把他们的经验传授给新生，以帮助他们尽快适应校园生活，尽量少走弯路。另外，向自己的同乡请教也是不错的选择。

最后，在班级中担任一定的工作，也能帮助你尽快适应校园生活。对环境适应快的大学新生，很快就能成为班级中的核心人物，并担任一定的班级工作。这样与老师、同学接触得越多，掌握的信息越多，锻炼的机会也越多，能力提高也快，自信心也就逐渐建立起来了。

二、人际关系的适应

在大学新生的人际关系中，问题最多的还是同学之间的关系。由于班级和宿舍里的同学分别来自不同的地域和不同的家庭，他们在思想观念、价值标准、生活方式、生活习惯等方面都存在着明显的差异，在遇到实际问题的时候往往容易发生冲突。

差异是客观存在的，每个大学新生都必须面对它，接受它。首先要学会承认各人有各人的生活习惯和价值观念，如果你与别人生活在一起，你就得连同他（她）的生活方式一起接受。如果别人的生活方式有碍于你的生活（如夜里看电视影响你的休息，未经允许随便动你的东西等），你就需要委婉地提出意见，并适当地进行自我调整（如调整作息时间、调整宿舍等）。

要想处理好同学之间的关系，还要做到对人宽，对己严，切忌以自我为中心。在平时的生活中，做到三主动：即主动与同学打招呼，主动和同学讲话，主动帮助别人。在帮助别人的时候，不要过于计较别人能不能、会不会感谢、报答你。

此外，要主动去做一些公共的工作，以增加同学们对你的好感，同学间的关系也就会融洽了。在给同学提意见的时候，必须动脑筋，讲究方法和技巧。比如，同宿舍的人爱彻夜卧谈或习惯晚睡，影响了大家的休息，可以在没有第三人在场的情况下，跟关键人物或寝室长反馈自己的烦恼和希望得到改善的意见或建议。若自己习惯早睡早起，可以相应地调节自己的计划，或推迟上床的时间，或听听促眠音乐。需要注意的一点是，给别人提意见一定不能当着众人的面，以免使对方难堪、丢面子。

三、语言环境的适应

新生在大学校园里应尽量用普通话进行交流，使自己消除陌生感，这样有利于大学新生角色的转变。在大学新生的群体中，大多数学生是从中小城市或乡镇农村到大城市来读书的，由于部分地区基础教育实力的不平衡，许多新生入学时普通话水平不高，这样不仅会影响到他（她）的人际交往，更重要的是由此导致交往的不利将对自己的自尊心和自信心产生负面的影响，进而影响到学习、生活的方方面面。

因此，大学新生对语言环境的适应是不可忽视的。语言环境的适应并不太难。新生在平时的生活和学习中，应多向字典学习，向普通话好的同学学习，尽量掌握标准的发音。

此外，在发音准确的基础上，还要进行不懈的练习，发现错误及时纠正。有些同学出错的时候生怕别人笑话，因此尽量减少开口说话的机会，结果几年的大学生活下来，仍然是一口家乡话。如果能和其他同学结伴练习普通话，互相纠正，互相提高，效果就更好了。

除此之外，掌握一些必要的地方方言也有助于适应环境。比如出门办事或上街买东西都可能与讲方言的当地人打交道，如果会说当地的方言，交流起来更方便，也能避免可能会发生的"欺生"现象。

总之，大学新生尽快适应语言环境，使自己消除地方语言的陌生感，有利于自身角色的转变。

四、学习环境的适应

学习是大学生活中最重要的一部分，大学的教学体制、教学方法都与中学有着明显的不同。能否尽快适应全新的大学学习生活，直接影响以后几年的学业，并间接影响以后的工作、生活。而大学阶段的师生关系将变得"离散"，在这种离散的师生关系下，学生要学会做自己的老师。

在中学阶段，学习内容、学习时间甚至学习计划等都是由老师安排的，学习效果也主要由老师来进行检查。而在大学阶段，班主任或辅导员最多一周与学生见一次面，师生关系将变得离散。一旦到了大学的高年级，一个月也难得见到老师一面。在学习和生活上，大学老师只把握大的方向，具体的工作大多由学生自己或班干部组织完成，学生需要学习做自己的老师了。

为了能够较好地适应这种新的师生关系，大学新生要学会自己来确定学习目标，自己制订学习计划，自己安排学习时间，自己选课，自己检查学习效果，并且主动找教师征询意见，请教师帮助解决困难，定期向教师汇报学习状况，提出自己的学习计划并与教师共同探讨。

1. 充分了解学习环境

一般来讲，大学的校园规模都比较大，教学设施比较齐全。新生入学后，在思想上要有这样一种认识：要想在学业上获得成功，一定要在发扬勤奋刻苦精神的同时，充分利用现有的学习条件。"能干加巧干"是成功的保证，这里的"巧干"就有充分利用周围学习环境的意思。要充分利用好图书馆、自习室、多媒体教室等学习的场所，熟悉相关的规章制度，最大限度地将学习环境为我所用。

2. 适应新的学习气氛

在中学学习阶段，分数是学生的命根子，任何教学活动都是围绕分数这个"中心"而展开，学生的竞争往往是分数上的竞争。竞争始终是进步的主题。但到了大学阶段，大学新生还要改变一些原有的价值观。在大学阶段，分数并不是衡量人的最重要的指标，人们更看重的是能力的培养和素质的提高。在这里，竞争是潜在的、全方位的。

3. 调整学习方法

自学能力的高低成了影响学业成绩的重要因素。这种自学能力包括：确定学习目标，对教师所讲内容提出质疑，查询有关文献，确定自修内容，将自修的内容表达出来与人探讨，写学习心得或学术论文等。

在高校心理咨询中心，一些大学生心情沮丧、神态忧郁，主诉的内容多与学习上的挫折有关。究其原因，不难发现，基本上都是承袭过去的学习方法，虽勤奋用功亦难以获得能力的全面提高，这是相当普遍的现象。尤其对于那些以往的学习尖子来说，这种挫折带给他们的是自信心的丧失，严重者可导致神经症和精神病。

五、校外环境的适应

对于一个大学新生来说，离开家乡到异地求学就意味着踏入一个不同的社会环境，在这个社会环境中，怎样搭乘公共汽车、怎样向别人问路、怎样上商店买东西、怎样和小商贩讨价还价都要逐步熟悉，否则时时刻刻总有一种异乡人的感觉，这种感觉会影响一个人在新环境中的正常生活。

要很好地适应校园外面的社会环境，首先要了解适应社会环境都有哪些形式。总的来说，适应社会环境有两种形式：一种是改造社会环境，使环境合乎自己的要求；另一种形式是改造自己，去适应环境的要求。无论哪种形式，最后都要达到环境与自身的和谐一致。

那么，究竟怎样才能很好地适应校园外面的社会环境呢？

1. 主动接触这个社会环境

把自己关在大学校园里面闷头读书，对外面的社会不闻不问，是永远也不会适应社会环境的。勇敢地走出"象牙塔"，到校园外面的世界看一看，不逃避现实也不做不切实际的幻想，有目的地进行一些有益的社会实践活动，从而认清楚自己在这个社会环境中的实际位置。

2. 要积极调整，选择恰当的对策

大学新生在接触社会的过程中，要从主观上采取积极态度，而不是消极地等待；在调和社会环境和自身之间的矛盾时，要审时度势，有条件地选择改造环境的条件，无条件地选择改造自身的办法，这样才能既不想入非非，又不自暴自弃，找到最佳的方案。

此外，面对可能出现的困扰，还可以采用适当的心理防御措施。不论改造环境还是改造自己，都要有一个转变和考虑的过程，在这个过程中，往往会出现某种心理困扰，为解决这种困扰，可以采用适当的心理防御措施，以达到解脱困扰的目的。

第四节　新生活　新目标

📖 故事导入

楚王从养叔那里学得一手好箭术，便立即出去打猎，想试试自己的技艺如何。他带着手下来到野外，让人把躲在芦苇丛中的野鸭子赶出来。哗啦啦飞出来好些野鸭子，楚王搭箭欲射，忽然从他的左前方跳出一只山羊。

楚王想，射中一只山羊比射中一只野鸭子要划算多了，于是，就把箭头对准了山羊。

可就在他正准备射山羊时，又从右边跳出来一只梅花鹿。楚王又想，梅花鹿多罕见啊，山羊怎能跟它比呢！又把箭头对准了梅花鹿。楚王拿着弓箭比画了半天，却什么也没有射着。

思考：

(1) 楚王为什么什么都没射着？

(2) 我可以给他什么建议？

大学给了每位新生一片崭新的天空。在这片天空飞翔是快乐的，但是，是否每个新生都能够尽情地飞翔呢？明确自己的方向和目标，有助于你尽快适应大学的学习生活，在大学的天地里自由地飞翔。目标在整个人生旅途中都起着推动作用。如果一个大学生没有目标，就只能在人生的旅途上徘徊，永远到不了任何地方。正如空气对于生命一样，目标对于成功而言必不可少。如果没有空气，没有人能够生存；如果没有目标，就不可能成功。

许多新生入学后，往往会有意放纵自己，导致目标、理想、方向的迷失，这是诱发心理问题的主要原因。上了大学后，对现实的社会了解得更多、更具体，新的学习生活目标也就越来越实际。职业教育是专业性和实用性很强的教育，我们要根据学校的培养计划，结合自己的实际，确立学习生活的新目标。为了顺利度过美好的大学生活，就要制定一个阶段性目标，使无序变得有序，从而适应新环境。

课堂互动——好知者不如乐知者

投糖果

1. 用彩色粉笔在地面拉出一条长线，在线的一侧放几个盒子，盒子与盒子之间相隔约半米，与线相隔约一米半。

2. 请愿意尝试的同学排成一行站在线的另一侧，给他们一些糖果或骰子，鼓励同学将其扔到盒子里。

3. 在一分钟之内看看有多少糖果扔到盒子里。

4. 教师将每位同学的成绩写在黑板上，使每个同学都可以看见。

5. 再重新进行一次，所不同的是，教师要鼓励同学："这次你的目标是向每只盒子中扔尽可能多的糖果，而且要确保你能掷得比上次多。"

6. 完毕后，清点这次成绩。

7. 分享、交流：有目标和没有目标的感觉是否有区别？成绩是否有区别？

8. 小结。

知识链接

一、目标的重要性

(一) 目标使我们产生积极性

你给自己定下目标之后，目标就在两个方面起作用：它是努力的依据，也是对你的鞭策。目标给了你一个看得着的射击靶。当你努力实现这些目标后，你就会有成就感。对许多人来说，制定和实现目标就像一场比赛，随着时间推移，你实现一个又一个目标。这时，你的思想方式和工作方式又会渐渐改变。有一点是很重要的，你的目标必须是具体的、可以实现的。如果计划不具体，无法衡量是否实现目标，那会降低你的积极性。为什么？因为向目标迈进是动力的源泉，如果你无法知道自己向目标前进了多少，你就会泄气，甩手不干了。

（二）目标使我们看清使命

每一天，我们都遇到对自己的人生和周围的世界不满意的人。你可知道，在这些对自己处境不满意的人中，有98%对心目中喜欢的世界没有一幅清晰的图画。他们没有改善生活的目标，也就没有鞭策自己前进的动力。结果是，他们继续生活在一个他们无意改变的世界里。

（三）目标有助于我们安排轻重缓急

制定目标的一个重要作用是有助于我们安排日常工作的轻重缓急。没有这些目标，我们很容易陷进跟理想无关的日常事务当中。一个忘记最重要事情的人会成为琐事的奴隶。有人曾经说过，智慧就是懂得该忽视什么东西的艺术，道理就在于此。

（四）目标引导我们发挥潜能

目标有助于你集中精力。另外，当你不停地在自己有优势的方面努力时，这些优势会进一步发展。最终在达到目标时，你自己成为什么样的人比你得到什么东西重要得多。

（五）目标使我们有能力把握现在

虽然目标是朝着将来的，是有待将来实现的，但目标使我们能把握住现在。为什么呢？因为这样能把大的任务看成是由一连串小任务和小步骤组成的，要实现任何理想就要制定并且达到一连串的目标。每个重大目标的实现都是几个小目标、小步骤实现的结果。所以，如果你集中精力于当前手上的工作，心中明白你现在的种种努力都是为实现将来的目标铺路，那你就能成功。

（六）目标使我们未雨绸缪

成功人士总是事前决断，而不是事后补救的。他们提前谋划，而不是等别人的指示。他们不允许任何人操纵他们的工作进程。不事前谋划的人是不会有进展的。目标能帮助我们事前谋划。目标迫使我们把要完成的任务分解成可行的步骤。要想制作一幅通向成功的交通图，你就要先有目标。正如18世纪发明家兼政治家富兰克林在自传中说的："我总认为一个能力很一般的人如果有个好计划，是会有大作为的。"

（七）目标使我们把重点从工作本身转到工作成果

不成功者常常混淆了工作本身与工作成果。他们以为大量的工作，尤其是艰苦的工作就一定会带来成功。但任何活动本身并不能保证成功，并不一定是有利的。一项活动要有用，就一定要朝向一个明确的目标，也就是说，成功的尺度不是做了多少工作，而是做出多少的成果。

二、目标设定的 SMART 原则

一个有效的目标必须符合 SMART 原则。此原则来源于管理大师彼得·德鲁克的《管理的实践》，有五个基本的原则：

1. 具体的（specific）

目标一定要明确，一次只能聚集一个目标，如果目标太大，就要把目标分解为一个个小目标，并且是清晰的，要有明确的结果。目标清晰就是尽可能将结果图像化，能把要达到的目标用一句话说清楚。目标有标准去衡量，还要有实现目标的计划。

2. 可测量的（measurable）

可测量就是目标是否达成可以用指标或成果的形式进行衡量。在目标实现的过程中，目标的进度最好也是可以衡量的，至少有几个关键阶段来表示目标的实现进度。在实现目标的过程中，对于完成目标的一些关键工作是可以量化的。

3. 可实现的（achievable），即不是理想化的

例如，"我希望自己成为系学生会的主席"，实际等于没希望；"我的目标是于明年系学生会改选时当上主席"，会变得更有意义。

4. 相关联的（relevant）

目标基于结果而非行为或过程。所定目标应切实可行，不可与现实情况太过悬殊。同时，所定目标要是自己能够掌控的。比如，"提升自己的能力，增加在同学心目中的威信和受重视的程度"是自己能掌控的目标。

5. 时间限制的（time-based）

目标一定要有时间限制，否则，时间一长，新鲜感一过，目标就很难再继续下去了。

实现目标需要很多条件，除了以上几个原则外，还有以下几条需要注意：

清晰的力量——能够一句话说清晰自己的目标，并且尽量把所要的结果图像化，能够帮助我们在实现目标的过程中区分一些事务对目标的影响，哪些是重要的，哪些是不重要的。

定期检视——定期检视自己要实现的目标与当前的进度计划，及时地对实现目标过程中所做的事务进行复盘，找到做得好的地方和做得不好的地方。要认识到实现目标的过程不是线性接近目标的，是曲线波折的，在低谷时，也不要灰心，这有助于帮助我们渡过"迷茫期"。

奖励——要对自己实现目标后，设定一个奖励。

心灵思考——学而思不罔

请用 SMART 原理制订你大学阶段的目标。

具体的	可测量	可实现的	相关联的	时间限制的

三、人对目标的期望强度

1. 期望强度为 0

那么它相应的表现特征就有两种情况：一种是真的不想要；另一种是找借口。但真实原因是不敢想，不知为什么要，害怕付出和失败，害怕做不到别人会笑话。我们将此定义为"不想要"，当然他的结果是得不到！

2. 期望强度为 20%~30%

表现特征是空想，整天做白日梦，光说不做，不愿付出，不知从何开始，连自己都不敢相信会变为事实。将这一类定义为"瞎想想"，其结果是过不了几天就会忘记自己曾经这样想过。

3. 期望强度为 50%

表现为"有最好，没有也罢"，努力争取一段时间之后便会放弃，凡事三分钟热度，碰到困难就退缩，成天幻想着不付出就能得到。将这一类定义为"想要"，但十有八九不成功！

4. 期望强度为 70%~80%

确实是他真正的目标，但似乎决心不够，尤其是改变自己的决心不够，等待机遇，靠运气成功，即使得不到也会转为安慰自己：曾经努力过，也算对得起自己，马上再换另一个目标。将这一类定义为"很想要"，有可能成功，因为运气而成功，也因为运气而失败！

5. 期望强度为 99%

潜意识中那一丝放弃的念头，决定他关键时刻不能排除万难，坚持到底，直到成功。对他而言，也许付出 100% 的努力比达不到目标更为痛苦。其实，第 99 步放弃与此时的 100% 之间的差别不是 1% 而是 100%！

6. 期望强度为 100%

其表现特征为不惜一切代价，不达目的死不休，没有任何退路可言。对于他们来说，达不成目的的后果很严重，达不成目的比死还可怕。将这一类定义为"一定要"，所以他们一定有办法得到！

好影推荐——光影共徘徊

《中国合伙人》

该片讲述了"土鳖"成东青、"海龟"孟晓骏和"愤青"王阳从 20 世纪 80 年代到 21 世纪，大时代下三个年轻人从学生年代相遇、相识，共同创办英语培训学校，最终实现"中国式梦想"的故事。

《梦想合伙人》

该片讲述小镇姑娘芦珍溪、女强人文清以及拜金女顾巧音三个不同年龄阶段的女人有关青春、梦想、创业的励志故事。

课堂互动——好知者不如乐知者

名称：相见欢

活动目的：促进班级成员相互认识与了解，缓解陌生感带来的焦虑，建立归属感和信任感，形成基本的集体意识。

道具：无

操作流程：全班同学面对面站成两队，两人一组，互相注视，面带微笑，配合"1""2""3""4"的口令分别做动作：

"1"：成员以右手握住对方右手，并说："你好！我是×××(自己的名字)。"

"2"：成员两手与对方两手互握，并说："朋友，你的气色很好！"

"3"：成员互相伸出大拇指，并说："朋友，加油！"

"4"：成员右手轻拍对方双肩两下，并说："让我们共创美好的明天！"

注意事项：规则讲清楚，鼓励所有同学积极参与。

思考：

1. 不同的数字相对应的指令，让你的感受有什么不同？

2. 你更希望听到哪一个数字，为什么？

第二章

幸福来敲门
——珍爱生命与幸福人生

📖 思政小课堂

党的十八大以来，习近平总书记着眼于人类历史发展潮流和中国自身发展需要，高瞻远瞩地提出构建人类命运共同体的重要论断。当今世界正处于大发展、大变革、大调整时期，与此同时，人类也正处在一个挑战层出不穷、风险日益增多的时代。不论人们身处何地、信仰如何、是否愿意，实际上已经处在一个命运共同体中。在这样的时代背景之下，大学生该如何实现生命的意义，谱写人生的华章呢？

青年是国家的未来和民族的希望，未来肩负着构建人类命运共同体的责任，要担当起世界和平和共同发展的任务。将个人理想和社会理想充分融合，才能成为一个有真正信仰、有奋斗方向的人。广大青年要坚定理想信念，志存高远，脚踏实地，勇做时代弄潮儿，让生命活得更有意义，在实现中国梦的生动实践中放飞青春梦想，在为人民利益的不懈奋斗中书写人生华章！

✅ 课程引导

什么东西到处都是却无比珍贵？什么东西一去不复返？什么东西是有限的，但能创造无限的可能性？它就是生命。人们只有拥有了生命，才有机会去了解和探索这个世界，才会充满力量，才会创造出无限的可能性。

2020年，庚子之年，新春伊始，料峭轻寒。万家团圆之际，一场突如其来的新型冠状病毒肺炎引起的疫情来势汹汹，打破了往日的平静与美好。疫情，让全民宅进了这个农历新年；疫情，让数以万计的医务工作者和解放军指战员远赴武汉；疫情，也让我们度过了史上最漫长的寒假。一则则关于疫情的报道牵动着所有中国人的心，一串串感染数字的背后隐藏着难以言说的伤痛和苦难。这个春天，注定不同寻常：澳大利亚大火肆虐，菲律宾火山爆发，东非蝗灾蔓延，西班牙暴风雪席卷……天灾人祸频频发生，成为我们刻骨铭心的记忆！森林大火使数以万计的动物葬身火海，莽莽苍穹之下，芸芸众生面临灾难，让我们感受到生命是如此渺小而脆弱。生命又是神圣的：柔弱而卑微的亚马孙蝌蚪，穷其一生追寻阳光的蝉，生息不朽的胡杨，灾难中逆向而行的英雄们，都在用属于自己的独特方式演绎着生命的庄重与价值。

在这段特殊的日子里，我们被按下暂停键，在时间的宏观限度里多了一些思考：关于生命，关于健康，关于责任和义务……我们开始审视自我，我们究竟从哪里来？为何而来？人生终将走向哪里？生命的意义又在哪里？……今天我们就一起来重新审视我们的生命，每个人都有且仅有一次的生命旅程，我们应该怎么对待，应该怎样度过，又怎样才算有意义呢？本章将带你一起来探索这些问题的答案。

第一节　生命的礼赞——认识生命

📖 故事导入

有一个生长在孤儿院的小男孩，常常悲观地问院长："像我这样没人要的孩子，活着究竟有什么意思呢？"院长笑而不答。

有一天，院长交给男孩一块石头，说："明天早上，你拿着这块石头到市场上去卖，但不是真卖。记住，无论别人给多少钱，绝对不能卖。"

第二天，男孩拿着石头蹲在市场的角落，意外地发现有不少人好奇地对他的石头感兴趣，而且价钱越出越高。回到院里，男孩兴奋地向院长报告，院长笑笑，要他明天拿到黄金市场上去卖。在黄金市场上，有人出比昨天高出10倍的价钱来买这块石头。

最后，院长叫男孩把石头拿到宝石市场去展示。结果，石头的身价又涨了10倍。由于男孩无论别人给多少钱，都不肯卖出石头，石头竟被传扬为"稀世珍宝"。男孩兴冲冲地捧着石头回到孤儿院，把这一切都告诉了院长，并问院长为什么会这样。

院长没有笑，望着孩子慢慢地说道："生命的价值就像这块石头一样，在不同的环境下就会有不同的意义。一块不起眼的石头，由于你的珍惜而提高了它的价值，竟被传言为稀世珍宝。你不就像这块石头一样吗？只要自己看重自己，生命就有意义，有价值。"

⚛ 知识链接

一、何为生命：生命的含义

何为生命？古往今来，人们都在孜孜不倦地探索，并在各学派、各学科给出了各自的注解。生命本身是一种复杂的存在形式，生命历程也并不仅仅是个体由生到死的过程。尽管对生命的理解更多的是个人的感悟，但人的生命问题是哲学、伦理学、心理学、教育学、社会学等多学科研究的重要话题，对生命的诠释也观点纷呈。

现代科学对生命的定义是：生命是蛋白体的存在形式，这个存在形式的基本因素在于和它周围外部自然界不断地进行新陈代谢，而且这种新陈代谢一旦停止，生命就随之停止，结果便是蛋白质的分解。生命只是蛋白体的存在形式，是一种纯粹物质性的东西，精神、灵魂、理想、价值，都只有在这个基础上才能发展。

20 世纪心理学中的人本主义及意义治疗理论，关注生命的超越性、神圣性、意义性、精神性，其中心理学认为生命即意识到的自我。在此对生命的讨论，主要是以个体人的生命或者说人的个体生命为内涵的，用现代新儒家代表人物唐君毅先生的话说："我们讨论的是'有心灵生命的存在'。"

生命构成了世界存在的基础，世界正因为有了生命才变得精彩。而在所有生命存在中，人是超越一切其他生命现象之上的存在物。生命是具有与环境进行物质和能量交换、生长繁殖、遗传变异和对刺激做出反应的特性物质系统。人的生命应当由形体、心理和社会性三个因素构成。人的生命可以分为以下几种形态：

1. 生物性生命

人首先作为自然生理性的肉体和生命而存在，这一点是和自热界的广大生物一样必须具有的基本属性。

2. 精神性生命

人之所以为人，就在于人有高于动物的意识活动，有超越生物性生命的精神世界。人不但要思考如何活下去，还要思考如何活得更好。只要人在世界上存在一天，大脑就不会停止思考，人类要创造、要超越，就要更好地认识世界、改造世界。

3. 价值性生命

每一个人在一生中都要思考诸如"为何活着"的问题，这就是人对于生命意义发自内心的追问，是人对价值生命的一种诉求。人的价值性生命为人的生存垒实了基础，加足了动力，以至于更好地存在于这个世界。

延伸阅读——思而学不殆

100 多年前，诺贝尔和平奖获得者，法国医学家、哲学家阿尔贝特·史怀哲提出了敬畏生命伦理思想。他在文章中讲述过童年的一段难忘的经历：

一个春天的早晨，他被他的同学拉去打鸟，但弹弓装上小石头并拉紧之后，他却无法瞄准小鸟，因为有一个神秘的命令来自内心深处："我面对的是一只活生生的小鸟，它是一条生命，绝不能伤害它！"于是，他扔下弹弓，惊走了鸟儿……

史怀哲敬畏生命的伦理认为，一切生命，包括动物、植物和那些人看来显得低微的生命都是神圣的。它和我们一样渴求幸福，承受痛苦和畏惧死亡。

史怀哲敬畏生命的伦理还认为，人的存在不是孤立的，它有赖于其他生命和整个世界的和谐。人类应该意识到，任何生命都有价值，我们和它们不可分割。

思考：

读了以上材料，你的感想是什么？

每种生命都有其存在的意义与价值，生命只有一次，我们要学会善待生命，因为各种生命是息息相关，需要相互尊重、相互关爱的。

二、花开花落：生命的历程

（一）生命的起源

生命于何时、何处、怎样起源，是现代自然科学未完全解决的重大问题，是人们关注和争论的焦点。历史上对这个问题也存在着多种臆测和假说，并有很多争议。从科学的角度，关于生命的起源有两种解释：第一，宇宙生命的起源；第二，地球三维时空里生命的起源。随着认识的不断深入和各种证据的发现，人们对生命起源的问题有了更深入的研究。哲学与科学，依据各自的思维逻辑，对于个体生命在宇宙中的地位有各不相同的论述和论证。从生命的起源看，弱小单一的个体生命，具有强大无限的宇宙性。也就是说，个体生命不是孤独存在的，而是有一个宇宙性的根基，这个宇宙性的根基，科学家将它称作"自然"或者"物性"，哲学家将其视为"本体""宇宙精神"或"天（理）"。正是因为人的个体生命有这样一个宇宙性的根基，个体生命才不只是属于个体的脆弱肉体生命，而是值得敬畏的宇宙神性生命，任何人包括自己都没有权利剥夺与侵害自己或他人的生命。

（二）生命的诞生

生命的诞生实际是个非常偶然的事件。懂得人类的渺小与能力的有限，我们才会对自然敬畏，对生物慈悲；因为懂得生命诞生的来之不易与意外降临的措手不及，所以能敬畏生命、珍爱生命，能对生命慈悲。每一个生命的产生本身就是一个奇迹，生命的产生是一个极小概率的事件，生命的产生也是一个非常奇妙和神奇的过程。因此生命的降临本身就已经是大自然最为神奇的创造。每一个生命体都是奇迹般的存在。生命不仅属于自己，也属于家庭、社会。父母含辛茹苦地孕育我们，我们承载着家庭的寄托，承载着社会的培养，民族的希望。我们又有什么理由不厚爱自己善待他人呢？

（三）生命的发展

生命从卵子和精子的结合开始，便有了神奇的过程。从在母体内逐渐生长，到最终降临于世界上，是生命体被孕育的时期。之后个体便开始体验着婴儿期、幼儿期、儿童期、少年期、青年期、成年期和老年期等不同的人生阶段。

1. 婴儿期（0~3岁）

婴儿期是人类智慧开始发展的阶段，是人生长发育最旺盛的阶段。在这个阶段，婴儿身体迅速成长，大脑机制和神经系统也迅速发展起来。在此基础之上，婴儿的心理也在外界环境刺激的影响下发生了巨大的变化。他们逐渐学会进食、排泄，学会某种简单的语言，习得简单的行为，这些都标志着婴儿已从一个自然的、生物的个体向社会的实体转变。在身体成长发育的生理基础之上，逐渐开始社会化的过程，开始适应着人类的社会生活。

2. 幼儿期（3~7岁）

幼儿期又称学前期。在幼儿期，个体的生理变化较大，身高和体重都在成长，同时幼儿身体各部分的比例也逐渐接近于成人；随着神经系统特别是大脑皮层的结构和功能不断成熟和发展，为幼儿心理发展提供了条件。幼儿在感知觉方面有明显发展，语言能力提升，表现出较强的模仿性，好奇心增多，出现了自我意识，对客观事物的认识呈现多样化，易形成同情感、信任感。此阶段儿童智力发展非常迅速，包括注意和记忆、思维、想象、情绪等各方面都有了发展，并且个性开始逐渐形成，为今后个性发展提供了重要基础。

3. 儿童期(7~12岁)

儿童期又称学龄初期，是人生发育最重要的阶段。此阶段儿童开始接受系统性的学校教育。个体的身体生长逐渐接近成熟，除生殖系统外其他器官的发育逐渐接近成人水平。智能方面随着学习经验的累积，表现出更成熟的特点，控制、理解、分析、归纳等综合能力增强，具有很强的创造力、想象力；思维形式从具体形象思维过渡到抽象概念思维。此阶段儿童由于接受学校教育，与外界有着更多的接触和交往，于是儿童的社会化程度增强，拥有了更为广泛的人际关系，且人际关系较为单纯，情感交流较为直率。儿童进入学校后，能够与老师、家长沟通思想，这对成年后健康的心理状态起着重要作用。

4. 少年期(12~15岁)

少年期又称学龄中期，是个体从童年期向青年期发展的过渡时期，也是身心迅速生长发育的关键时期。首先，在生理方面，少年期的生理变化呈现急骤发展的趋势。身高体重的增速加快；脑发育趋向成熟，思维能力明显发展；性发育成熟，开始出现第二性征，身体发育接近于成人。个体以抽象逻辑思维为主导形态，但具体形象成分在其思维中仍然起着重要的作用。其次，在心理方面，个体思维的独立性和批判性有了显著发展，自我意识迅速发展，自主独立意识增强，具有较强的自尊心和自信心，自我评价能力基本成熟，出现了成人感，情绪和情感表现比较强烈，有明显的两极性。高级情感逐渐丰富，如爱国主义情感、集体主义情感、道德感、理智感和美感等，对情绪和情感的自我调节与控制能力逐步提高。这个时期的明显特点在于个体既具有主观的独立意识，又具有较为依赖的特征，是人生的半成熟、半幼稚时期。

5. 青年期(15~28岁)

青年期是个体从不成熟走向成熟的过渡阶段，是人一生中最宝贵的黄金时期。国外有心理学家将这个时期看作是心理性的断乳期。青年期个体生理发育完全成熟，感知能力、心肺功能、体力和速度都达到了最佳状态。认知能力、情感和人格的发展都日趋完善，开始形成稳定的价值观，对待事物的看法趋于理性。具有克服困难的主动性、积极性，以及自制力和坚持精神。个性逐渐成熟稳定，自我意识增强，独立性增强，世界观也初步形成。道德意识和道德行为水平向成人靠拢，兴趣、性格趋于稳定，各种能力趋于成熟并形成成年型的言语特征，开始进入成人社会，承担社会责任和义务，扩大了生活空间并恋爱结婚。这个时期个体会经历着从学校向社会的过渡，角色会发生改变，人生体验也更为丰富。

6. 成年期(28~60岁)

成年期是生理、心理相对稳定的阶段。首先，成年期的身体变化不显著，是平缓进行的。这个阶段会经历一个重要的过程，即更年期，这是男性、女性均会体验的过程。但女性表现得更加明显，除身体特征外，心理上主要表现为抑郁、焦虑、烦躁、情绪不稳定、易怒等。其次，成年期是生活结构体系变化最复杂的阶段，主要表现为个体社会角色的变化。成年期的主要生活课题是成家立业，即建立家庭、抚育子女、干一番事业。成年人过着独立自主的生活，承担着复杂的社会责任，他们是社会的中坚力量，是社会物质和精神财富生产的主力军。

7. 老年期(60岁以后)

老年期是走向人生的完成阶段，实现人生价值的最后时期。此阶段身体各器官组织的生理功能出现明显退化，心理方面也发生相应改变。衰老现象逐渐明显，感知觉上会有缓慢衰退，出现记忆力下降、思维老化、自我中心倾向，但在智力方面减退现象不明显，特别是在熟悉的专业领域，智能活动不仅不减退甚至还有增加。这一阶段老年人对婚姻的满意度较高，依赖性增强，但由于身体健康和经济保障的原因，不安全感会增加，有时会产生孤独感，趋于保守，愿意回忆往事并进行自我整合。老年期的人所要经历两大难题：一是退休；二是面对死亡。

(四)生命的终结

死亡指的是生命终止，停止生存，是生存的反面。哲学上说，死亡是生命系统所有的本来维持其存在(存活)属性的丧失且不可逆转的永久性的终止。生命虽美好，但却不是无限的。死亡是每个生命的必然结局，是自然流通链中的一个环节，是世界变化中的必然。正如法国思想家蒙田所说："你获得的每一天都从生命中盗取生命的价值；你以消耗生命来生活。你生活的毫不间断的工作就是建造死亡。你在生的时候便已在死的途中。"

长期以来，死亡一直是各种文化和人类的最大禁忌。人们回避谈论死亡，或者回避与其有关的场所，甚至回避与其谐音的数字。人们认为死亡就是毁灭和失掉一切，这显示出人们本能的对死亡的恐惧。然而，谁又能抗拒死亡呢？曾有人说："死是生命的王冠，没有它，人活着就会失去意义。"的确，没有死亡，谁感觉生命的珍贵与时间的紧迫？没有死亡谁还会立刻行动，去做自己应该做的事情？谁会珍惜时间，与时间赛跑？西方有一句谚语："如果你把每天都当成你生命里的最后一天，你将在某一天发现原来一切皆在你的掌握之中。""不知死，焉知生？"正是由于死亡与生命如影相随，我们才明白要使有限的生命变得有意义。

美国作家肯·威尔伯说："恐惧死亡会降低生命的活力，接受死亡，乃是为了更好地生活。"所以，坦然面对和接受死亡，让死亡成为我们生命的导师，将会使我们更加用心呵护生命的尊严，感受生命的神圣和美好，激发生命的潜能，真正享受生命的价值。

延伸阅读——思而学不殆

神奇的生命之初

生命的起源应当追溯到与生命有关的元素及化学分子的起源。因而，生命的起源过程应当从宇宙形成之初、通过所谓的"大爆炸"产生了碳、氢、氧、氮、磷、硫等构成生命的主要元素谈起。大约在66亿年前，银河系内发生过一次大爆炸，其碎片和散漫物质经过长时间的凝集，大约在46亿年前形成了太阳系。作为太阳系一员的地球也在46亿年前形成了。38亿年前，地球上形成了稳定的陆块，各种证据表明液态的水圈是热的，甚至是沸腾的。现生的一些极端嗜热的古细菌和甲烷菌可能最接近于地球上最古老的生命形式，其代谢方式可能是化学无机自养。澳大利亚西部瓦拉伍那群中35亿年前的微生物可能是地球上最早的生命证据。人类的祖先猿人是在距今约100万年前诞生的，如果将生命物体诞生至今的时间比作一年来看的话，人类的生日应该是12月31日晚9点半左右。然而，正是人类在急剧地改变着地球环境。

课堂互动——好知者不如乐知者

讲一讲你名字的故事

生命在不断地成长，我们每个人都经历了从牙牙学语的宝宝长成了活泼可爱的少年，再到意气风发的青年，再到成熟稳重的中年。我们的身体在长大，容颜在变化，而有一样东西却一直伴随着我们一直都不会变，那就是名字。每一个名字都是包含了父母和家人的殷切期望，父母是怎么给你起名字的呢？你的名字又有哪些有趣的故事呢？

三、生生不息：生命的特征

作为一种有生命、有肉体的自然存在物，人和其他动物一样，也是有机体生存的自然需求和满足这种需求的物质对象。人的生理需要，是维持人的肉体组织——生命存在的一种"自然必然性"，是人的最基本的需要。不过，人的这些需要同其他动物的需要在表现方式、满足方式、实现过程等方面都有本质的不同，人的需要包括生理、精神、享受、发展等，它在很大程度上依赖于社会历史和文化环境，是自觉的、主动的、理智的、带有自创性的。根据对人的生命的理解，人的生命特征可以归纳为以下几个方面。

（一）生命的不可替代性

日本学者池田大作曾说过："生命最为可贵，一切的出发点在于生命。""生命是尊严的，就是说，它没有任何等价物，任何东西都不能代替它。"正是因为每个生命都有尊严，生命本身是自由而平等的，所以我们必须善待自己的生命，并尊重每一个生命，珍惜生命是人类的责任，更是大学生应有的意识。

（二）生命的有限性

有限性是生命的本质属性之一。海伦·凯勒在《假如给我三天光明》一书中写道："我们谁都知道人难免一死。但是这一天的到来，似乎遥遥无期……于是饱食终日，无所事事。有时我想，要是人们把活着的每一天，都当作生命的最后一天，该有多好啊！这就能够显示出生命的价值。"正是因为生命是有限的、短暂的，才赋予生命更大的意义。奥地利精神医学家弗兰克尔说："生命中唯一真正短暂无常的部分是它的潜在力，这些潜力一旦成为事实，立刻就变成过去。我们存在的短暂性绝不会是没有意义的，反而构成了我们的责任感。"因此，珍爱有限的生命是每个生命个体的责任。

（三）生命的不可逆性

生命对于每一个人来说只有一次，失去了就不可复得。罗曼·罗兰说："人生不是旅行，不出售来回票，一旦动身就很难返回。"生命是"进行时态"的。中国台湾作家杏林子在《自己创造美丽人生》一文中说："不论你处在怎样一个多变的世界，经历怎样的人生，生命中还是有一些极其可贵的珍宝，需要我们终身护守、珍惜，不容它轻易失去。"因为生命的不可逆性，所以我们应该热爱生命。

（四）生命的基础性

池田大作说过："对每一个人来说，生命是人生最宝贵的东西，只有生命存在，才有人的其他价值的创造和实现。"人的生存是底线，没有了生命，其他的一切都无从谈起。因而，人的生命是实现自我价值、创造和实施一切价值的前提和先决条件，生命的基础性要求我们必须珍惜生命，爱护和尊重自己。

（五）生命的创造性

生命本身就是一个不断成长、发展、变化的运动过程。每个生命都具有不断向上发展的驱动力。"生命意味着个体感受、主动成长、不断流变、不断创造，它表示着现在更预示着未来。"可以说，生命即是成长，生命意味着超越。只有不断超越，才使生命富有意义。每个生命都可以通过实践而实现对生命的把握和超越。正是因为生命的超越性，才使生命存在于希望之中。

（六）生命的完整性

马克思说过，人以一种全面的方式，也就是说，作为一个完整的人，占有自己全面的本质。德国哲学家雅斯贝尔斯也非常强调人的生命的完整性，但认为人的生命虽然有年龄、自我实现、成熟、生命可能性等不同形式，但是，人的生命的完整性确是一个毋庸置疑的事实。

（七）生命的实践性

实践是生命存在的方式，也是人不断追求生命的意义、实现人生的价值、走向生命的超越的途径。人通过实践这种方式表达、展示、丰盈、提升并体验生命的存在。人在实践中积极追求存在。人在实践中积极追求生存之道，寻求更好的生活。

总之，生命是完整的，也是富有个性的；生命是自由的，也是具有超越性的；生命是坚韧的，也是脆弱的，所以，珍爱生命是我们需要去学习的一种心理态度和人生信念。

第二节　生命的色彩——感悟生命

故事导入

关于"生命的意义"的讨论

有一次上哲学课，老师问大家：你究竟为什么而活？你的生命意义是什么？同学们的回答有：

"为了明天生活得更好。"

"生命的意义就是好好活，好好活就得让自己的生活做些有意义的事情，让生命放出光芒。"

"我想生命的意义也许是当你将要死的时候能够对自己说：'我没有什么遗憾，我可以安心快乐地去了。'"

"每个人对生命的看法都不同，而我认为人活着是为了去做自己想做的事，是为了自己而活着，并不是为了别人。"

我们是为了心中的期待而活着，为爱我们的人而活着，为需要我们帮助的人而活着，为看见自己最灿烂的笑容而活着。我的人生目标非常清晰，活着就是为了拥有一段真挚的爱情。活着是为了追求，是为了拼搏，是为了证明自己，是为了诠释生命。

生命的意义就是将生命继续传递下去。

"生命的意义是什么？"很多人都曾在人生的某些阶段思考这个难以回答的问题，其中绝大部分人是在思考"生命有何目的"这个问题。大学阶段正是人对生命充满迷茫、好奇和探索的阶段。大学生找到自己生命的意义，可以使自己的生活更为充实和丰盈。

"生和死，这是一个问题"。这是莎士比亚戏剧中的主人公哈姆雷特说的一句话。这句话道出了千百年来人们对生命的思考，关于生命意义，从古至今，无论中外，人们一直在进行着思考，并结合时代发展和社会需要对开展生命教育提出了深刻独到的见解，进行了卓有成效的实践。

生命意义在心理学研究中首先是作为临床概念出现的，这一概念是由美国著名的神经病学家和精神病学家、"意义治疗学派"创始人维克多·弗兰克尔根据存在主义哲学和自己在纳粹集中营的亲身经历提出来的。他认为，生命意义有助于克服心灵性神经官能症，即以冷漠、乏味和无目标为特征的心理病态，关于生命意义，有的学者曾给出了综合性定义，认为生命意义是"一个多维度构想，包括一个人对自己存在的原则、统合和目标的认知，对有价值的目标的追求和获得，并伴随有实现感"。

人类通过对生命存在的沉思来省察自身的存在和生活方式，通过沉思来追问生命的意义、追寻生命的价值，通过思想来构筑生命的精神家园。生命的意义在于对生命价值的领会。《钢铁是怎样炼成的》一书中这样写道："人最宝贵的是生命，它给予我们只有一次。人的一生应当这样度过：当他回首往事时不因虚度年华而悔恨，也不因碌碌无为而羞愧。"

2014 年 5 月，习近平总书记在北京大学师生座谈会上的讲话指出，"有信念、有梦想、有奋斗、有奉献的人生，才是有意义的人生。"总书记的讲话对生命的意义进行了很好的诠释。

知识链接

一、浅谈深思：生命的意义

纳粹集中营生还的心理学家维克多·弗兰克尔

维克多·弗兰克尔是享有盛誉的存在主义心理学家。他所发明的意义心理治疗方法是西方心理治疗的重要流派。在第二次世界大战期间，他和家人都被德国纳粹抓进了集中营。在集中营里，他的父母、新婚 7 个月的妻子及兄弟姐妹全部遇难，只有他和妹妹生还。第二次世界大战结束后，他被营救出来，建立了意义心理治疗的方法。他以自己的亲身经历，指导人们寻找生命的意义，使很多人获益。

《追寻生命的意义》的作者弗兰克尔认为，人类最原始的动机是追求意义的意志。当人对自己的生命感到无意义时，他的行为就失去依据，也就受到"存在的空虚"的困扰，追求意义的意志遭受挫折。心理学中的意义治疗理论强调人可以通过实现以下三种价值来获得生命的意义。

（一）创造与实现

创造与实现是通过某种类型的活动实现个人的价值获得生命的意义，即通过创造性的工作或思考给世界提供有形的产品和无形的思想，这是获得生命意义的具体手段之一。人可以通过工作、运动、服务、付出、贡献、与他人建立关系等方式来发现生命的意义。工作带给人的意义并不是简单的养家糊口，它也为人提供了一个展示生命独特性的机会。不同的人通过不同的岗位、不同的方式，追求着他们各自生命的意义。

（二）经验与体验

经验与体验是指人通过对世界的接纳与感受，通过体验某种事物或体验某个人来发现生命的意义。如欣赏艺术作品、走近大自然、与人交谈、体验爱情等。生命是现实世界中具体的存在，当我们通过努力克服困难并取得一定成绩时，会觉得幸福；当我们在同学之间找到像家人一样相互关心的感觉时，会觉得幸福；当我们打电话给家人，分享学校的趣事时，会觉得幸福；当我们游历各地美景，当我们感受到爱情，当我们亲自下厨制作美食……生命的意义正是源自我们对这些具体生活事件的体验。

（三）挫折与受难

当个体面对无法改变的命运（罪恶、死亡或痛苦的逼迫）时，可以采取积极的态度，并从中获得意义。此即苦难的意义，是人类存在的最高价值。每个人都不可避免地要经历一些挫折与不幸，这些经历会带来痛苦，但随着时间的推移，当痛苦被发现有意义时人就不再痛苦了。通过认识人生的悲剧性，可以促使人深思，寻找自我，最终发现人生的意义，实现自我超越。

心理学家维克多·弗兰克尔曾讲过这样一个故事。一位患了严重抑郁症的老人，两年前他深爱的妻子死了，之后他无法克服丧妻的沮丧。弗兰克尔问他："如果您先离世，而尊夫人继续活着，那会是怎样的情景呢?"医生答道："哦! 对她来说是怎样的痛苦啊!"于是，弗兰克尔说："您看，现在她免除了这痛苦，那是因为您，才使她免除的。而现在您必须付出代价来偿付您心爱的人免除痛苦的代价。"医生一言不发地紧紧握住维克多弗兰克尔的手，然后静静地离开了。

想一想：从这个故事中你得到什么启发? 自己是否经历过或者正在经历痛苦的事情，试着从这些痛苦的事情中寻找意义，看看结果怎么样。

二、心向世界：正确的生命意识

(一)生命因独特而弥足珍贵

"世界上没有两片完全相同的树叶"，更没有两个完全相同的生命。不同的遗传基因、不同的社会经验、不同的心灵感悟，决定也造就了世界上没有两个完全相同的人。世界犹如花园，美在百花齐放；生命犹如鲜花，美在各美其美。

生命的独特性造就了世界的多样性和丰富性，意味着每个生命的理想归宿便是成长为最好的自己，我们每个人也只能成长为最好的你、我、他，而无法互相取代。生命的独特性也决定了每一个生命都是不可替代的存在，任何一个生命的消亡都是无法弥补的遗憾。帮一个生命成长一点，就是将世界完善一点；让一个生命延长一点，就是把世界扩展一点。这也正是教育的价值和意义之所在。

每个生命只有一次，都是独一无二、无法复制的。同时每个生命的成长也是不可逆的，无法重来的，与时间一样具有矢向一维性，这就使生命显得格外珍贵。因此，最好的教育应该是珍惜和尊重所有生命的教育，让人们认识生命、理解生命、珍惜生命、呵护生命、热爱生命和成就生命，让每个生命活出自己，活得尊严，活得完整，活得幸福。

(二)生命因自主而积极发展

在苍茫世界、浩瀚宇宙之中，每一个生命都显得那么脆弱、微小，存在的时间是那么短暂。所有生命都是深受局限的存在。人的生命同样如此。生命的存在，受制于空间和时间，既被周围的环境深刻影响，又被不可逆的时间牢牢束缚。

但是，和其他生命不同，人的生命具有强烈的自主性。人的生命发展既受限于外因的影响，同时取决于内因的自我抉择，体现出特有的自觉、自为和创造的特点。人在成长的过程中，不断突破自我，从而让生命成为一个动态生成的系统。在这个不断生成的动态的过程中，不断生成新的生命。《易经》的"生生"思想说的就是生命的这种生成性。法国哲学家柏格森也指出："对有意识的存在者来说，存在就是变易；变易就是成熟；成熟就是无限的自我创造。"生命的发展有正向与反向两种可能，有自觉与盲目两种方式。生命的发展性决定了最好的教育应该能够帮助师生朝着正向前行，向着自觉发展，"苟日新，日日新，又日新"。在这个意义上，教育为生命发展提供了无限的可能性。

因此我们说，每个人都是自己生命的主人，是自己生命的创造者和塑造者。生命的自主性，决定新生命教育应该帮助每个人学会自我教育，让每个生命成长为自我教育的主人，自主成长，让每个生命在有限的历程中，成为最好的自己。

（三）生命因超越而幸福完整

幸福，是人类永恒的追寻。过一种幸福完整的教育生活，是新教育人追寻的梦想。人只有活出生命的精彩，实现生命的价值，才能感受到幸福。人只有发挥生命的潜能，张扬生命的个性，才能谈得上完整。

当人意识到自我的生命是一种有限性的存在时，并不安于成为有限存在的奴隶。在美国当代哲学家尼布尔看来，生命的超越性表现在"对自我的改善和对生命有限性的突破"。人能够意识到自身的潜能和使命，从而自觉地赋予自己有限的生命以充实的内涵，突破现实世界的种种束缚与困境，谋求自我生命价值的创造与提升，追寻更高的价值和意义。这就是一个人在努力超越生命的有限存在。这个不断自我超越的过程中，人创造并享受着当下存在的幸福、不断突破的幸福，通过这两种不同的幸福，感受到人之为人的矛盾统一的整体存在。这种生命的完整性，一方面体现在生命过程中的每一个阶段、每一个当下；另一方面体现在生命完结处的个体成熟、自我成就、自我实现。

正因意识到生存的局限，才产生了超越的可能。正因不断的自我超越，人的生命才实现了幸福完整。生命的超越性告诉我们，教育必须通过生命的主体发生作用，重视个体主观能动性的发挥。生命的超越性决定了新生命教育应该让师生与人类的崇高精神对话，帮助师生不断超越当下的自我，不断挑战生命的可能，让有限的生命实现最大的价值，让自己充分体味人生的幸福完整。

第三节　生命的底色——丰富生命

📖 **故事导入**

英雄排雷战士：杜富国

2018年10月11日下午，南部战区陆军云南扫雷大队四队在云南省麻栗坡县某雷场进行扫雷作业，作业组长杜富国带战士艾岩在一个爆炸物密集的阵地雷场搜排时，发现一个少部分露出地表的弹体，初步判断是一颗弹量大、危险性高的加重手榴弹，且下面可能埋着一个雷窝。杜富国马上向分队长报告。接到"查明有无诡计设置"的指令后，他命令艾岩："你退后，让我来！"艾岩后退了几步。正当杜富国按照作业规程，小心翼翼清除弹体周围的浮土时，突然"轰"的一声巨响，弹体发生爆炸，他下意识地倒向艾岩一侧。飞来的弹片伴随着强烈的冲击波，把杜富国的防护服炸成了棉花状，也把他炸成了一个血人，杜富国因此失去了双手和双眼。正是由于杜富国这舍生忘死的刹那一挡，两三米之外的艾岩仅受了皮外伤。

"你退后，让我来！"六个字铁骨铮铮，以血肉之躯挡住危险，哪怕自己坠入深渊。无法还给妈妈一个拥抱，无法再见妻子明媚的笑脸，战友们拉着手蹚过雷场。你听，那嘹亮的军歌是对英雄的礼赞！——感动中国组委会评

杜富国是红色老区培养出的优秀儿女，是用生命担当使命的新时代英雄战士。——新华网评

知识链接

一、浮生拾慧：面对生命的态度

人的生命是自然生命和价值生命的统一体。自然生命是价值生命的载体，价值生命是自然生命的灵魂，舍弃其中哪一个，生命都是不完整的。我们应该珍惜爱护自然生命，它是价值生命得以实现的前提和基础。而价值生命是自然生命的价值取向，追求价值才使自然生命更有意义。面对生命的态度决定生命对我们的态度，因此，我们更多应注重价值生命的启发和引导。

对大学生这个群体来说，需要积极主动发现和探索人生的价值，懂得在满足物质需求的同时，要在精神世界里追求更高的境界。当代大学生只有正确地理解人生价值的内涵，明是非、辨善恶、知荣辱，才能在实践中最大限度地创造人生的价值，成就人生的辉煌。

（一）树立生存的信念

生存信念是人生基本的信念，是人的一种重要的精神活动，给人们的实际生活以价值向上的信念引导，是一个人生存下去的根据和动力。生存信念引导大学生追求人生的终极价值——人生的幸福，指导大学生确定自己的终极价值抉择与信念系统。

生存信念，是人的社会活动对于社会和个人所具有的作用和意义。选择什么样的人生理想，走什么样的人生道路，如何处理生命历程中个人与社会、现实与理想、付出与收获、身与心、生与死等一系列矛盾，人们总是有所取舍有所好恶的，对于赞成什么反对什么、认同什么抵制什么，总会有一定的标准。生存信念是人们从价值角度考虑生命问题的根据，体现的是人与自身、人与他人、人与社会的关系，而不仅仅是物与人的关系，它所表示的是个人在社会存在中的作用和意义。

（二）明辨生命的价值

生命价值是一种特殊的价值，是人的生活实践对于社会和个人所具有的意义和作用，生命价值包含了自我价值和社会价值两方面。自我价值表现为个体存在的意义、个体需求的满足和社会对个体的尊重和满足；社会价值则表现为个体对社会需求的满足和对社会进步的贡献。生命价值教育就是要协助大学生了解人生的意义、目的、价值，进而珍惜生命和人生，能尊重自己、他人、环境及自然，过有意义的人生，并使自我功能充分发展，贡献他人和社会。

明辨生命价值就是要懂得，人生价值并不是人们对自身需要的满足，而是以人们对他人或社会需要满足的程度为标准的，所谓对他人或社会需要的满足程度，即是对他人或社会所做出的贡献，若你对他人或社会做出的贡献多，那么你的人生价值就大，反之则小。因此，真正有意义、有价值的人生应该是一种奉献的人生。在历史上，许多使自己的人生充满光彩的人们，对这一点都有深刻的认识。北宋理学家张载将"为天地立心，为生民立命，为往圣继绝学，为万世开太平"作为儒家积极入世的人生理想。爱因斯坦说："对于我来说，生命的意义于设身处地地替人着想，忧他人之忧，乐他人之乐。"雷锋的人生追求是"自己活着，就是为了使别人活得更美好"。

（三）拓宽生命的发展

人的生命是一个不断发展的过程，这种发展既包括生理的发展也包括心理的发展，生命发展教育是遵循生命发展的规律进行的教育。生命发展其实质是挖掘人的内在潜能，充分调动人的积极性和主动性，不断提高个人的生命价值，拓宽生命的宽度。生命发展教育，旨在通过有目的、有计划、有组织地进行生存能力培养和生命价值升华，最终使生命质量充分展现，其宗旨是珍惜生命、注重生命质量、凸显生命价值。

二、阳光成长：珍爱生命的方法

大学生生命教育是保证大学生健康成长的客观要求和现实需要，帮助大学生了解生命的来之不易，激发大学生对自己生命的热爱，以正确的态度看待人生问题，懂得珍惜生命，以积极的态度迎接生活。

（一）正确理解生命的意义

大学时期是个体人生重要的转折时期，青春蓬勃又显得极为脆弱。开展生命教育，可以让大学生深刻理解生命的内涵。作为一名大学生，不仅要追求"活着"，更要追求"有意义地活着"。生命的意义在于让自己有限的生命创造出无限的价值，促使学生尽早规划自己的人生，懂得一个人的成长不仅包括身体生理的健康，也包括人格的健全，促进自我各方面的协调发展。生命教育，可以让学生理解生命与人生的依存关系，进而感受生命之重，懂得生命之义，发展自我，完善自我，提升自我。

（二）正确面对压力与挫折

近年来大学生的心理问题普遍存在，有的已经严重影响其学习与生活。北京市六所高等院校曾经统计了本科大学过去10年间造成大学生退学、休学、中断学习的原因，其中，心理因素高居首位。从大学生面临的现实问题来看，其心理应激源主要在于学习、就业、交往以及经济负担等。生命教育帮助大学生掌握一定的生理和心理知识，了解关于生命的知识，提高他们对生命的感悟，加深他们对生命的认识。面对挫折与应对挫折，是人生成长的重要组成部分，部分大学生之所以感到迷茫，是因为没有理解挫折的真正意义，对人生缺乏精神层面的正确认知。只有经历过奋斗和拼搏中的失败和成功、奉献与回报，才能升华生命的境界。

（三）正确接纳自我

开展生命教育，可以让大学生认识自我了解自我探索自我。许多大学生进入大学这个新环境后，面对多元化的评价标准，一些在竞争中处于弱势的学生，容易进行不恰当的比较，看不到自己的优点，产生自卑感。开展生命教育，让大学生认识到自己生命的独特性，面对优势，不骄傲，不自大；面对缺陷，不埋怨，不自卑。培养大学生良好的自我意识，引导其正确地面对客观现实，正确地认识自我评价自我悦纳自我，并不断努力，积极塑造更加完善的自我。

三、未来可期：生命意义的绽放

金庸小说《神雕侠侣》第二十回里郭靖对杨过有过诚挚恳切的话：我辈练功学武，所为何事？行侠仗义、济人困厄固然乃是本分，但这只是侠之小者。江湖上所以尊称我一声"郭大侠"，实因敬我为国为民、奋不顾身的助守襄阳……只盼你心头牢牢记着"为国为民，侠之大者"这八个字，日后名扬天下，成为受万民敬仰的真正大侠。

1841 年 6 月 28 日，刚经历"虎门销烟"的林则徐被遣戍新疆伊犁。硝烟弥漫之后，戴罪受罚，背井离乡，充军万里，可谓凄凉之至。然而，他却念着"苟利国家生死以，岂因祸福避趋之"，在朝官的监控下，指挥黎民百姓和部队官兵，披星戴月，风尘仆仆，终日挖渠引水不止——林公渠至今灌溉着天山下的无数田地！为国为民者，可以在国家危难时挽狂澜于既倒，也可以在人生平淡时以实干造福于世！

但，人终有一死，人生这才有了意义问题。在有限的生命历程中如何实现生命意义的绽放？

毛泽东在 1944 年参加张思德战士的追悼会上曾说："人总是要死的，但死的意义有不同……为人民利益而死，就比泰山还重；替法西斯卖力，替剥削人民和压迫人民的人去死，就比鸿毛还轻。张思德同志是为人民利益而死的，他的死是比泰山还要重的。"

是的，人固有一死，或重于泰山或轻于鸿毛。如果说炮火连天的革命岁月已然遥远，那么作为这场全民战"疫"的亲历者和见证者，我们还会记得那些在除夕夜白衣执甲逆行出征的平凡英雄们，记得代表中国速度的"火神山""雷神山"，记得那些留在白衣天使们脸上深深的压痕……正是这些无畏无惧，这些不屈不挠，这些点点滴滴，让我们看到了支撑这个民族历尽沧桑、饱受磨难，依然屹立不倒的中国脊梁，他们让生命的价值熠熠闪光！

作为当代大学生应该树立包括生命责任观在内的一系列科学生命观，由此构建并发展自我的自然生命、社会生命、精神生命，不断拓展生命的长度宽度高度，淬炼绚丽的青春底色。

（一）生命的长度

一个人活得很长，这是通常意义上的生命力，即寿命，与健康有很大关系。但也有些人活得并不太长，比如王阳明先生，才活了 57 岁。还有很多人可能生命更短暂，如革命年代的很多先烈，他们是"年纪轻轻干大事，年纪轻轻丢性命"。这些人的生命不能以生理的长度来度量，而是要看能产生持续影响的时间。孔子已经去世了两千多年，仍然在影响我们；王阳明先生去世了五百多年，仍然在影响我们，他们将来还会继续影响我们的子孙后代。我们所追求的应该是这样一种生命的长度。

（二）生命的宽度

生命的宽度就是一个人在漫漫的生命旅途中所能达到的范围。因此一个人须制定合理的个人追求目标，如果生活中没有理想，每天漫无目的、饱食终日、不思进取，稀里糊涂地过日子，就会觉得生活枯燥无味，日子难熬，生命的意义就会大打折扣，甚至被生活的艰辛所压垮。生命的宽度因此也决定于其自身。凭什么增加生命的宽度？凭思想、凭智慧、凭胆识、凭勤劳苦干；还要建立正确的人生观和价值观，否则就像网上曝光的个别名牌大学学生年纪轻轻就身居显赫的位置，由于受贪欲的影响，锒铛入狱，其前程及生命的宽度也会大打折扣。

(三)生命的高度

种子要生根发芽，不断向上生长，长成参天大树。每个人从本性上说，都会积极追求向善向上的生活，这就是良知给我们的力量和方向。王阳明先生说"良知是天植灵根"，有这良知之根，才会区分是非善恶，成长为更高尚、更纯洁、更无私的人。生命的高度也可以理解为生命的纯度。王阳明先生以"金之在冶"比喻人生，每个人的一生都在修炼，而生命的价值不在于所炼之"金"的分量，而在于纯度。修出大公无私的心，全心全意为人民服务，是共产党员的修养，也是共产党员的心学。"大学之道，在明明德，在亲民，在止于至善"，修得一颗纯粹的心，就可以同时拓展生命的长度、宽度、高度，成为一个大写的人。

人生在世，应做一个有立体内涵的人，应有一定的长度、宽度、高度、厚度、重度。长度代表寿命长短，宽度代表心胸宽窄，高度代表境界高低。时间是生命的长度，视野是生命的宽度，理想是生命的高度。绝大多数的人一生所走的路不可能平坦，何况每年还有春夏秋冬，但评价人的一生并不只看"一季"。无论你现在是取得了骄人的成绩，还是过得平平淡淡，或者不如别人聪慧，但只要你积极行动起来，正视自己，树立信心、保持童心、有恒心，与别人和谐相处，不断建立"人脉"，具有阳光心态，每天都在做有意义的事，做一个负责的人，追求上进的人，你的生命的深度也会不同凡响，你也会有一个精彩别样的人生，你生命的大树也会根深叶茂，生命的"年轮"也会加密、加宽。

第四节　生命的坚守——应对自杀危机

📖 故事导入

珍惜生命

2003 年 9 月 10 日，是世界卫生组织和国际自杀预防协会共同确定的第一个"世界预防自杀日"。自杀已经成为全世界共同关注的公共卫生和社会问题。资料显示我国每年有28.7 万人死于自杀，自杀已成为中国死因排名第五位、15～34 岁年龄段人口第一位的死因。

1897 年，法国社会学家埃米尔·迪尔凯姆写下了著名的《自杀论》。书中写道：自杀是任何由死者自己完成并知道会产生这种结果的某种积极或消极的行动直接或间接地引起的死亡。他认为，自杀必须列为不道德的行为。有人说，自杀的人只是伤害他自己，迪尔凯姆认为这是错误的，因为面对自杀事件，社会也受到了损害。

在社会转型加快，社会竞争加剧，社会压力增大的情况下，人们的心理遭遇到了前所未有的冲击，导致诸多心理问题的出现。尤其是在校大学生，面对生活和环境的新变化，面临学习、交友、恋爱、就业、成长发展等种种问题，他们的心理尚未完全成熟，在当前社会变革之中，来自社会的、家庭的、学校的各种矛盾与自身成长发展中的矛盾交织在一起，使大学生极易产生心理困惑。内心的冲突和矛盾若得不到有效的疏导，合理的解决，久而久之就可能形成心理障碍，轻则影响学习效率，重则妨碍正常的生活和学习，甚至走上不归路。

最近几年，大学生自杀事件成为困扰高校和社会的一个难题。一向被社会视为天之骄子的大学生，心理承受能力为何竟然脆弱得不堪一击？成功大学行为医学研究所柯慧贞教授指出，长期忧郁症、对人生感到没希望的悲观情绪以及媒体对自身伤害新闻的炒作，都是导致大学生自杀率上升的原因。当生命如一片树叶轻轻地飘落，我们除了怜悯外，难道不该深思吗？生命的意义不仅属于个体，更属于社会。关注生命，预防自杀，是现代社会走向文明的表现。善良的人们，请珍惜自己的生命！

🔬 知识链接

一、凋零之殇：认识自杀危机

（一）自杀

自杀是指自愿的、自己动手让自己死亡的行为。自杀是一种医学现象，同时又是一种社会现象，区别于被他人结束生命的他杀和顺随和生态平衡日渐消逝的自然死亡。

（二）自杀的诱因

导致自杀的诱因有：家庭变故；与朋友同学绝交；自己敬爱的人或对自己有重要意义的人死亡；恋爱关系破裂；与他人的纷争；发生违法违纪事件；受到同伴排斥、孤立；受人欺负或迫害，学习成绩不理想或考试失败；在考试期间，承受过度压力；遇到经济问题；堕胎；患艾滋病或其他性传播疾病、重病；自然灾害等。

（三）自杀的阶段

自杀一般分为四个阶段。

1. 自杀萌生阶段

有些自杀意念是一闪念之间，而有些自杀意念则是一经产生就很难消除。特别是理智性自杀的自杀萌生一经形成，就相当顽固。

2. 内心生死矛盾冲突阶段

一段时间的犹豫不决、彷徨徘徊，可能做一些"理论"上的准备，如搜集有关自杀的信息，搜集自杀主题的作品，或观看与自杀有关的影视录像。

3. 自杀决定阶段

自杀者做出自杀决定，心态恢复了平静，认为最终找到了解决问题的出路和办法。这时可能会有一些反常的举动，如忽然话多了起来，与同学非常亲近，表露出歉意，以及处理后事的一些行为。与此同时，也在积极准备行动计划，如写遗书、准备工具、交代后事、打电话或写信告知相关人员。

4. 自杀实施阶段

自杀者完成结束自己生命的过程。并非每一个自杀者都经过上述的几个阶段，有的自杀个体因为冲动发生情境性自杀，也叫应激性自杀。

二、慎思明辨：大学生自杀危机的原因

大学生自杀的原因非常复杂，纵观近年来的相关研究，结合当前社会环境的外部因素和大学生群体身心特征的内部因素，大学生自杀的原因，主要有以下几种。

（一）认知偏差

认知偏差是大学生自杀的主要心理原因。在现实生活中，自杀者通常不能正确认识自己，对自己持否定的态度，使自己处于高度的自卑状态；不能正确地认识社会、认识与之有关的人和环境，导致个体对自己境遇的内部感知向越来越消极的状态发展，直到再也不相信在自己的境遇中还存在任何积极的成分。

（二）人格缺陷

研究表明，大学生的人格缺陷主要表现在：内向、孤独、紧张、情绪不稳、胆怯、敏感、做作、刻板、忧郁、怀疑、刚愎自用、自责、不满、焦虑不安等。这些人格上的弱点会削弱个体对挫折的抵抗力或放大刺激的负面影响，致使个体心理承受能力变弱，人格偏执，易于冲动或怯懦退缩，一旦面临危机就会手足无措，心理崩溃，找不到正确的解决办法。

（三）自我认同危机

所谓自我认同危机就是自我概念方面的危机，即由于个体心目中或希望的自我形象（理想自我）与现实自我不相符时所产生的心理危机。这在大学生中比较普遍。由于这种理想不切实际，难以实现，于是理想自我与现实自我之间便会产生矛盾冲突。这种冲突常见于大学生对学习的期望和实际学习状况的冲突。根本的原因还是不能正确地评价自己与他人，进而产生强烈的挫折感，由过分的自尊转变为过分的自卑甚至是自暴自弃。

（四）负性生活事件

负性生活事件是大学生自杀的重要诱因，如学业失败、恋爱受挫、人际危机、考研失败、就业受挫、经济困难、重大损失等都会成为大学生自杀的导火索。

人际关系紧张：人际关系问题是导致大学生心理障碍的主要因素之一。

学习压力：学业竞争、各种等级考试和资格考试使部分大学生长期处于身心疲惫状态，引发心理疲劳。

就业压力：越来越严峻的就业形势，不仅给高校里众多毕业生造成很大的精神压力，同时也让大学新生忧虑重重，自认为个人前途渺茫。此种压力如长期得不到缓解，会带来严重的心理挫折和失败感。

恋爱及性问题：如失恋、婚前性行为、被强暴、未婚先孕等，都极易诱发心理危机，有的人因此而走向极端，甚至造成悲剧。

经济压力：这种压力有时是来自物质上的，如难以承受学业所需的开支而可能导致辍学；有时是来自心理上的，如因经济上的窘迫而感到自卑。这些压力如果超出了个体的承受极限，便可能诱发自杀行为。

心理疾病：有研究表明，50%～90%的自杀死亡者可以诊断为精神疾病，自杀未遂者患有精神障碍的比例约为50%，精神疾病患者自杀的概率高于一般人群10～30倍。

三、点亮心灯：大学生自杀的预防与干预

（一）自杀的征兆

自杀危机事件具有很强的前期隐匿性、突发性、多因果性和教育指导不可预见性，因而自杀危机的预警识别就显得非常重要。自杀通常是有征兆的。有研究表明，52%～60%的自杀者在自杀前1～8周曾发出过求助信号。80%的自杀者曾向外界表达过自杀意图。因此，那些认为"自杀是没有先兆的""说自杀的人是不会自杀的"观点是错误的。预警识别主要是指有关人员对引起学生自杀危机的相关诱因保持敏感并对学生自杀危机有相当的辨别能力，它是对危机性质给予判断并进行及时干预的前提。

无论何种自杀，在自杀念头形成之后，都会出现一系列的心理与行为表现。这是一个自杀者向他人发出的求救信号。如果我们能及时发现并予以警惕，积极给予其帮助，就可能避免悲剧的发生。中国台湾心理学教授林昆辉说，每个有自杀念头的人，其实都有"六变三托"，即六种巨大的改变和三种托付的征兆，掌握"六变三托"可以有效地识别潜在高危人群。大学生自杀前的一些征兆包括以下几点。

1.	"六变"

"六变"是指性情、行为、花钱、言语、身体、环境的改变。

（1）性情改变：原来腼腆羞涩的人变得飞扬跋扈，原来阳光开朗的人变得孤独和害羞；情绪明显反常，无故哭泣，焦虑不安，或忧郁、失望、自卑、自责、自罪感强，或麻木不仁、冷漠，感觉不到生活的价值。

（2）行为改变：做自己不应该做的事、不做自己应该做的事时没有愧疚感；饮食、睡眠出现反常现象，个人卫生习惯变坏；对嗜好失去兴趣，丢弃或毁坏个人平常十分喜爱的物品，或无故送东西给同学、亲人；无来由地向人道歉、道谢等；从朋友圈中撤离，孤立自己；反复在一些危险区域逗留，或从事高危险性的活动；尤其当抑郁伴随着这些明显行为的改变持续超过一周时，应当予以特别注意。

（3）花钱改变：无论是用在别人身上还是用在自己身上，都把钱花光。用钱来交代和这个世界和某些人的关系。

（4）言语改变：分四个阶段：第一阶段，总是谈生命的意义和价值，从某本书、某个观点里努力寻找自己活下来的理由，找不到就觉得自己该死；第二阶段，找死的理由，死亡的价值、仪式、费用和程序；第三阶段，怎么死？询问或在网上寻找自杀的方法，吃什么药、吃多少颗等；第四阶段，动不动会提到"死"字，比如天气冷会抱怨"冻死好了"，稍不如意就说"干脆死了算了"。

（5）身体改变：出现急性或者慢性重病的人都有可能出现自杀的想法。

（6）环境改变：天灾人祸，家毁人亡，越坚强的人越有自杀的危险。因为坚强，他们得到的关心、在乎、支持的概率就更小，"拉力系统"渐渐匮乏，敌不过"推力系统"而走向极端。经历重大负性生活事件，近期生活出现重大改变或是遭受重大损失或变故，如受到侵害、亲友死亡、失恋、考试迫近或考试成绩即将公布、考试不合格等。

2.	"三托"

"三托"是指托人、托事、托物。

（1）托人：突然向亲友嘱咐、要求或委托，加强对某人的照顾。

（2）托事：突然把自己认为的重大事件，要求或委托他人代为执行或完成。

（3）托物：突然打包身边重要文物、玩物、宠物或认为重要的物品，要求或委托他人代为照顾或保护。

以上征兆都是个体处在自杀的内心矛盾冲突下的表现，极易被人发现。一旦自杀者进入自杀的平静阶段，又会表现得轻松、平静，给人一种恢复以往常态的假象。这时往往是自杀者已做出了坚决的自杀决定，一种不再为选择生死而烦恼，只是等待一个时机结束生命。因此，对于大学生的自杀，我们应做到及早发现及早干预。

（二）对有自杀倾向者的陪护

如果发现身边有自杀倾向、采取过自杀行为的人，我们要注意做到"三规六禁"。

1."三规"

"三规"是指"陪、听、说"。

"陪"：温柔体贴、和颜悦色、展露感情地陪伴，表达关爱，照顾起居生活；"陪"是如影随形地陪同，上楼跟后面，下楼挡前面，决不让当事人离开自己的视线。

"听"：原则是只听不说，不说是指不对当事人提问，随时准备听当事人说话，对方一有说话的征兆，陪同者就要在第一时间转头看对方并做倾听状；千万不要边听边回嘴，问东问西，尤其是问原因。

"说"：指如当事人长时间（整天）不说话，陪同者才可对他说话，但不是提问，说生活琐事，不劝善（不要告诉他自杀是错的，不要自杀等）；不责骂，不哭哭啼啼，不抱怨，不哀求；控制好自己的情绪，不问他为什么想自杀，而是通过告知其家中每个人身上发生的事情，试图重建当事人以及家庭与实体生活的"连接"，重建其"拉力系统"。

2."六禁"

"六禁"包括以下六个方面：

一不要劝善，诉说人生有多美好；

二不要规过，要求别再做错事；

三不要哀求，责怪当事人让你伤心哭泣、生病；

四不要责骂，生气辱骂责备当事人；

五不要抱怨，责怪当事人引起大家生活的不便与困扰；

六不要质问，逼问事件发生的原委。

（三）如何帮助有自杀征兆的人

表达你的关心，询问他目前面临的困难。

保持冷静，耐心倾听，让他谈出自己内心的感受，也不试图说服他改变自己的感受。

要接纳他，不对其做任何道德或价值评判（在相同境遇下，你也会有同样的感受）。给予希望，让他们知道面临的困境是能够改变的（但不要认为凭借自己的能力就能够帮他解决问题）。

有自杀倾向的人也许可能会拒绝你要提供的帮助，有时会否认他面临的问题，不要认为他的拒绝是针对你本人，应大胆询问他是否有自杀的想法："你是否感觉到那样痛苦、绝望，以至于想结束自己的生命？""有时候一个人经历非常困难的事情时，他们会有结束生命的想法。你有那种感觉吗？"询问一个人有无自杀念头不但不会引起自杀，反而可以拯救生命。但不要这样问："你没有自杀的想法，是吧？"相信当事人说的话，当当事人说要自杀时，应认真对待；如果他要你对其想自杀的事情给予保密时，不要答应；让他相信别人是可以给予他帮助的，鼓励他再次与你讨论相关的问题，并且要让他知道你愿意继续帮助他。

同时，要说服相关人员共同承担帮助有自杀倾向的人的责任；如果你认为他当时自杀的危险性很高，不要让其独处，要立即陪他去学校心理健康教育中心或医院接受评估和治疗；对刚发生自杀行为（服药、割腕等）或仍存生命体征的人，立即送到最近的医院进行抢救。

延伸阅读——思而学不殆

永　在

史铁生

我一直要活到我能够
坦然赴死，你能够
坦然送我离开，此前
死与你我毫不相干。
此前，死不过是一个谣言
北风呼号，老树被
拦腰折断，是童话中的
情节，或永生的一个瞬间。
我一直要活到我能够
入死而观，你能够
听我在死之言，此后
死与你我毫不相干。
此后，死不过是一次迁徙
永恒复返，现在被
未来替换，是度过中的
音符，或永在的一个回旋。
我一直要活到我能够
历数前生，你能够
与我一同笑看，所以
死与你我从不相干。

（四）大学生自杀的预防与干预

大学生自杀现象近年来有增多趋势，这已引起了教育主管部门及各高校的重视。预防大学生自杀已经提上了大学生心理健康教育的议事日程，具体做法有以下几种：

1. 提高大学生心理素质，树立积极人生观

心理素质差是导致自杀的最直接的内在动因。因此，个人应该积极主动地培养提高自身的素质，社会也要设置相应的机构来提供这种服务，配合学校的心理健康教育，从而加强学校、家庭、社会和个人的联系。心理素质的培养要特别注意挫折容忍力和情绪调控能力的培养。一方面，从知识上掌握挫折的各种应付方法和情绪的各种调控技巧；另一方面，在实际生活中有意识地加以运用，甚至可以主动地给自己创造一些挫折环境，培养自己的容忍力和调控能力。

2. 加强心理健康教育，普及有关预防自杀的知识

学校可对大学生开展心理健康教育，利用专题讲座、广泛的健康宣传等，帮助大学生提高心理健康意识，提升心理健康水平；开展生命教育与死亡教育，帮助大学生正确认识生命，理解死亡，这对大学生自杀的预防有一定作用。普及的知识应该包括自杀的原因、有自杀倾向者的表现和危害、自杀者的心理、自杀的预防及干预、自杀的预防机构等，这样有利于做好自杀的早期发现和预测，并及时采取有效措施预防自杀。

3. 设置危机干预机构，完善支持系统

建立学生心理健康档案，了解学生自杀意念，及早发现，及时约谈，及时干预；建立危机干预中心、自杀防止中心、生命热线、希望热线等，使处于危机中的人知道求助的机构。许多高校设置的心理咨询热线，能有效地为处于危机状态中的人提供及时的帮助，自杀者在犹豫不决、万分痛苦时打了电话，咨询员立刻介入，采取紧急对策，可以有效地避免自杀行为的发生。大学生需要有一个来自亲人、朋友、同学、朋辈群体、老师、学校各级组织、环境氛围等多方面的社会支持系统，这是大学生健康成长的关键。

4. 进行心理治疗

对自杀者进行心理治疗的目的，是使其了解其目前面临的状况及问题，让其进行情绪宣泄，学习新的适应方式或处理所面临的问题，并使其不再选择自杀行为。具体说来可采用：①危机处理及支持性心理咨询，重点是帮助其度过自杀危机；②以解决问题为导向的心理咨询，了解当事人所遭遇的各种问题，帮其思考解决问题的方法，与其草拟具体计划，避免孤独；③认知疗法，找出当事人认知上的不合现实性或不适用性，让其学习新的信念并思考，通过不断的练习来发展新的认知。

> **延伸阅读——思而学不殆**
> ### 希普尔提出的自杀管理中心必须注意的14个"不要"
> 不要对求助者责备和说教；
> 不要对求助者的选择和行为提出批评；
> 不要与其讨论自杀的是非对错；
> 不要被求助者告诉干预者危机已过去的话所误导；
> 不要否定求助者的自杀意念；
> 不要试图向令人震惊的结果挑战；

不要让求助者一个人留下，不去观察他，不与其取得联系；

在紧急危机阶段，不要诊断、分析求助者的行为或对其进行解释；

不要陷入被动；

不要过急，要保持镇静；

不要让求助者保持自杀危机的秘密（不把自杀想法说出来）；

不要因周围的人或事而转移目标；

不要在其他人中，把过去或现在的自杀行为说成是光荣的、殉情的等；

不要忘记追踪观察。

自杀危机干预的及时、准确，关键在于专业人员的有效介入，如心理医生等。作为自杀危机的干预主体，进行危机干预的专业人士必须保持头脑清醒、思维冷静，根据患者自杀意识的强度、伴随精神障碍的严重程度、社会支持的可能性大小，来判断患者是需要住院治疗、药物治疗还是心理治疗。如果近期自杀危险性高，应立即住院疗，如有必要，甚至应强迫入院。住院后，对自杀危险性高的病人，必须实行特别的监护措施，必要时进行约束。药物治疗以对症治疗为主，根据病情需要使用镇静剂和抗焦虑、抗抑郁等药物；心理治疗以支持性心理治疗为主，目的是激发病人的自尊与自信，增强病人的生活自理能力，恢复心理和社会功能，包括解释、倾听、劝告、指导、保证等，其他心理学派的治疗方式还有行为治疗、现实主义治疗、格式塔治疗等。

大学生是社会精英的重要组成部分，其自杀不仅导致人才资源的浪费和损失，而且给其所在的家庭乃至社会造成相当大的负面影响，还遗留下亲友的悲伤抚慰等问题。按照世界卫生组织的统计，一个人的自杀平均会使六个家人和朋友的生活受到影响，而自杀未遂则有两个亲人和朋友陷入长期的悲伤阴影之中。这些亲人、朋友和同学中的某些人由于哀伤反应强烈，需要接受专业危机干预人员给予的哀伤辅导。在哀伤辅导的初期，危机干预人员基本不说话，主要是耐心倾听，专业人员给予他们关心、温暖、支持，帮助他们把悲情表达、发泄出来。例如，组织一些缅怀死者的活动，以寄托哀思，让深受影响的亲人或朋友宣泄悲情事件引起的抑郁、焦虑等负面情绪；还可以通过在集体活动中充分表达自己的感受，使他们意识到自己的某些痛苦体验别人也曾经或正在遭受，自己并非孤独地面对这些不幸。通过倾诉达到疏泄，通过交流获得同感，进而促进彼此理解、相互支持、相互鼓励。一起来直面灾难，搀扶着走过悲伤，逐步摆脱抑郁的心理，重新获得心灵的阳光。

心灵思考——学而思不罔

请在安静的环境里，用5分钟的时间，完成下面问题的思考：

1. 什么是生命？生命从何而来？

2. 你是否觉得每个人对自己的生命应该负有完全的责任？

3. 你对生命的意义是如何理解的？

4. 什么样的人生才是幸福的？

心灵思考——学而思不罔

在人的一生中，总会面对死亡，至亲的逝去，好友的离开，自己生命的结束。我们要如何面对死亡呢？在面对死亡时，要思考些什么呢？也许有人会说："我不用想这么多，死亡离我和身边的人远着呢。"

但这是每个人都避不开的话题，也是每个人都不能完全把控的事情。请思考下面两个问题：

1. 当我们挚爱的亲人患了危及生命的疾病时，谁有权力决定他是否应该治疗，应该进行怎样的治疗？对当事人隐瞒病情，是不尊重他的权利吗？

2. 当事人已经处于生命末期，无论采用什么方法都要让当事人活下去，一定是正确的选择吗？这种选择的背后，个人的驱动力是什么？社会文化又产生着怎样的影响？

心理测试

人生意义问卷

请你花一点时间思考一下：对你来说，什么使你感到你的生活是很重要的。然后，根据下列描述与你的情况相符合的程度，在1~7中做出选择。并请尽可能准确和真实地做出回答。下列问题的主观性很强，每个人的回答都会有所不同，并无对错之分。

如下所示：1=完全不同意，2=基本不同意，3=有点不同意，4=不确定，5=有点同意，6=基本同意，7=完全同意。

1. 我很了解自己人生的意义。

2. 我正在寻找某种使我的生活有意义的东西。

3. 我总是在寻找自己人生的目标。

4. 我的生活很有明确的目标感。

5. 我很清楚是什么使我的人生变得有意义。

6. 我已经发现了一个令人满意的人生目标。

7. 我一直在寻找某样能使我的生活感觉起来是重要的东西。

8. 我正在寻找自己人生的目标和"使命"。

9. 我的生活没有很明确的目标。

10. 寻找自己人生的意义。

计分方法：《人生意义问卷》包含生命意义与生命意义追寻两个因子。生命意义体验因子指个体目前体验生活和知觉自己人生有意义的程度，因子分为1、4、5、6、9题得分相加；生命意义追寻因子指个体积极寻求人生意义或人生目标的程度，因子分为2、3、7、8、10题得分相加。

问卷评分解释：得分越高，生命意义感越强。

课堂互动——好知者不如乐知者

活动1：生命的思考

活动目的：让当事人回顾自己生命中发生过的主要的事件，在此过程中梳理自己的人生，感悟生命的意义，理解生命的真谛。

时间：30分钟。

活动准备：每人独立呈现自己的一份"生命调查表"。

活动内容：每位同学用心回答出表格所列问题，掩卷而思，深入思考人生，充实地活在当下。

1. 在你的一生当中最快乐的是哪一年？（或哪一时刻）

2. 你对什么事情最拿手？

3. 说出一个你人生中的转折点。

4. 你人生中的最低潮是什么时候？

5. 你有没有在某一事件中表现出极大的勇气？

6. 你有没有在一段时期内非常悲伤？是否不只是一个时期？

7. 说出你做得不好但仍然必须做下去的事情。

8. 哪些是你很想停止不做的事情？

9. 哪些是你很想好好再做下去的事情？

10. 说说你曾经有过的巅峰时刻的体验。

11. 说说你希望有的巅峰时刻的体验。

12. 你有没有想极力创建很重要的机会。

13. 说一个你丧失的人生中很重要的机会。

14. 有哪些是你想从此刻开始要好好做的事情？

活动2："我"的意义

作为生命的个体，你的存在，会给他人带来哪些快乐和幸福？请在下面的空格处填上"我"的意义，并尽量多的填写。

- 因为有了我，_____；
- 因为有了我，_____；
- 因为有了我，_____；
- 因为有了我，_____；

……

活动3：荒岛生存

1. 一次意外，你不幸身受重伤，流落荒岛数日后，在求生无望而生命只剩一日时，你只可做一件事，你会做什么？

2. 在你生命终结前五分钟，你可以打一个电话，你会打给谁？说些什么？

3. 在你的生命最后时刻，哪些事情能让你感受到最大的快乐、满足与再生？

4. 这时有一位神人把你救了，此时你的感受是什么？

活动4：人生倒计时

"人生倒计时"是一个想象的活动，同学们通过这个活动可以更好地体会自己生命的意义，了解自己生命的真谛。

(1)假如现在你得了一种疾病，没有药能够医好你的病，你的生命只剩下一个月，你会在这一个月的时间里做什么？请将你要做的事情写下来。

(2)5分钟后，假如医生告诉你一个好消息，目前新研制出来一种药可以延长你的生命，你还可以活半年。如果你的生命只剩下半年时间，你会做什么？请将你要做的事情写下来。

(3)5分钟后，假如医生又告诉你一个好消息，新研制出来的药效果很好，可以将你的生命延长到两年，你会在这剩下的两年的时间里做些什么？请写下来。

以5~6人为一组，分享当生命剩下一个月、半年、一年和两年的时候，自己的想法和感受。

活动总结：人在觉得自己有很多时间的时候，通常不懂得珍惜时间，也经常会为一些不重要的事情而烦恼，而在有限的生命时间里更能够了解自己生命的价值和意义。

好书推荐——吾生有涯而知无涯

《生命的留言》

作者：陆幼青

《生命的留言》是一本曾牵动无数读者心扉、令世人无比关注的"非常之书"。心理学教授张吉连先生认为，陆幼青敢于直面死亡，真正地拥有人生，是一位很了不起的勇士。《生命的留言》是作者陆幼青在生命最后阶段对人生进行的平静而真实的思考。在这本由其本人命名并结集而成的书中，陆幼青以其37岁的人生，思考爱情、亲情、生活，抒写直面死亡的感受。这是他留给这个世界最珍贵的财富！书中散文般优美的文字曾经打动过无数的读者。读者感动于他的坚强，更震撼于他面对死亡所表现出来的冷静与从容，他与死神有约，但他的文字里没有黑色，始终充满了坦然、智慧和感悟。相信《生命的留言》的再版会激励更多的人直面人生的苦难，珍惜幸福的生活！

《活出生命的意义》

作者：[美]维克多·E.弗兰克尔

《活出生命的意义》作者是著名心理学家弗兰克尔。纳粹时期，作为犹太人，他的全家都被关进了奥斯威辛集中营，他的父母、妻子、哥哥，全都死于毒气室中，只有他和妹妹幸存。弗兰克尔不但超越了这炼狱般的痛苦，更将自己的经历与学术结合，开创了意义疗法，替人们找到绝处逢生的意义。

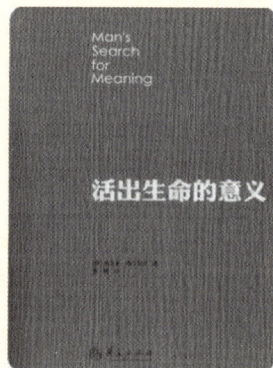

好影推荐——光影共徘徊

《遗愿清单》

该片主要讲述两个癌症晚期的病人面对癌症为他们带来的"死刑"，在余下的日子里度过充实和欢乐的人生的故事。

追寻幸福任何时候都不会太晚，我们每个人都应该有这样一张敢于追梦的遗愿清单，每个人都有着特立独行的人生轨道，谁都无法下结论，所以人生才丰富有趣而值得期待。

《死亡诗社》

威尔顿预备学院以其沉稳凝重的教学风格和较高的升学率闻名，其毕业班的学生，理想就是升入名校。新学期文学老师约翰·基汀的到来如同一阵春风，一反传统名校的严肃刻板：带学生们在校史楼内聆听死亡的声音，反思生命的意义；让男生们在绿茵场上宣读自己的理想；鼓励学生站在课桌上，用新的视角俯瞰世界。

试想，一个快被高考复习题埋没的孩子，看了《死亡诗社》会有怎样的震撼？威尔顿预备学院一向都是以传统、守旧的方法来教授学生，可是新学期来校的新文学老师基汀却一改学校的常规，让自己班上的学生们解放思想，充分发挥学生们的能力。在封闭的时代，他是教育领域的叛逆者；在学生的记忆里，他是灵魂的拯救者。

第三章

我就是我，不一样的烟火
——自我认识与探索

📖 思政小课堂

孙子曰："知己知彼，百战不殆。"这句话说明了想要成功，在了解别人的同时更要认识自我，凸显了正确认识自己的必要性。

俗话说："知人者智，自知者明。"认识自我是成功的必要条件。《论语·学而》中曾子曰："吾日三省吾身，为人谋而不忠乎？与朋友交而不信乎？传不习乎？"子曰："见贤思齐焉，不齐而内自省也。"所谓"省"就是反省，反省就是检讨自我而达到重新认识自我的目的。只有通过认识自我才能找到自己的优点和不足，从而扬长避短，完善自我，充实自我。所以认识自我是成功的保证。

"当局者迷，旁观者清"，对于自我，我们往往是那个"迷"的人。为了不在自己的事情中迷惑，我们应该认识自我，看清自我。这样才能做到当局者不迷，并且比旁观者更清。唯有如此，才能胜利在握。

✔ 课程引导

你如何介绍自己？

你第一次去参加学校某社团举办的见面会，主持人要求每位成员用1分钟左右时间进行自我介绍，话筒传到谁手上，谁就开始进行介绍，若轮到你时，你准备如何介绍自己？

你清楚你自己吗？在古希腊德尔菲神庙的阿波罗神殿中，镌刻着一句被人们视为神谕的人生箴言"认识你自己"。这句箴言虽然镌刻在神庙的石碑上，但是它的精神却存在于世界各地。步入大学后，大学生衡量自己的能力不再以学业成绩为唯一标准，开始需要学会全方位定位自己，他们开始反复思索一个问题："我是谁？""我将会是谁？"在对成就的渴望与进取之中，在这个特定时期产生的困惑与探索中，大学生将学会如何正确认识自己的优势与局限，并积极悦纳自我，不断完善自我，这对大学生的成长具有十分重要的意义，关系到大学生能否以自信自强的积极心态迈步人生成功的阶梯。

第一节　我是谁——认识自我

📖 故事导入

　　小清，19 岁，在读大学一年级。入校以来，小清一直不怎么与同学交往，她认为自己是一个内向的人，只与自己宿舍的五位同学以及临近宿舍的同学交谈过。一个学期转眼就要过去了，小清感觉在学校里收获不大，很少参加学校的社团活动，专业课程学习也没有动力，这让她近来感觉迷茫，想读书但是读不进去，很怕大学四年就这样过去，更对毕业之后的去向及出路感到隐隐的担忧。

　　思考：

　　1. 小清是一个怎样的人？

　　2. 如何帮她更好地认清自己？

⚛ 知识链接

自我意识

　　让我们来看看科学家们是如何帮助我们认识自己的。法国哲学家笛卡尔最先使用"自我意识"这一概念，提出了"用心灵的眼睛去注意自身"的精辟论断，揭示了对自我意识的发现的途径。笛卡尔之后，有关自我意识的研究开始得到空前的发展。

一、自我意识的概念

　　自我意识是人对自己身心状态及对自己同客观世界的关系的意识。自我意识包括三个层次：对自己及其状态的认识；对自己肢体活动状态的认识；对自己思维、情感、意志等心理活动的认识。自我意识不仅是人脑对主体自身的意识与反映，而且人的发展离不开周围环境，特别是人与人之间关系的制约和影响，所以自我意识也反映人与周围现实之间的关系。

二、自我意识的分类

　　自我意识的结构是指自我意识包含哪些成分，它是一个多维度、多层次的复杂的心理系统或心理结构。按照不同的标准，有不同的分类。

（一）从形式上分类

　　从形式上看，自我意识表现为认知的、情感的、意志的三种形式，分别称为自我认识、自我体验和自我调控。

　　1. 自我认识

　　自我认识是指一个人对自己各种身心状况的认识，是自我意识的认知成分，指个体对生理自我、心理自我和社会自我的认识。它包括自我感觉、自我概念、自我观察、自我分析和自我评价等层次。自我概念和自我评价是自我认识中最主要的方面，集中反映了个体自我认识乃至自我意识的发展水平，也是自我体验和自我调控的前提。自我认识主要解决"我是一个什么样的人"的问题，就个体对自我的认知来看，主要包括对生理自我、社会自我和心理自我的认知，从而构成一个统一的整体的自我认知，并在此基础上进行自我评价。如我是一个相貌平平的人，我是一个善于交际的人，我是一个心理素质很好的人，我是一个幽默的人，等等。

2. 自我体验

自我体验是自我意识的情感成分，在自我认识的基础上产生，反映个体对自己所持的态度。它包括自我感受、自爱、自尊、自信、自卑、内疚、自豪感、成就感、自我效能感等层次，其中，自尊是自我体验中最主要的方面。

3. 自我调控

自我调控是自我意识的意志成分，是指个体对自己心理活动和行为的调节与控制，包括自我理想、自我监督、自我塑造、自我克制、自我教育等层次。其中自我控制和自我教育是自我调控中最主要的方面。自我教育是自我调节的最高级形式，这是因为，教育的最高境界就是自我教育能力的形成。自我控制是个体意志品质的集中体现，我们常说的自制力，就是自我控制能力。从某种意义上来说，自制力的优劣决定着学习、工作、生活的成败。自制力强的人，在控制方面就会表现出自觉、自立、自主、自制、自强、自信、自律，在任何阶段都有明确的追求目标，能够很好地克制自己的情绪，行为主动而有节制，有责任感，遇事沉着冷静，果断而坚毅，决不半途而废。自制力差的人，往往目标不清，易受暗示，缺乏主见，优柔寡断，对自己的情感和行为都缺乏控制能力，凡事都难以坚持到底。

总之，自我认识、自我体验和自我调控之间相互联系、相互制约，统一于个体的自我意识之中。自我认识是其中最基础的部分，决定着自我体验的主导心境以及自我控制的主要内容；自我体验又强化着自我认识，决定了自我控制的行动力度；自我控制则是完善自我的实际途径，对自我认识、自我体验都有着调节作用。三个方面协调一致，便形成了完整的自我意识。

（二）从内容上分类

从内容上来看，自我意识可分为生理自我、心理自我和社会自我三类。

1. 生理自我

生理自我是指个人对自己生理属性的意识，包括个体对自己的身高、体重、外貌、身材等方面的意识等。如果一个人对生理自我不能接纳，觉得自己个子矮、不漂亮、身材差等，就会讨厌自己，表现出自卑和缺乏信心。这是自我意识的最原始形态。

2. 心理自我

心理自我就是个人对自己心理属性的意识，包括个人对自己的人格特征、心理状态、心理过程及其行为表现等方面的意识。

3. 社会自我

社会自我是指个人对自己的社会属性的意识，包括对自己在社会关系、人际关系中的角色、地位的意识，对自己所承担的社会义务和权利的意识等；也是指对自己在群体中的地位、作用以及自己和他人相互关系的认识、评价和体验。如果一个人认为自己不善于交流或沟通，周围的人不喜欢自己、不接纳自己，没有知心朋友等，就会感到很孤独、很寂寞。

（三）从自我观念上分类

从自我观念来看，自我意识可分为现实自我、投射自我和理想自我三个维度。现实自我是个体从自己的立场出发对现实的我的看法，即对现实中我的认识。投射自我是指个体想象中的他人对自己的看法，如想象自己在他人心目中的形象，想象他人对自己的评价，以及由此而产生的自我感。投射自我和现实自我之间往往有差距。差距越大，个体便越会感到自己不为别人所了解。理想自我是个体从自己的立场出发对将来的我的希望，即对想象中的我的认识，理想自我是个体想要的完善的形象，是个人追求的目标。理想自我与现实自我也不一定是一致的。

三、自我意识的功能

（一）支配个体的行为

意识决定行为，行为是意识的反映。每个人的心中对自己都有一个认知：我是一个什么样的人。于是在自我介绍时就会把自己描绘成什么样的人，在实践中也会不自觉地按照那种人的特点来处事。例如，一个同学觉得自己个子矮，在今后的日常生活中就会特别留意那些个子较高的同学，不断与他们做比较，以此来印证自己的观点。

（二）决定个体的归因

归因是个体对自己或他人行为过程原因的分析。不同的个体可以有相同的行为经历，但每个个体对这种经历的归因却大不相同。不同的归因便取决于个体独特的自我意识。例如，自我意识积极的同学会把期末考试的失利归因为自身复习不够认真，会不断鼓励自己，在今后的学习中更加努力；而自我意识消极的同学则会把失利归因为自己能力不济，不断否定自己，愈加消极。事实上，当个体消极自我意识占主导时，任何行为或经历都会与消极的自我评价相关联；相反，积极的自我意识占主导时，所有的经历都会被赋予积极的含义。

（三）反映心理健康水平

自我意识是个体全部内心世界的总和，也是人格的核心部分，对个体人格的发展和塑造起着至关重要的作用。自我意识的发展程度集中反映了个体的心理成熟程度和心理发展水平。大量的心理学实验证明，个体社会适应不良及人际关系不协调主要是由自我意识不正确造成的。只有健全的自我意识才能正确认识、悦纳自己，合理分析自己与周围环境的关系，从而保持良好的社会适应和人际关系，维护自身心理健康。

总之，健全的自我意识通过合理的自我认知、良好的自我体验、自觉的自我控制，促进个体的自我实现，最大限度地挖掘个体心理潜力。

四、大学生的自我意识

大学生的自我意识是自我意识发展的一个阶段。自我意识在大学阶段不断发展，逐步趋向稳定。其特点有：

（1）对自我认识充满兴趣和急迫感，自我评价的水平大为提高。表现为自我评价的概括性：概括的理论性，即不是就事论事，而是脱离一定的情景从理性上进行评价；概括的综合性，即综合社会期望、信息内化了的主观态度、兴趣、理想评价自己；概括的辩证性，即能辩证地看待自己；概括的定型性，即能各自根据自己的性格特点来评价自己。还表现为广泛性，能对自己的优缺点、才华、性格、气质、道德品质以及同学关系等进行细腻、深刻、明晰、广泛的评价。自我评价的途径进一步多样化、完善化、社会化。

（2）自我体验强烈而敏感，不时还带有直觉的特点，陷入一种突如其来的激情，有强烈的自尊需要。

（3）自我控制的愿望十分强烈，自我控制水平明显提高，能进行较深刻的自我反省。绝大多数人在他人帮助下能进行自我教育、自我发展，发挥自我潜能。

（4）自我意识的发展已具有明显的独立性。

（5）自我意识的发展表现出明显的矛盾性，即理想自我与现实自我、主体自我与社会自我的矛盾，这种矛盾运动的结果是，绝大多数大学生向积极方面转化，达到新的水平上的积极同一，少数大学生也会向消极方面转化，达到消极同一。

大学生自我意识还不十分成熟，自我评价有时仍有盲目性、肤浅性、片面性，自我体验有时仍有自负心理，自吹自擂。自我控制还不够稳定，常立志但缺乏持之以恒。

课堂互动——好知者不如乐知者

我是一个怎样的人？

目的：全面了解自我，更接纳自己，明白奋斗的目的，充满活力。

过程：

1. 请拿出一张白纸，把纸纵向均匀地折成四部分，在最左侧那一列从上到下写上：身高，体重，相貌，出身阶层，文化程度，性别，性格，人际关系，职业，配偶，家庭，收入，爱好，住宅面积，理想抱负……

2. 左侧写完之后，请在白纸的上方，由左至右写上：真实的我，理想的我，别人眼中的我。

3. 现在按照表格的框架，将条目的答案填写上去。可以横着填，也可以竖着填。

4. 与身边同学分享。

5. 总结。

同学们对"我是谁"的回答往往是自己的姓名,而姓名只是一个代号,对认识了解你的人有意义,对不了解你的人则毫无用处。而对自己的身高体重,性格,理想,社会交往等很少介绍;对"我从哪里来"的回答往往是自己的家乡,这只是对地理空间上自己从什么地方来的介绍;对"我将到哪里去"的回答,很多同学显得很迷茫,就算有少数同学们回答了,往往也只是表达了自己将来想去的工作地点;对"我为何要到那里去"的回答,如"家人的意思""自己的兴趣"或"随便选的";对"我如何到那里去"的回答则往往会说自己所乘坐的交通工具等。其实,这些回答是对自己的个性和社交状况等心理和社会层面的理想缺乏自我了解。

延伸阅读

乔哈里窗理论

美国心理学家 Jone 和 Hary(1969)提出关于人自我认识的窗口理论,他们认为人对自己的认识是一个不断探索的过程。根据"自己知道—自己不知"和"他人知道—他人不知"这两个维度,他们提出每个人的内心都有四块领域:开放区、盲目区、隐秘区(又称隐藏区)和未知区(也称封闭区)。

	我知	我不知
你知	Public 开放	Blind 盲目
你不知	Private 隐秘	Potential 未知

延伸阅读——思而学不殆

"三好"心情对对碰

一、好兴奋

结束了高三生活,踏入新校园,新鲜,同学觉得非常兴奋,忙着结交新朋友,布置新宿舍,参加社团活动……

心理老师对你说:

好兴奋是大多数常见的心理状态,也非常有利于充满激情地开始生活。但是,过分的兴奋也有潜在的危险，比如有些同学通宵长谈，有些同学参加了过多的社团活动而忽视学业，给未来的工作和生活留下隐患。

二、好犹豫

是选这门课还是那门课？是在教室里上自修还是和同学们去搞社团活动？是以学业为重，还是多发展社会能力？

心理老师对你说：

生活中，常常会面临两难，与其陷入犹豫不决的状态，不如多打听，多询问，多讨教，多征求老师、辅导员或高年级学生的意见，并且及早做生涯规划，想好自己到底想要什么，避免随波逐流。

三、好担心

觉得周围的同学都很优秀，担心会考试不及格？担心未来找工作？担心和同学处不好关系？一切都陌生，我好担心……

心理老师对你说：

担心很有必要，这将有助于警觉，凝神聚力为既定的目标奋斗；但过分的担心会影响同学们的生活、学习。不妨静下心来，想想最担心的是什么，并为之做一些准备，也可以找心理老师探讨和寻求帮助。

当你刚刚开始大学生活时，你对自己以后要做什么不清楚是很正常的。抓紧时间去学习和提高自己的专业能力、人格形成、生活方式以及价值观的一切事物吧。这些信息将帮助你重新衡量你所选择的专业并且为你打开一个充满了无限机遇和可能的职业旅途！

通过参加各种学生组织、体育比赛等等课外活动来发展和完善自己的兴趣与爱好。

涉足了解学校就业指导中心等相似机构所能提供的关于职业的信息，对不同的职业有一定认识。

和你的家人、朋友、导师等讨论你的职业兴趣，当然也可以是其他能够给你建议的其他人，尤其是那些已经在工作的人。

接受专业的个人定位测试，从而加深对自己的了解，明确你自己想要加强的竞争力。同时，努力学习，努力得到尽可能高的分数。

第二节　我就是我——悦纳自我

📖 故事导入

神奇的发卡

有一个女孩子，总觉得不讨别人喜欢，因此有一点自卑。一天，她偶尔在商店里看到一支漂亮的发卡，当她戴起它的时候，店里的顾客都说漂亮，于是她非常高兴地买下发卡，并戴着它去学校。接着奇妙的事发生了，许多平日不太跟她打招呼的同学，纷纷来跟她接近，一些同学还约她一起去玩，原本死板的她，似乎一下子变得开朗、活泼了许多。但放学回家后，她才发现自己头上根本没有带什么神气的发卡，原来她付钱后把发卡留在了商店里。是什么使别人改变了对她的态度？那个发卡真有那么神奇的力量吗？

人的容貌并没有因戴发卡而改变，改变的只是人的心态，因她的可爱而让人感到漂亮。无论什么时候，我们都不要讨厌自己，对于那些已经成为无法更改的客观现实，与其整天抱怨苦恼，还不如坦然地自我悦纳，即以积极、赞赏的态度来接受自己。

知识链接

《老子》第三十三章是极富人生哲理的一章："知人者智，自知者明。胜人者有力，自胜者强。知足者富，强行者有志。不失其所者久，死而不亡者寿。""知人者智，自知者明"，能认识别人的叫作机智，能认识自己的才叫作高明，而且了解自己比了解别人更为重要；"胜人者有力，自胜者强"，能战胜别人的叫作有力，能克制自己的人才算刚强，而且战胜自己比战胜别人更为关键。"知足者富，强行者有志"，中心意思是要求自己按客观规律办事，不要过头，也不要不及。"不失其所者久，死而不亡者寿"，永不迷失自己的目标与定位才能长久；肉体虽然死亡，但精神长留人间，这样的人才真能永存人间。

一、什么是悦纳自我

认识自我是种境界，是我们在现代社会所应具有的素质。那么首先就应该明白什么是悦纳自我。总的来说，悦纳自我包括三方面。第一，接受自己的全部，无论优点还是缺点，无论成功还是失败。第二，无条件地接受自己，接受自己的程度不以自己是否做错事有所改变。第三，喜欢自己，肯定自己的价值，有愉快感和满足感。只有能够真正地做到如此，我们才能真正地悦纳、认识自我。

心理健康的人首先要有自知之明。对自己能做出恰当评价的人，既能了解自我，又能接受自我，体验自我存在的价值。一个悦纳自己的人，并不意味着他的一切都是完美的，而是说他在接受自己优点的同时，也了解自己的缺点，很坦然地承认了自己的不足之处。而后，不断克服缺点，注意自我形象塑造，把握自己做人的准则，不断完善自己，更加有信心面对生活，走向成功。这是一种修养，也是一种难能可贵的品质。

> **延伸阅读——思而学不殆**
>
> #### 名人的故事
>
> 亚里士多德的沟通能力有障碍，但他是一位内省力很高的哲学家。
>
> 凡·高受情绪困扰，但他在艺术上的成就却是超凡的。
>
> 孙膑腿上有残疾，但他是中国古代杰出的军事家。
>
> 罗斯福的下肢残疾，但他带领美国人赢得了第二次世界大战的胜利。
>
> 海伦·凯勒失聪，但她的内省力却不凡。
>
> 爱因斯坦曾遇上学习障碍，但他在科学上的成就有目共睹。

贝多芬失聪，但他是乐坛的巨人。

启示：每个人都不完美，每个人都有优势，正确对待自己的优缺点，不必为自己某些方面比别人强而沾沾自喜，也不必为自己在某些地方不如别人而垂头丧气。对于可以改掉的毛病，应勇于改正；对于诸如生理条件等无法改变的方面，我们要敢于面对，承认它、接受它，还应当在学习上、修养上下功夫，培养内在美。

总之，只有认识自我、悦纳自我，才能不断完善自我、塑造自我，才能使自己得到不断的发展，成为真正对社会有价值的人，自身的价值也才能体现来。

二、如何悦纳自我

（一）学会恰当的自我期望

相传山脚下准备建一座教堂，有三个石匠在干活。一天，有人走过去问他们在干什么。

第一个石匠说："我在混口饭吃。"

第二个石匠一边敲打石块一边说："我在做世界上最好的石匠活。"

第三个石匠带着想象的光辉仰望天空说："我在建造一座大教堂。"

10年之后，第一个石匠手艺毫无长进，被老板炒了鱿鱼；第二个石匠勉强保住了自己的饭碗，但只是普普通通的石匠；第三个石匠却成了著名的建筑师。

这个故事最早出现在管理大师彼得·德鲁克于1954年出版的《管理实践》一书中，几十年来一直为管理界所津津乐道。按现代的理解，似乎与"愿景管理"联系得更紧密一些。让每一个人都能意识到自己做的每一点努力，都围绕着自己要实现的美好期待和愿景。既不脱离实际，又克服了目光短浅。只有这样，企业才能处理好短期行为和长期战略之间的关系，才能利用理想的感召激发员工的工作热情，最终实现企业的奋斗目标。

（二）接受并超越自卑

心理学家阿德勒认为，每个人与生俱来都有"自卑情结"，只是每个人表达这种感觉的方式不同，这种自卑情结驱使我们奋发图强，以弥补这种自卑的缺憾。接受自卑才能超越自卑。

（三）维护自尊

懂得说是，学会说不——表明态度是一种新的勇气，是维护自尊的表现。

向别人说出的"不"，就是对自由和生活说出的"是"。个人如果难以说"不"，也会难以说"是"，因为在这两种情况下，缺少的都是肯定自己的态度。那个不懂得说"不"的人，也不会说出真正的"是"，因为他不清楚自己不想要的是什么，因此也不清楚他想要的是什么。而另外有些人，他们拒绝起来很轻松，却不容易赞同别人。原因在于，"是"比"不"多了承诺的概念。说"是"，目的是同别人有更多的交流、更深的合作。

（四）学会宽容接纳他人

接纳他人者能实现接纳自己，不能接纳他人则表现为挑剔和嫉妒。挑剔是不能接受他人的不好，嫉妒是不能接受他人的好。嫉妒时，可以做一下调试：想想自己的优势，消除不公平感；减轻虚荣心，虚荣心追求的是虚幻的荣誉，是一种扭曲的自尊心；加强交流，增进也解。要看到别人得到的荣誉和所付出的努力。

课堂互动——好知者不如乐知者

测试：自己的气质属于哪种类型

测试说明：以下有60道题。在回答每一问题时，认为很符合自己情况的，记2分；比较符合的，记1分；介于符合与不符合之间的，记0分；比较不符合的，记-1分；完全不符合的，记-2分。

测试题目：

1. 做事力求稳妥，不做无把握的事。

2. 遇到可气的事就怒不可遏，想把心里话全说出来才痛快。

3. 宁可一人干事，不愿与他人合作。

4. 到一个新环境很快就能适应。

5. 厌恶那些强烈的刺激，如尖叫、噪声、危险镜头等。

6. 和人争吵时，总是先发制人，喜欢挑衅。

7. 喜欢安静的环境。

8. 善于和人交往。

9. 羡慕那种善于克制自己感情的人。

10. 生活有规律，很少违反作息制度。

11. 在多数情况下是乐观的。

12. 碰到陌生人觉得很拘束。

13. 遇到令人气愤的事，能很好地自我克制。

14. 做事总是有旺盛的精力。

15. 遇到问题常常举棋不定，优柔寡断。

16. 在人群之中从不觉得过分拘束。

17. 情绪高昂时，觉得干什么都有趣；情绪低落时，又觉得干什么都没有意思。

18. 当注意力集中于某一事物时，别的事物很难使自己分心。

19. 理解问题总比别人快。

20. 碰到危险情况，常有一种极度恐惧感。

21. 对学习、工作、事业抱有很高热情。

22. 能够长时间做枯燥、单调的工作。

23. 符合兴趣的事情，干起来劲头十足，否则就不想干。

24. 一点小事就能引起情绪波动。

25. 讨厌做那种需要耐心、细致的工作。

26. 与人交往不卑不亢。

27. 喜欢参加热烈的活动。

28. 爱看感情细腻、描写人物内心活动的文学作品。

29. 工作学习时，常感到厌倦。

30. 不喜欢长时间谈论一个问题，更愿意付诸实际行动。

31. 宁愿侃侃而谈，不愿窃窃私语。

32. 别人说我总是闷闷不乐。

33. 理解问题常比别人慢些。

34. 疲倦时只要短暂的休息就能精神抖擞，重新投入工作。

35. 心里有话，宁愿自己想，不愿说出来。

36. 认准一个目标就希望尽快实现，不达目的，誓不罢休。

37. 和别人同样学习、工作一段时间后，常比别人更疲倦。

38. 做事有些莽撞，常常不考虑后果。

39. 老师和师傅讲授新知识、新技术时总希望讲慢些，多重复几遍。

40. 能够很快忘记那些不愉快的事情。

41. 做作业或完成一件工作总比别人花的时间多。

42. 喜欢运动量大的剧烈体育活动，或参加各种文艺活动。

43. 不能很快地把注意力从一件事转移到另一件事上去。

44. 接受一个任务后，就希望迅速完成。

45. 认为墨守成规比冒风险强些。

46. 能够同时注意几件事。

47. 当我烦闷的时候，别人很难使我高兴。

48. 爱看情节起伏跌宕、激动人心的小说。

49. 对工作认真严谨，具有始终如一的态度。

50. 和周围人们的关系总是相处得不好。

51. 喜欢复习学过的知识，重复做已经掌握的工作。

52. 希望做变化大、花样多的工作。

53. 小时候会背 20 首诗歌，自己似乎比别人记得清楚。

54. 别人说我"出语伤人"，可我并不觉得这样。

55. 在体育活动中，常因反应慢而落后。

56. 反应敏捷，头脑机智灵活。

57. 喜欢有条理而不麻烦的工作。

58. 兴奋的事常常使自己失眠。

59. 老师讲授新的概念，常常听不懂，但是弄懂以后就很难忘记。

60. 假定工作枯燥无味，马上情绪低落。

气质类型测试结果分析：

1. 将分数分类，并汇总各类得分：

胆汁质题号：2、6、9、14、17、21、27、31、36、38、42、48、50、54、58，总分_____

多血质题号：4、8、11、16、19、23、25、29、34、40、44、46、52、56、60，总分_____

黏液质题号：1、7、10、13、18、22、26、30、33、39、43、45、49、55、57，总分_____

抑郁质题号：3、5、12、15、20、24、28、32、35、37、41、47、51、53、59，总分_____

2. 如果其中一种气质得分明显高出其他三种，均高出4分以上，则可定为该类气质型。此外，如果该类气质得分超过20分，则为典型；如果该类得分在10~20分，则为一般型。

3. 两种气质类型得分接近，其差异低于3分，而且又明显高于其他两种，高出4分以上，则可定为这两种气质的混合型。

4. 三种气质得分均高于第四种，而且接近，则为三种气质的混合型，如多血—胆汁—黏液质混合型或黏液—多血—抑郁质混合型。

课堂互动——好知者不如乐知者

优点轰炸

一、活动目的

1. 学习发现别人的优点。

2. 促进个人自尊和追求个人成长的动机。

二、活动时间：45分钟

三、活动人数：每组6~8人

四、活动材料：纸笔

五、活动场地：安静舒适的空间

六、活动规则

1. 用轮流的方式，每个成员用2分钟时间介绍自己的长处。

2. 用5分钟时间倾听别人说自己的优点。

3. 介绍自己长处时，不能使用"假如""但是"等字眼。

4. 听别人说自己优点时，只需要静听，并表达感谢，不可泼冷水。

5. 逐一实施，全部成员轮流完毕。

七、分享与总结

第三节　我的优势——发展自我

📖 故事导入

毛遂自荐

据《史记·卷七六·平原君虞卿列传·平原君》记载，战国时，秦国出兵攻打赵国，包围了赵都邯郸，情况十分危急，于是赵王派平原君前往楚国，请求援救。平原君打算在其门下食客挑选出二十个文武人才一同前往，但只挑选出十九个，剩下的都不符合条件。这时，有一个名叫毛遂的人，主动向平原君自我推荐，请求加入前往楚国的行列。平原君问："你在我门下多久了？"毛遂回答："三年了。"平原君说："一个真正有才能的人，就好像一把放在袋子里的锥子一样，立刻就会显露出锋利的锥尖。而你在我门下三年了，我却没听说过你有什么表现，你还是留下吧！"毛遂说："我现在自我推荐，就是请求你把我放进袋子里，如果早点有这样的机会，那我就不只是露出锥尖而已，而是早就显露出才能，锋芒毕露了！"平原君觉得毛遂说得有道理，就答应让他一同前往。到了楚国，平原君和楚王会谈，从早上到中午，都没有结果。毛遂于是持剑走到楚王面前，极力说明赵、楚联合抗秦的利害关系。楚王终于被说服，答应赵国出兵援救。于是两国当场歃血为盟，誓守联合抗秦的盟约。毛遂这次不仅帮助平原君完成任务，也为赵国立下了功劳，让大家对他刮目相看，平原君因此待他为上宾。后来这个故事被浓缩成"毛遂自荐"这个成语，比喻将自己的优点主动表达，自告奋勇，自我推荐。

⚛ 知识链接

一、正确认识自我

从自我意识的发展来看，健康的发展需要客观、正确地认识自我。既能看到积极乐观的优势也能看到自己的不足，又能接纳自己的不足，发挥自己的优势，能够明确自己在生活及社会中所处的角色和位置，对自己做出恰如其分的评价。自我认识是自我意识的基础，能够让自己调整当下的状态并构建未来的发展。我们可以通过以下方式来认识自我。

（一）他人评价

对于自我的认识，我们可以以身边关系比较稳定的人，如父母、朋友等对自己的评价作为参照，对自己做出客观的定位。有一部分同学只能听到他人评价的负面部分，对于他人评价中的正面部分给予否认，此时我们可以客观接纳他人评价的全部，并做出分析。

（二）自行比较

我们通过观察社会上和自己相似的人，与他们进行对照，给自己做出正确的评价，或者根据他人对自己的态度来评价自己，以增进对自己的认识。这种比较虽带有主观色彩，却是我们认识自己的常用方法。当我们比较的内容、参照和方式不同时，对自己的认识也不同。所以，自行比较时，找到环境和心理条件与自己相似的人，比较符合自己的实际情况。合理运用比较，确立合适的参照体系对于正确认识自我是非常必要和重要的。

看见，才能改变。在成长的过程中，正确的自我认识能够让自己不断反省、不断调整，不断发展。

二、发挥自我优势

当我们正确认识自我后，不要因自身的不足哀怨不前，也不要因自身的优势张扬自大。通过树立明确的目标、培养良好的自控力、塑造健全的人格，做一个"自如的我、独特的我和受欢迎的我"。每个人身上都有优势和美德，在积极心理学中，有六大美德，24个性格优势，我们可以从中汲取力量，将自己的优势发挥至最大。

美德之一：智慧与知识——知识获取和运用上的认知优势

创造力——不仅仅体现在科学发明上，还体现在运用新颖、富有成效的方式解决生活中的各类问题。

好奇心——基于自己的兴趣爱好进行的活动；确定目标，开始探索。

开放性思维——从各个维度进行思考而不过早下结论；公正地权衡各种证据和迹象。

好学——主动掌握新的技能，确定新的目标和获取新的知识。

洞察力——深入清楚地察知。

美德之二：勇气——内外意见不一致时，依然能够顺利完成任务的一种情感优势

勇敢——在威胁、挑战、困难或痛苦面前不畏缩；在有反对意见时依然能够为正义、真理辩护；即使不受欢迎依然能够坚持自己的信念。

毅力——做事有始有终；面对困难时坚持不懈，并以乐观积极的心态完成任务。

正直——以非常诚恳的方式，更加全面地看待事情的本质；从不吹嘘和炫耀；能够对自己的情感和行为负责。

热情——以一种充满活力、激情四射的心态感悟生活；不会半途而废；对生活的美好追求具有一定的冒险精神；积极地感受生活。

美德之三：仁慈——能够非常友好地与人交往的一种优势

爱与被爱的能力——和他人保持亲密友好的关系，特别是那些乐于分享并具有同情心的人。

善良——乐于帮助他人，关怀他人。

社交能力——有效地意识到他人的动机和情感；明白在不同的社交场合如何行事。

美德之四：公正——健全的社区生活的基础

合作——作为一名团队成员能够很好地与大家协作；对团队忠实；乐于分担。

公平——对所有人能够做到一视同仁；不因个人情感而有所偏倚；给每个人公平的机会。

领导力——合理安排团队活动，与团队成员关系良好；组织团队活动并能使每个人都感到快乐。

美德之五：节制——反对过度、超额的一种有效的力量

宽恕——原谅他人的错误；接受他人的不足并给予第二次机会。

谦逊——保持谦虚的态度；不认为自己高人一等。

谨慎——对自己的决定谨慎小心；不做过度的冒险行为；不说或不做以后很可能会后悔的事情。

自我调节——所作所为能够遵守规定和纪律，能够控制自己的情绪和行为。

美德之六：自我超越——个体与他人、自然、世界建立有意义的联系的能力

对美和卓越的欣赏——从自然到艺术、科学，对生活中不同领域的美丽、卓越和才华的欣赏。

感激——对他人的帮助予以感激，并时常表达出这种谢意。

希望——对未来充满希望并努力去实现它；相信自己的未来是可以靠自己创造的。

幽默——时常带给他人欢乐；能够看到事物积极的一面。

信仰——对生活的意义，对更高的目标拥有坚定一致的信念，并能将这种信仰付诸实践。

课堂互动——好知者不如乐知者

寻找自己的性格优势

1. 请填写完整。

(1) 我最欣赏自己的外表是_____

(2) 我最欣赏自己对朋友的态度是_____

(3) 我最欣赏自己对学习的态度是_____

(4) 我最欣赏自己的性格是_____

(5) 我最欣赏自己对家人的态度是_____

(6) 我最欣赏自己做事的态度是_____

(7) 我最欣赏自己从困难中崛起的经历是_____

(8) 我最欣赏自己的一次成功是_____

2. 想想在填写过程中的感受及填写之后的感受。

3. 分享自己的感受。

延伸阅读——思而学不殆

马丁·塞利格曼是美国心理学家，著名学者和临床咨询与治疗专家，积极心理学的创始人之一，主要从事习得性无助、抑郁、乐观主义、悲观主义等方面的研究。曾获美国应用与预防心理学会的荣誉奖章，并由于他在精神病理学方面研究的突出贡献而获得该学会的终身成就奖。1998年当选为美国心理学会主席。

马丁·塞利格曼出生于美国纽约州奥尔巴尼，在家乡念书时，喜好篮球运动，后因未能入选篮球队而开始钻研学问。13岁那年，他开始专心读书，尤其是弗洛伊德

的《精神分析引论》给他留下了深刻的印象。1964 年，塞利格曼毕业于普林斯顿大学，随后进入宾夕法尼亚大学师从 R·所罗门学习实验心理学。塞利格曼先是与 B·奥弗米尔，后来又与 S·梅尔合作研究了狗在受到预置的不可避免的伤害时所表现出的被动性。

塞利格曼检验和探讨了缺乏常规的学习理论的解释，并最终提出动物的学习与它们的活动无关，简单地说，动物是失助的。1967 年，塞利格曼获得哲学博士学位，执教于科内尔大学。1970 年他回到宾夕法尼亚大学，在该校的精神病学系接受了为期一年的临床培训后，于 1971 年重返心理学系。1976 年他晋升为教授，在此期间出版了《消沉、发展和死亡过程中的失助现象》一书。1978 年，他与 L·艾布拉姆森和 J·蒂斯代尔一起，重新系统地阐述了失助型式，提出有机体的品质决定了失助的表达方式。其后他发现：当坏事发生时，那些具有将坏事的起因看作是固有不变的人往往陷入失助的境地。

延伸阅读——思而学不殆

如何使自己更幸福?

1. 使自己忙起来。就是让自己每天都有事可做，或者尝试以前想做而不敢做的事情。

2. 合理管理时间。有效地运用时间，降低变动性。决定什么事该做，什么事不该做。是否通过事先的规划，作为一种提醒与指引。

3. 取舍有道，劳逸结合。

4. 不间断的学习。有时你会觉得自己特别想做一件事情的时候自己没有足够的能力(知识上的不足)，这就会直接导致幸福感降低。必要的知识积累不仅会给你带来意外的惊喜，还会使你过得充实。

5. 帮助别人。这是一件快乐的事情，在你眼里的一件小事可能在别人眼里却价值千金，方便别人的同时，从他人那得到的肯定会使你发现你对别人是有很大价值的，愉快的心情自然会带来幸福感。

6. 尝试着使自己变得更好，在和别人相处的过程中发现他人的优点从而来弥补自己的缺点。时间久了你会发现自己有很大的变化，这种好的改变会使你感到幸福。

7. 多和别人分享，特别是与你爱的人分享。把你开心的事情或东西拿出来分享，你会发现你的分享会使自己更开心。

8. 出去旅游。如果心里积压了一些烦闷的情绪，那就抽出些时间出去旅游，让压力在旅途中一点点瓦解，心理上轻松了，自然就会体会到幸福。

9. 感谢要大声表达出来。当我们得到帮助时，请及时并大声地表达自己对对方的感谢，这会大幅提升自己的幸福感。

10. 总结与提升。每一件事结束之后，给自己一段安静的时间去思考：总结经验，吸取教训，达到"吾日三省吾身"，以此得到提升。

心灵思考——学而思不罔

我的五样（选自毕淑敏《心灵七游戏》）

活动名称：我的五样

活动目的：

1. 帮助学生认识到要珍惜已经拥有的宝贵财富。

2. 促进自我意识发展，帮助学生更好地了解自己。

活动准备：

没有丝毫痕迹的白纸、笔，光线较暗的教室，舒缓音乐（如《卡农》小提琴曲）。

活动步骤：

第一步：在白纸顶端，一笔一画，写下"×××的五样"。这个"×××"就是你的名字。

第二步：请回忆自己生命中重视的、重要的、不可或缺的一些人、事、物，然后认真地写下其中最重要的五样。（可以是实在的物体，如食物、水或钱；也可以是人或动物。可以是精神的追求，如理想和信念；也可以是爱好和习惯，如旅游、音乐。可以是抽象的事物，如祖国；也可以是具体的事物，如一个玩具或一本书）

第三步：想一想选择他们五样的理由是什么？

第四步：生活中发生变故，让你不得不把五样之中的某一样抹去。（抹去意味着永远失去，意味着永远不能再拥有）

第五步：生活中又发生了重大变故，必须再抹去一样。

第六步：在生命进程中，你又遇到了险恶挑战。用你的笔把三样当中的某一样涂黑。

第七步：你的生活滑到了前所未有的低谷。用笔再抹去一个事物，现在你的纸上只剩下了一样东西，这是你最宝贵的东西。你涂掉了四样，他们同样是你宝贵的东西。

1. 当你依次抹去时你的心情是怎样的？

2. 最终的那一样对你为什么这么重要，它对你有什么影响？

课堂互动——好知者不如乐知者

最昂贵的拍卖会

活动目标：认真思索在你生命中最重要的东西。

活动道具：面值一万元的纸币若干(自制)。

操作流程：

1. 派发纸币，每人六张面值一万元的纸币。

2. 讲解规则，说明游戏意图和名称，以小组为单位进行活动。

规则如下：

(1)以六张纸条为货币，一张纸条为一万元；

(2)每个人一件一件地卖，第一轮每人卖一件，第二轮每人卖第二件，没有货物的直接跳过，起步价一万，封顶三万，先出到三万的人直接赢得物品；

(3)也可选择不拍卖，不拍卖商品的人，一件商品扣除两万元(但是最多只能保留一件)，先把扣除的钱交给各组指导员，再开始游戏；

(4)如果流拍，物品不能收回，倒扣一万；

(5)已购物品不可再拍卖；

(6)下面还有继续的活动，请大家注意赚更多的钱好继续竞争。

3. 全班拍卖，先在屏幕上亮出物品，但是不确定物品顺序：

(1)小组成员围成一个圈；

(2)第二轮全班拍卖；

(3)先前不肯拍卖物品的人，一件商品奖励3万元(要向大家说明，因为他们坚守了自己最重要的事物，所以这些是给他们的奖励)；

(4)组内成员可以相互组合，共享财富，拍得的物品共同所有。

4. 拍卖开始。全班竞拍，告诉大家将从下面十件物品中随机抽取六件拍卖，拍卖顺序随机，当然也可能始终不会出现，底价一万，上不封顶。小组内成员可以互相共享财富，拍得的东西共同所有。

例如：疼爱自己的父母，200年的寿命，深爱着你的女(男)朋友，逢考必过，挪亚方舟船票，每天都开心快乐好心情，十万吨黄金，时光机，幸福美满的家庭，一项超能力，等等。

思考：你竞拍下来的物品有哪些？为什么？

好影推荐——光影共徘徊

《俗女养成记》

影片讲述39岁的陈嘉玲，没房没车没老公没小孩，还丢了工作，正式加入女"loser"的行列。这是什么意思呢？这表示当年不惜引发家庭革命也决心要离开家乡的她，在台北奋斗了近二十年，到头来是一场空。说到"俗女"，就要先从她的家庭谈起。台南纯朴的乡下，三代同堂，全靠阿公开的中药行维生。身为长孙女的陈嘉玲，和中国台湾十大建设差不多时间出生，与台湾经济同步成长。小时候的陈嘉玲，没有人陪她玩的时候，她就自己找乐子；没人陪她说话的时候，她就自己跟自己对话。她是这么喜欢她自己，想尽办法让自己开心。而长大后，即将迈入四十岁的陈嘉玲，虽然一路跌跌撞撞，也是货真价实地活了大半辈子。爱过人，也被人爱过；被人负过，也负过人。就算现在一无所有，天也不会塌下来。她不知道接下来的路要怎么走，但她告诉自己，接下来的每一天，她至少可以不违感受，平凡但诚实，普通但理直气壮地往前走，做一个接受自己的人。

《逆光飞翔》

影片讲述天生眼盲的裕翔，首次离家北上念书，他琴弹得好，却坚持不参加任何比赛，因为不想被同情，他只想跟大家过得一样。后来他遇见热爱跳舞却因故被迫放弃梦想的女孩小洁。裕翔能"看见"世界上不被旁人看见的美丽，他就像一缕温暖的逆光照进了小洁冰冷的内心，而小洁带领裕翔经历了他未尝试过的冒险。两个貌似永不相交的灵魂，却成为彼此遗失的那份力量，两人身后的那道逆光，正温暖着、鼓舞着他们向梦想展翅飞翔。他们朝着最初的梦想，迈开步伐，逆光而行。

第二篇

路漫漫其修远兮

亲爱的同学们，相信经过一段时间的调整，你已经逐步适应了大学独立的生活，开始想要进一步发展和丰富自己的情感世界。但在前行的过程中，一些接踵而至的问题给同学们带来了不少困扰，如人际交往的障碍、自我情绪的不稳定、面对爱情的懵懂等，如果处理不好，将对同学们的心理产生不良影响。人际交往是大学生人生发展课堂上的一门必修课。尤其是大一新生，来到陌生的环境，开始了集体生活，这时大学生所面对的人际交往比中学时代更广阔和多样化。如何适应新的生活环境，建立新的人际关系，恰当处理各种交往，是每个大学生面临的首要问题，这也直接影响大学生的心理健康状况。因此，同学们要积极主动地学习人际交往的技巧，提高交往中的心理素质，努力成为一个乐于交往、善于交往的人。情绪是影响人身心健康发展的重要因素。大学生处于人格发展的完善阶段，有着丰富的情绪情感体验，且情绪波动大，不可避免会面临各种各样的困扰。消极、不良的情绪状态会降低大学生的学习和工作效率，严重的情绪困扰会影响大学生的身心健康。因此，学会合理、科学地管理情绪，有助于促进大学生的健康成长。爱情是人类永恒的追求，也是人类精神世界不竭的动力之一。正值花样年华的大学生，受氤氲之气的滋养，爱情悄悄地生长并繁茂，大学生的爱情如同夏日里的太阳雨，美丽却又有些伤感。爱的琼浆需要理性与智慧，需要等待与心智，由恋爱的双方共同酿造。因而，确立健康的恋爱观，是大学生开启未来幸福生活之门的金钥匙。

　　在探索自我情绪、人际交往和感情的道路上，需要不断地尝试与调整，"路漫漫其修远兮，吾将上下而求索"。愿你在人生道路上，管理好自己的情绪，拥有知心的好友和真心的爱人，更好地发展自我，拥有幸福的人生。

第四章

你变了，世界就变了
——情绪管理

📖 **思政小课堂**

学会控制和调整情绪是战胜自我的重要过程。许多仁人志士正是凭借情绪上的成熟和智慧，为事业争取主动，走向成功。也许现实中会遇到"欲渡黄河冰塞川，将登太行雪满山"的困难，但只要控制好情绪，发愤图强，"长风破浪会有时，直挂云帆济沧海"的一刻终会来临。学会控制情绪，才能克服困难，实现人生理想。

山有了悬崖峭壁才更险峻，海有了惊涛骇浪才更深邃，人生有了挫折才更加丰富多彩。明辨是与非、美与丑、善与恶的界限，不以物喜，不以己悲，学会控制情绪，才能叩开成功之门。

✔️ **课程引导**

谈到情绪，我们总会自然想到喜怒哀乐这个词，甚至自动地把情绪分类为好与坏。情绪本身没有好坏，关键在于对情绪的有效管理。一个人情绪好时，会有"情人眼里出西施"；一个人情绪不好时，会有"感时花溅泪，恨别鸟惊心"。情绪时刻陪伴着我们的生活、学习、人际交往，我们通过情绪表达我们对方方面面的感受，它是我们"健康的寒暑表"。我们常说："你今天感觉如何?"这个"感觉"包含什么呢?

第一节　揭开情绪面纱

📖 故事导入

一块摔坏的手表

卡斯丁早上起床后洗漱时，随手将自己的高档手表放在洗台边，妻子怕手表被水弄湿，就随手将手表放在餐桌上。儿子起床后到餐桌上拿面包时，不小心将手表碰落地上摔坏了。卡斯丁疼爱手表，一时火起，揍了儿子一顿。然后黑着脸骂了妻子一通，妻子不服气，说是怕水把手表打湿。卡斯丁说他的手表是防水的。于是二人猛烈地斗起嘴来。卡斯丁一气之下早餐也没有吃，直接开车去了公司，快到公司时突然记起忘了拿公文包，又立刻转回家。可是家中没人，妻子上班去了，儿子上学去了，由于卡斯丁钥匙留在公文包里，他进不了门，只好打电话向妻子要钥匙。妻子慌慌张张地往家赶的途中，撞翻了路边水果摊，被摊主拉住不让她走，要她赔偿，她不得不赔了一笔钱才摆脱。待卡斯丁拿到公文包后，赶回公司时已迟到了15分钟，挨了上司一顿严厉批评，卡斯丁的心情坏到了极点。下班前又因一件小事，跟同事吵了一架。妻子也因早退被扣除当月全勤奖。儿子这天参加棒球赛，原本夺冠有望，却因心情不好而发挥不佳，第一场就被淘汰了。

故事中，卡斯丁在儿子摔坏手表后，没有控制好自己的情绪，结果造成一系列不良后果。如果当时他能够控制好自己，抚慰儿子说：不要紧，儿子，手表坏了没事，我拿去修修就好了。这样儿子高兴，妻子也高兴，自己心情也好，那么随后的一切就可能不会发生了。

⚛ 知识链接

一、情绪是什么

情绪通常是指人们在心理活动过程中对客观事物的态度和体验。对情绪的理解包括以下三点：

（一）情绪有其生理基础

在不同的情绪状态下，人的心律、血压、呼吸乃至人的内分泌、消化系统等，都会发生相应的变化。例如，人在焦虑状态下，会感到呼吸急促、心跳加快；而在愤怒状态下，则会表现出面红耳赤等生理特征。

（二）情绪是一种内心感受和体验

人的不同情绪生理状态必然会反应在人的知觉上，从而形成人的不同的内心感受和体验。如当面临极度危险时，会产生毛骨悚然的恐惧；当自己的某些需要得到充分的满足时，会感到幸福愉快；在失去亲人时，会感到悲伤。

（三）情绪的表现形式

情绪也会直接反映到人的表情、语态和行为动作中。情绪的表现形式分为面部表情、声音表情和动作表情，因此，人与动物都有"情绪"。但是人的情绪在本质上与动物的情绪有所不同，即使人类最简单的情绪，在其产生和起作用时，都要受到人的社会生活方式、社会习俗和文化素养等因素的影响和制约。

表情和与之关系最紧密的情绪

表情	可能的情绪	表情	可能的情绪
眉眼朝上、眨眼	惊讶	毛发直立	害怕
眼朝下、头低垂	羞愧、羞怯	尖叫、拳头紧握	害怕、气愤
哭泣	悲伤	嘴角上扬、笑	高兴
皱眉、嘴唇朝上	厌恶	耸肩	顺从
皱眉头	生气、受挫	嘘声	蔑视

二、情绪的类型

1. 在我国，自古以来人们通常将情绪按其表现分为喜、怒、哀、惧、爱、恶、欲七种。

2. 按情绪发展分类

情绪按其发展可分为基本情绪和社会情绪。

基本情绪是指与生理需要相联系的内心体验。例如，人的恐惧、焦虑、满足、悲哀等，人的基本情绪在人的幼年时期就已经形成了，更带有先天遗传的因素。

社会情绪是指与社会需要相联系的情绪反应，表现为一种较为复杂而又稳定的态度体验，如人的善感、责任感、羞耻感、内感、荣誉感、美感、幸福感等，都是人的社会情绪。社会情绪是在基本情绪基础上随着人的成长而逐步发展起来的，同时又通过基本情绪表现出来。

3. 情绪的三维理论

美国心理学家普拉奇克提出情绪的三维理论。情绪具有两极性、相似性和强弱性。例如，喜悦的情绪，从兴奋程度上可分为舒畅、愉悦、快乐、欢喜、狂喜等不同的心理体验层次；而愤怒的情绪，从紧张程度上可分为不满、气恼、恼怒、愤怒、大怒、狂怒等；悲哀的情绪从程度上则可分为忧虑、忧愁、忧郁、哀伤、悲伤、悲痛、痛不欲生；恐惧情绪从程度上可分为担心、害怕、恐惧、惊恐和极度惊恐等。

4. 按状态分类

苏联心理学家根据情绪发生的强度、持续性和紧张度把情绪状态划分为心境、激情与应激三种形态。

（1）心境

心境是指比较微弱、持久影响人的整个精神活动的情绪状态，有弥散性的特点。比如，当一个人心情舒畅时，他看什么都会觉得乐观积极；而当一个人郁郁寡欢时，则对许多事都感到没有兴趣。"忧者见之则忧，喜者见之则喜"就是心境的表现。心境有消极和积极之分。大学生的积极心境有助于学习，有助于克服困难，发挥主动性和创造性。消极心境容易使大学生意志消沉，颓废不堪，妨碍学习和生活。

（2）激情

激情是一种强烈的、短暂的、有爆发性的情绪状态，如狂喜、愤怒、绝望等都属于这种情绪状态。在激情状态下，人的理解力、控制力等都有可能降低。激情也有积极和消极之分，积极的激情能增强人的行为能力，激励人们克服艰险，攻克难关；消极的激情则会导致人的理智的暂时丧失，情绪和行为的失控。

（3）应激

应激是在出乎意料的紧迫情况下所引起的高度紧张的情绪状态，在人们遇到突如其来的紧急事故时就会出现应激状态，如地震、火灾等，在应激状态下，会使人的心律、血压、呼吸和肌肉紧张度等发生显著的变化，从而增加身体的应变能力，在应激状态下，人们往往能做出平时难以做到的事，使人尽快地转危为安，但是人在紧急情境中的应激状态下，也会导致知觉狭窄、行动刻板，注意力被局限；过强的应激情绪，会导致人的突发性休克甚至死亡，还会导致心理创伤，一个人长期处于应激状态中，会产生身心疾病和心理障碍。

心灵思考——学而思不罔

　　给情绪命名：图片上的表情代表着什么情绪？请根据你自己的感受给情绪起个名字。

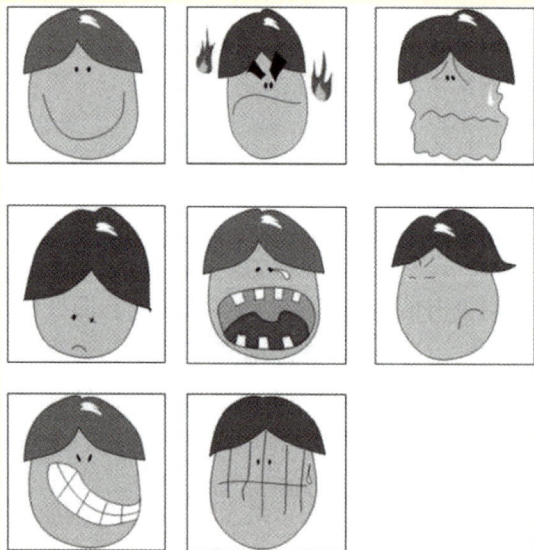

三、情绪的发生机制及其功能

（一）情绪的发生机制

1. 情绪与情境

人的情绪的产生，必然有其发生的情境，人们学业的成功、优美的环境都可让人随之产生愉快的心情；反之，人际冲突、学习的压力、生活中的挫折，甚至恶劣气候会使人感到烦躁和抑郁。此外，人的自身生理和心理的反应也同样会引起情绪的变化。例如，人在青春期阶段，身体的急剧变化会引起内分泌的紊乱，由此造成情绪上的波动。女生因为月经周期带来生理上的变化，也容易导致情绪的波动。

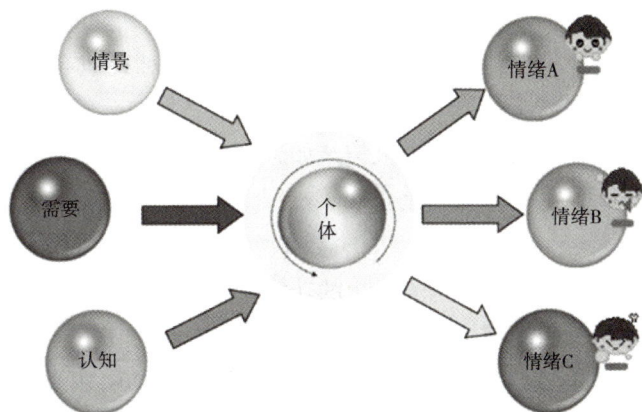

2. 情绪与需要

情绪的产生和变化反映着人的不同需要。当得到他人称赞时，会感到荣耀和喜悦感，满足了自己的自尊和成就的需要；受到他人的冷落时会产生孤独感，因为自己被接纳的需要没有得到一定满足。

3. 情绪与认知

心理学研究表明，人们只有通过认知对客观事物与需要的满足做出判断与评价，才会产生相应的情绪反应。认知改变了，情绪也相应发生变化。因此，面对同样的事物，不同的认知就会产生截然不同的情绪感受。比如，同样是半瓶水，一个乐观主义者会因为还有半瓶水可以饮用而感到欣慰和满足；而一个悲观主义者则会因为只有半瓶水而感到焦虑和不满。因此，在某种意义上来说，认知可以决定人的情绪。

4. 情绪与行为

行为是人的情绪的重要表现形式，而情绪对行为也会有一定的调节作用。当人在做出能满足自己需要的一些行为时，会体验到一种欣慰和充满热情的情绪感受，它会使自己的行为得到加强；而当人的某一行为破坏或阻碍了自己的某一种需要时，就会产生厌烦、排斥的情绪感受，它会使自己的行为减少或停止。可见，情绪与行为的关系并非是单一的决定与被决定的关系，而是相互影响的关系。

（二）情绪的功能

1. 适应功能

情绪是机体适应生存和发展的一种重要方式。每一种情绪都有其功能，如在遇到危险时产生恐惧，促使人在行为上更快地脱离危险；当在学习或者就业中承担了超负荷的压力时，紧迫感会让人们选择暂时放弃而获得轻松；在面对侵犯的时候，愤怒会促使人奋起反抗。

2. 动机功能

情绪是动机的源泉之一，是动机系统的一个基本成分。它能激励人的活动，提高人的活动效率。适度的情绪兴奋，可以使身心处于活动的最佳状态，推动人们有效地完成任务。研究表明，适度的紧张和焦虑能促使人积极地思考和解决问题。

3. 组织功能

情绪心理学家认为，情绪作为脑内的一个检测系统，对其他心理活动具有组织的作用。这种作用表现为积极情绪的协调作用和消极情绪的破坏、瓦解作用。中等强度的愉快情绪有利于提高认知活动的效果，而消极情绪如恐惧、痛苦等会对认知产生负面影响。消极情绪的激活水平越高，认知效果越差。

4. 社会功能

情绪在人际间具有传递信息、沟通思想的功能。这种功能是通过情绪的外部表现，即表情来实现的。表情是思想的信号，如用微笑表示赞赏，用点头表示默认等。表情也是言语交流的重要补充，如手势、语调等能使言语信息表达得更加明显或确定。

第二节　大学生的情绪

📖 故事导入

一念之间，天堂地狱

有一个同学，非常嫉妒另一个同学家庭条件好，和同学相处也很好。每当他看到这个同学微笑着和他打招呼时，他的心里就更加不痛快……就这样，他每天折磨自己，身体日渐消瘦，胸中就像堵了一块石头，吃不下也睡不着。这个同学就是出于嫉妒，把自己置于一种心灵的地狱之中，折磨来折磨去，却一无所得。

一念天堂，一念地狱。其实当我们平衡好属于自己情绪的杠杆时，我们就能找到自己的人生。

⚛ 知识链接

一、大学生的情绪特点

（一）冲动性与复杂性

大学生有着丰富、强烈而又复杂的感情世界，情绪体验快而强烈，喜怒哀乐常常一触即发，表现出热情奔放的冲动性特点。心理学家常用"急风暴雨"来比喻这种激情性的情绪特征。这种冲动性的情绪尤其在群体中往往会变得更激烈。大学生有较强的群体认同感，喜欢模仿，易受暗示，容易受当时情境气氛的感染、鼓动，容易表现出比一个人时更大胆的举动。因为群体可以增强一个人的力量感，同时在群体中个人可以减少其相应的责任。

大学生的情绪冲动性是有其生理和心理基础的。由于性成熟，性激素分泌的旺盛会通过反馈影响下丘脑的兴奋性，而大脑皮层的调节作用一时还不能适应这种情况。因此在皮层和皮层下之间出现了不平衡状态。心理发展的相对缓慢，心理调节机制的不完善，缺乏对外界变化的弹性和应变能力，缺乏对心理活动调节和支配的意志和能力，使得大学生生理和心理的发展出现了在某种程度的不平衡，从而影响了情绪的表现，使得情绪变得容易冲动。

（二）强烈性与爆发性

大学生的情绪特别强烈并富有激情。对任何事情都比较敏感，有时一旦情绪爆发，自己难以控制，甚至表现为一定的盲目狂热和冲动。在处理同学关系、师生关系中的矛盾时，在对待学业生活中的挫折时，易走极端，给自己及他人带来伤害。

（三）波动性与两极性

大学生的情绪年龄正处于未成年人与成年人的转变阶段，在情绪状态上反映着两种情绪并存的特点。一方面，相对于中学阶段，大学生的情绪趋于稳定和成熟；而另一方面，与成年人相比，大学生的情绪带有明显的起伏波动性，容易从一个极端走向另一个极端。情绪有时会表现为大起大落，大喜大怒的两极性。

（四）内隐性与掩饰性

大学生的情绪表现，虽然有时也会喜形于色，但已经不像青少年时期那样坦率直露，不少大学生常会将自己的情绪隐藏和掩饰，体现为外在表现与内在体验并不一致。这也无形中给同学之间的相互交流带来障碍，使一些学生出现孤独和苦闷的情感困惑。

课堂互动——好知者不如乐知者

情绪成语接接接

下面考考你的情绪表达能力。你能用语言表达自己的真实感受吗？这是一项技能，需要不断锻炼，学着用成语表达你的"愤怒"吧。如果把"生气"改成"快乐"，你能想出哪些成语？

生气的能量点在头皮：＿＿＿＿＿＿＿＿＿　（怒发冲冠）

生气的能量点在头部：＿＿＿＿＿＿＿＿＿　（七窍生烟）

生气的能量点在脸上：＿＿＿＿＿＿＿＿＿　（面红耳赤）

生气的能量点在牙齿：＿＿＿＿＿＿＿＿＿　（咬牙切齿）

生气的能量点在眼睛：＿＿＿＿＿＿＿＿＿　（横眉竖眼，怒目相对）

生气的能量点在内脏：＿＿＿＿＿＿＿＿＿　（满腔怒火）

生气的能量点在四肢：＿＿＿＿＿＿＿＿＿　（拳打脚踢）

生气的能量点在全身：＿＿＿＿＿＿＿＿＿　（满地打滚，暴跳如雷）

二、大学生常见的情绪问题

（一）焦虑

焦虑是十分常见的现象，是一种类似担忧的反应或是自尊心受到潜在威胁时产生担忧的反应倾向，是个体主观上预料将会有某种不良后果产生的不安感，是紧张、害怕、担忧混合的情绪体验。人们在面临威胁或预料到某种不良后果时，都有可能产生这种体验。焦虑是大学生常见的情绪状态，当他们在学习、工作、生活各方面遭遇挫折或担心需要付出巨大努力的事情来临时，便会产生这种体验。焦虑对大学生的影响是复杂的，既可以成为大学生成才的内驱力，起促进作用，也可以起阻碍作用。

（二）抑郁

抑郁症状不单指各种感觉，还指情绪、认知与行为特征。抑郁最明显的症状是压抑的心情，表现为仿佛掉入了一个无底洞或黑洞之中，正被淹没或窒息。其他感觉包括容易发火，感到愤怒或负罪感。抑郁常常伴随着焦虑，对所有活动失去兴趣，渴望一个人独居。抑郁也伴随着个体思维方式的转变，这些认知改变可以是一般性的，如注意力不集中、记忆力衰退或者很难做出决定。在思考中可能有更多的心境转变，消极地看待世界、自我否定和对未来失去信心。因此，抑郁的人很难回忆起美好的记忆，不适当地责备自己，认为他人更消极地看待自己，对未来感到悲观。与此同时，还伴随身体症状，如常常全身乏力，起床变得困难，更严重时睡眠方式都会改变，睡得太多或者早晨醒得太早，并且不能再次入睡。也可能出现饮食紊乱，吃得过多或过少，随之而来的体重激增或剧减。抑郁是一种持续时间较长的低落、消沉的情绪体验，它常常与苦闷、不满、烦恼、困惑等情绪交织在一起。

（三）愤怒

愤怒是由于客观事物与人的主观愿望相违背，或因愿望无法实现时，人们内心产生的一种激烈的情绪反应。心理学研究表明，当愤怒发生时，可能导致人体心跳加快、心律失常、高血压等疾病发生，同时还会使人的自制力减弱甚至丧失，思维受阻、行为冲动，甚至做出一些事后后悔不迭的蠢事或造成不可挽回的损失。愤怒是大学生常见的一种消极情绪。处于精力充沛、血气方刚的青年时期的大学生，在情绪情感发展上往往表现出好激动、易动怒的特点。例如，有的大学生因一句刺耳的话或一件不顺心的小事而暴跳如雷；有的因人际关系协调受阻而怒不可遏、恶语伤人；有的因别人的观点或意见与自己相左而恼羞成怒；有的因一时的成功、得意而忘乎所以；有的因暂时的挫折或失败而悲观失望、痛不欲生。如此种种遇事缺乏冷静的分析与思考，图一时之快，逞一时之勇的不良情绪在一些大学生身上时有体现。这种情绪对大学生的影响是极其有害的，因而有人说："愤怒是以愚蠢开始，以后悔结束。"

（四）嫉妒

嫉妒是指他人在某些方面胜过自己引起的不快甚至是痛苦的情绪体验。西班牙作家塞万提斯说："嫉妒是万恶的根源，美德的蠹贼。"嫉妒是自尊心的一种异常表现，在大学生中普遍存在。具体表现为当看到他人学识能力、品行荣誉甚至穿着打扮超过自己时内心产生的不平、痛苦、愤怒等感觉；当别人身陷不幸或处于困境时则幸灾乐祸，甚至落井下石，在人后恶语中伤、诽谤。嫉妒是一种情绪障碍，它扭曲人的心灵，妨碍人与人之间正常真诚地交往。

延伸阅读——思而学不殆

过激情绪让悲剧发生

一对热恋的大学生在校园里散步，女生 A 忽然感到头上有口痰液。原来是教学楼窗户旁一位男生 W 在作怪。A 的男友 S 跑去询问，见男生 W 醉醺醺的，两人争吵并厮打在一起。这时，女生 A 抄起屋里的板凳击打男生 W 的头部，致使男生 W 身受重伤后休克死亡。

情绪的力量是不可小觑的，往往一件小的争端闹成悲剧。情绪管理在我们的生活中起到举足轻重的作用，如果放任自己的情绪，就会让自己的生活变得混乱，甚至在情绪激动时会造成难以挽回的失误。

延伸阅读——思而学不殆

某些疾病与性格特点和生活方式密切相关

疾病	人格特点
哮喘	过分依赖、希望被人照顾
结肠炎	听话、带有强迫性、抑郁、心情矛盾
冠心病	忙碌、好胜、好争强、急躁、善于把握环境
荨麻疹	渴望得到情感、常有受挫感
高血压	压抑、愤怒、争强好胜
偏头痛	追求尽善尽美、刻板、好争强
溃疡病	依赖、压抑、怨恨、感情受挫折、刻板

第三节　情绪管管管——情绪调节

📖 **故事导入**

为何我总是那么不快乐？

刘云，2020 级某专业学生。刚上大学时，她即表现出不合群、孤僻等特点。进入多彩的大学校园后，她总是一个人独来独往，沉默寡言，拒绝与其他人交往，尤其抵触与男同学有任何接触，甚至与辅导员谈话也是如此。同时，她拒绝参加体育运动、班级活动等集体活动。她总是一个人孤独地坐在角落里，不与任何人交往。该生对周围环境也十分敏感。同学间不经意的一句话，都可以引起她的无端猜想，总是认为周围的人和事是在针对自己，幻想别人总是在讨论自己，在背后议论自己、对自己指指点点，从而时刻保持着一种自我防备状态，精神高度紧张。

当我们遭受挫折与伤害时，因为当时缺乏必要的心理辅导与心理支持，心理问题并没有得到及时的解决，因此负面情绪被压抑，最后形成不良的心理状态。

有一句话叫"境由心生"。很多时候，人的痛苦与快乐，并不是由客观环境优劣决定的，而是由自己的心态、情绪决定的。

思考：

1. 刘同学产生的是什么情绪？

2. 如果是你面对这样的境遇，你会采取哪些方式？

你看路边的小草，被人踩来踩去，可它还是活下来了，它拼命地站起来，接受大自然给予的阳光、雨露，所以，它比温室里的花朵更有生命力。 ——著名的"知心姐姐"卢勤

知识链接

一、转移法

1. 做事转移

人的情绪容易受到外在的事物与场景的影响，所以，外在的事物和场景发生改变，情绪也会随之改变。

当我们觉察到自己的情绪不佳时，我们可以选择自己喜欢的事情来做，或者做一些能让自己专心投入的事情来分散注意力，将不愉快的心情暂时忘记。当事情做完时，我们甚至会发现，原来造成我们心情不好的原因已经消失了。例如，看喜欢的书，和朋友玩，做义工，听音乐，看电影，睡觉等。

2. 运动转移

当感到心情低落、沮丧、精神不振时，可选择做体育运动，加速身体的新陈代谢，促进使身体快乐、放松的激素分泌。

弗吉尼亚大学心理治疗教授布朗博士研究了 101 位沮丧的学生，将他们分为运动组和不运动组。布朗博士发现：两周慢跑五天，十周就能明显地降低沮丧分值；而每星期跑三天的人，也有同样的成绩；但在这期间不运动的人，成绩却没有任何改变。

3. 环境转移

当我们觉察到自己的情绪不好时，也可以单纯地改变我们的环境来改变我们的情绪。例如，去海边散步，郊外骑车，登山，去差异特别大的地方旅游。

4. 暂时搁置

特别是在处理人与人之间强烈的矛盾冲突时，可以暂时离开，冷静下来再处理。

二、合理情绪疗法

合理情绪疗法又称合理情结疗法，它的基本理论主要是 ABC 理论。在 ABC 理论模式中，A 是指诱发性事件；B 是指个体在遇到诱发事件之后相应而生的信念，即他对这一事件的看法、解释和评价；C 是指特定情景下，个体的情绪及行为结果。通常人们认为，人

的情绪的行为反应是直接由诱发性事件 A 引起的，即 A 引起了 C。ABC 理论指出，诱发性事件 A 只是引起情绪及行为反应的间接原因，而人们对诱发性事件所持的信念、看法、理解 B 才是引起人的情绪及行为反应的更直接的原因。人们的情绪及行为反应与人们对事物的想法、看法有关。合理的信念会引起人们对事物的适当的、适度的情绪反应；而不合理的信念则相反，会导致不适当的情绪和行为反应。当人们坚持某些不合理的信念，长期处于不良的情绪状态之中时，最终将会导致情绪障碍的产生。

例如，你的好友说周末会找你去逛街，但整个周末他都没有和你联络。你有什么样的想法和感受？请选出对事件 A 恰当的反应。

事件 A	想法 B	情绪和行为反应 C
你的好友说周末会找你去逛街，但整个周末他都没有和你联络	B1：这个人一点都不讲信用	C1：讨厌
	B2：他根本不当我是朋友	C2：愤怒
	B3：他可能突然有急事来不及通知我	C3：谅解
	B4：他不会是来找我时出了什么意外吧？	C4：担心
	B5：他为什么这样对待我？	C5：难过
	B6：是他忘记了我们的约定吗？	C6：疑惑

危险自我谈话与积极自我谈话

危险的自我谈话	积极的自我谈话
我必须……	我愿意……
这太不公平	事情本来就这样
这个问题有点麻烦	这是一种挑战
生活是乱七八糟的	生活是我造就的
我真没用	我是一个会出错的人
我不能对付	我自信我能把握
我真愚蠢	谁这样说？证据在哪里？
我应该……	我能够……
我有必要……	我想要……
真是太可怕了	真的很遗憾
是的……但……	也许我能……
我不够好	我能和别人做的一样好
我一向都不走运	我能掌握自己的命运

三、调整生活态度和方式

（一）正确评价自己

正确认识自己，不要过高要求自己。评价自己是个性发展的重要前提之一。自己对自己的认识、评价是在发展过程中逐渐培养起来的。对自己有正确的认识，做自己可以胜任的事情，对自己有个合理的预期和评价。

（二）培养独立的人格

减少他人评价的影响，认识自己的价值，明确应该坚持什么、反对什么，有明确的是非界限，不能人云亦云，不要被周围环境所左右。

（三）合理宣泄

多与人交流沟通，及时倾诉自己感受到的无助和不快。交流是释放压力的有效途径，交流的过程也是自我反思的过程。通过与他人交谈，可获取心理支持，增强自信心。

（四）利用各种社会支持

任何心理成熟的独立的现代人，都需要他人的帮助，广泛的社会支持是缓解压力不可或缺的途径。家人是社会支持网络的重要组成部分。此外，平时需注意扩大自己的交际范围，从没有利益冲突的第三方寻求心理支持。

（五）建立自我同一性

由于自我意识具有复杂性与多维性，大学生需要在多向度中审视自我、调整自我，寻找自我意识的统一点，整合自我意识，向理想自我靠近。

课堂互动——好知者不如乐知者

活动1：情绪体检单

活动目的：认识自己的情绪，识别他人的情绪。

活动规则：

1. 所有人进行分组，每组3人以上。

2. 发给每人一张情绪体检单，写下自己经历的一件事，当时有怎样的情绪反应。

情绪体检单

情绪事件 A	当时想法 B	当时反应 C	情绪程度

3. 组内相互分享自己的情绪故事。

讨论要点：当组员分享的时候你有怎样的情绪？是否和当事人有一样的情绪？为什么？

活动2：情绪传递筒

活动目的：感受情绪的传递和接收变化，培养表达和感知情绪的能力。

活动规则：

1. 从活动1中每个小组的"情绪体检单上"选择情绪词，建成"情绪词库"。

2. 每组同学依次排队，除了第一位同学，其他同学背过身去，由第一位同学从情绪库里面抽取一个情绪词，在非语言的环境中通过非语言动作表演情绪给第二位同学看，表演结束后第一位同学转过身去，第二位同学表演给第三位同学看，依次下去，表演结束之后，请该组每位同学猜情绪词。

3. 组内讨论：情绪传递有没有出现失误？原因是什么？

活动3：情绪"处理站"

活动目的：学习调整情绪的方法。

活动规则：

1. 以小组为单位，以小组内体检单的情绪为例，讨论情绪处理的办法，越多越好。

2. 以小组为单位分享情绪处理的办法。

3. 小组内顺时针传递活动1中写下的"情绪体检单"，组员可以在体检单的下方写下调整情绪的方式，直到自己的体验单回到自己手中为止。

讨论要点：看到别人给你提出的调整情绪的方法，你有什么启发？

活动4：情绪探索——能源加油站

一、活动目的：让学生在不同情形下发现自己的情绪状态，并集思广益，发现新的情绪调节方法。

二、活动道具：能量圈。

三、活动步骤：

1. 学生随机分组，5~6人一组。

2. 组员相互列举几件在不同领域较常发生的生活事件(例如，舒适区域的情绪状态，学习区域的情绪及被批评时、被同学冷落时的恐慌等)，鼓励组员分享自己的应对方式。

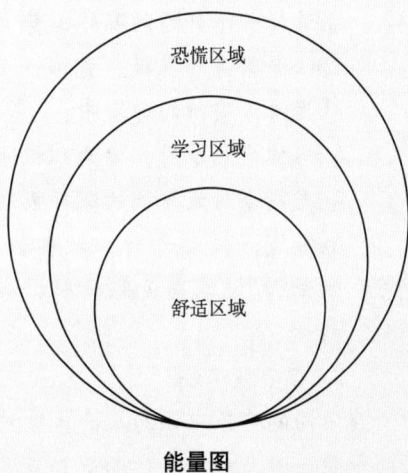

恐慌区域

学习区域

舒适区域

能量图

3. 发给每位组员一张能量圈，填写自己的"支持能源"，最内圈的是自己遇到挫折时最先想到要求助的人，最外圈的是较少会找的人。

4. 思考

(1) 自己哪种资源能量最充分？

(2) 自己最常见的是哪一项？为什么？

(3) 自己拥有的哪项资源是很少用的？

延伸阅读——思而学不殆

调解情绪的放松训练

1. 呼吸放松法

①选择一个舒服的身体姿势，如坐在椅子上，闭上双眼。

②让自己感觉到在呼吸，注意自己是在用嘴还是用鼻呼吸，以及自己呼吸的频率。

③注意观察身体各部分，要细心注意身体的肌肉群，看自己是否感觉紧张。这样保持 1 分钟。

④回到呼吸上来，用鼻做深呼吸，然后用嘴吐气，连续做几次这样平静而深邃的呼吸。当你吐气时，观察肌肉在干什么，注意观察肌肉是如何开始工作的。继续这样呼吸几分钟。

⑤每次吸气，最大限度地扩张腹部；每次吐气，最大限度地收缩腹部。

⑥现在让我们数到四吸气一次，然后再吐气。此后慢慢数到八吸气一次。缓慢、深沉而平静地呼吸。这样练习几分钟。

2. 想象放松法

即重复说一些自己编排的指令(如"我双臂发热")，同时你便感觉到由该指令所描述的效果在身体上出现。想象放松法非常简便，自己不断重复如下六个步骤的指令。

①选择一个舒适的身体姿势，身体不需要自己有意识地支撑；

②松开紧身的衣服、首饰；

③置身于安静的环境中；

④当你发指令时，要为积极地体察自己的感觉做好准备；

⑤发指令时做平衡的深呼吸动作；

⑥做完一段动作时，做些恢复身体灵敏度的动作，并以积极的建议结束练习。例如，"当我睁开眼睛时，我将会感觉消除疲劳后的清醒，将会感到神经松弛、舒适"。

3. 音乐放松法

不同的音乐可以对人的生理产生不同的反应，如心率和脉搏的速度、血压、皮肤电位反应、肌肉电位和运动反应、内分泌和体内生化物质(肾上腺素、去甲肾上腺素、内啡肽、免疫球蛋白)以及脑电波，等等。

音乐的节奏可以明显地影响人的行为节奏和生理节奏，如呼吸速度、运动速度节奏、心率。音乐是一种独特的交流形式，虽然一首歌的歌词可以传达一些具体的信息，但是对于音乐而言，最重要的交流意义是非语言的。不同的音乐可以引起各种截然不同的情绪反应。因此，可以通过听音乐来调节我们的情绪。如忧郁烦恼时可以听《蓝色多瑙河》《卡门》《渔舟唱晚》等意境广阔、充满活力、轻松愉快的音乐；失眠时可以听莫扎特优雅宁静的《摇篮曲》、门德尔松的《仲夏夜之梦》等乐曲；情绪浮躁时可以听《小夜曲》等适合的音乐来调节自己的情绪状况。

延伸阅读——思而学不殆

自我觉察

抑郁作为一种较持续、长久的负面情绪，对个体的身心健康、工作生活都会造成不可低估的负面影响，抑郁症最大的危害是会引发病人自杀。

《中国精神障碍分类与诊断标准》(CCMD-3)明确了抑郁障碍的诊断标准，主要包含9条：

1. 兴趣丧失、无愉快感；

2. 精力减退或疲乏感；

3. 精神运动性迟滞或激越；

4. 自我评价过低、自责，或有内疚感；

5. 联想困难或自觉思考能力下降；

6. 反复出现想死的念头或有自杀、自伤行为；

7. 睡眠障碍，如失眠、早醒或睡眠过多；

8. 食欲降低或体重明显减轻；

9. 性欲减退。

如果满足了四条，并持续了两周以上，需要多关注，可以到学校心理健康中心或正规医院寻求帮助。我们也可以通过一些量表进行自评，贝克抑郁量表是最常用的抑郁自评量表。

心灵思考——学而思不罔

1. 什么是情绪？理解情绪对我们的意义。

2. 你是否遇到了情绪困惑？你该如何调节和控制呢？

3. 调节情绪的方法有哪些？

好书推荐——吾生有涯而知无涯

《我的第一堂情绪管理课》

作者：贾毓婷

导读：该书介绍了顶尖心理学家一致推崇的40个情绪问题解决方案，教你怎样通过掌控情绪，得到自己想要的结果。2011年出版的该书中还有150幅精美的搞笑插图，附有40余套精彩的情绪管理案例和情绪控制练习，让你随心所欲管理自己和他人的情绪。

《情绪力：全美最受欢迎的生命能量课》

作者：（美）约翰·A·辛德勒

一半以上的疾病都是由情绪引起的，大多数人通常都不太在意情绪上的压力，无论过程是纠结还是轻松，他们最终会发现很多严重的疾病都是由情绪造成的，并且在今天，情绪已经成为人们亚健康的主要原因之首。所以，这本《情绪力：全美最受欢迎的生命能量课》一开始便向读者解释了何为情绪性疾病，只有你了解了情绪压力将会造成哪些痛苦难熬的结果后，你才知道管理自己的情绪有多重要。

好影推荐——光影共徘徊

《愤怒管理》

戴夫本来是一个很正常的生意人，至少看上去非常正常。他有着温文尔雅的外表，还有漂亮的女朋友琳达。但是不幸的是，在一次飞行旅行中，他失去了控制，被认为不能控制自己的情绪，并被遣送去进行"情绪管理"训练。这项"情绪管理"课程的负责人，是一位自己就有点疯疯癫癫的精神病医生巴迪，他一手创建了"情绪管理"理论和治疗中心，他所著的教人们如何控制自己脾气的书畅销不衰。巴迪的疗法对于戴夫来说，无异于一场灾难。治疗中心的病人个个脾气古怪，巴迪不断地逼迫戴夫去做一些近乎发疯的事情，让戴夫感到即使不疯也快要被逼疯了。但是更糟糕的事情才刚刚开始，法庭认为戴夫的进展过于缓慢，如果他再不加快"治疗"，就要送他去监狱。被逼入绝境的戴夫，只好忍受巴迪的刺激疗法，例如，不断地用污言秽语攻击他的女朋友，不断地利用戴夫过去的心灵伤疤来刺激他。戴夫感到自己的极限就要到来，当面对退缩封闭自己的内心，以及勇敢面对完整的自己这两个选择时，他犹豫了……到底巴迪医生与病人戴夫的磨合调整，会是柳暗花明，还是陷入无尽的内心黑洞当中呢？

《头脑特工队》

莱莉因为父亲工作的原因举家搬迁至旧金山，要准备适应新环境，但就在此时，莱莉脑中控制欢乐与忧伤的两位脑内大臣乐乐与忧忧迷失在茫茫脑海中，大脑总部只剩下掌管愤怒、害怕与厌恶的三位干部负责，导致本来乐观的莱莉变成愤世嫉俗少女。乐乐与忧忧必须要尽快在复杂的脑中世界回到大脑总部，让莱莉重拾原本快乐正常的情绪。

第五章

君子之交淡如水
——人际交往

古往今来，人们判断一项事业、一件事情能否取得成功，常常把"天时、地利、人和"作为重要因素。如果说"天时"与"地利"难以为人的意志所左右，那么"人和"却是通过人的努力可以达到的，"人和"即要拥有良好的人际关系。

人与人要和谐相处，就要有求同存异、相互谅解、不求全责备的宽广胸怀。"金无足赤、人无完人"，既然我们自身都不完美，我们又怎能苛求他人完美无缺呢？正所谓"宽则得心、苟则失和"。欲成事者必然要宽容于人，进而为人们所悦纳、所赞赏、所钦佩，这正是人立身处世的根基。宽容谦和，不仅可以保护自己，融入人群，也可以让人暗蓄力量，在不显山不露水中悄然前行。当今社会，人与人之间更多是合作关系，每个人都有自己的优势和不足，团结协作，取长补短，合作共赢，才能创造出更大的社会价值。

✔ 课程引导

天堂和地狱的差别

有个人遇到一位天使，天使说："来，我带你到天堂和地狱看看。"那个人高高兴兴随着天使去了。首先，来到地狱参观，正好到了吃饭时间，中间是一排长长的桌子，两边坐满了人，拿的勺子有一公尺长，才喊一声开动，两边的人争先恐后地夹起菜想要往自己的嘴里送，然而由于勺子太长了，到了中间，勺子就打起架来，大家互不相让，打得头破血流，菜掉了一地，结果是谁也吃不成，那个人看得兴味索然，对天使说："我们还是到天堂看看吧"。于是跟着天使来到天堂，也是开饭时间，奇怪的是，桌子还是那些桌子，勺子还是那些勺子，两边还是坐满了人，结果一声开动，大家都夹起菜来往对方的口里送，有一个人缘好的，好几个勺子都送到他的嘴边，他还在说，慢慢来、慢慢来。那个人恍然大悟，原来天堂与地狱在自己一念之间，一念为己，是地狱；为别人，是天堂。关键是自己的心态。

一个人的成功，只有15%是基于知识和技能，而85%取决于人际交往能力。——戴尔·卡耐基

思考：

1. 你在日常人际交往中比较困扰的问题是什么？
2. 如何进行一场美好的谈话？
3. 如何让自己和他人都可以在人际交往中感觉舒适？

第一节　人际交往的内涵和特征

📖 故事导入

苹果的吃法

一对夫妇常为吃苹果发生口角。妻子怕苹果皮沾了农药，吃后中毒，一定要把苹果皮削掉；而丈夫则认为果皮有营养，把皮削掉太可惜。常吃苹果，也就常争吵。最后，竟吵到两人的老师家去断是非。老师对妻子说："你先生这么多年都吃不削皮的苹果，还好好的，你担心什么？"老师又对丈夫说："你太太不吃苹果皮，你嫌她浪费，那你就把她削的皮拿去吃了，不就没有事了！"

老师还说："由于家庭环境不同，成长过程不同，每个人的生活习惯也会有所不同。因此，不要勉强别人来认同自己的习惯，同时，也要宽容别人的习惯。"夫妻俩茅塞顿开。

⚛ 知识链接

一、人际交往的含义

人际交往是指两个或两个以上的个体通过一定方式发生某种沟通和交流的活动。即人在社会生活中的直接相互作用过程。人与人相互交往产生的结果形成人与人之间的社会关系，即人际关系。从社会心理学角度看，它是特指人与人之间在感情寄托、信息沟通和合作共事中的心理距离。从人际交往的方式看，可分为直接交往与间接交往、正式交往与非正式交往、单向交往与双向交往，语言交往与非语言交往等。人际交往是动态表述，人际关系是静态表述。人际交往决定人际关系，人际关系从人际交往中反映出来。

二、人际交往的基本过程

人际交往是由信息交流、动作交换和相互理解三个过程构成的复杂活动。

(一)信息交流

信息交流也叫人际沟通，指的是社会中人与人之间在共同活动中彼此交流思想、感情和认识等信息沟通的过程。人们在交往中总要把自己的所见所闻告诉其他人，把自己的想法和感受告诉别人，同时也了解到交往对象的观点和态度，进而决定是否修正自己的观点或设法改变其他人的观点，这就需要进行人际沟通。

进行信息交流的手段有言语和非言语两种形式，因此可以将人际沟通分为言语沟通和非言语沟通两种。言语沟通是通过语言这种媒介而实现的信息交流，是人们对书面语言和口头语言的应用，是人际沟通的主要手段。非言语沟通是通过语言以外的媒介，主要是各种表情(面部表情、言语表情和身段表情)而实现的信息交流。非言语沟通是言语沟通重要的补充形式，能起到增强表达、促进理解的作用。

(二)动作交换

人们在交往中除了运用各种手段进行信息交流外，还伴随着必要的动作。例如，在商业活动中的"一手交钱，一手交货"，教学活动中的"手把手"，朋友相聚时的"抱成一团"，亲密接触时的"勾肩搭背""手挽手"等，都是交往中的动作交换。有时，交往也不用说话，仅是通过动作上的你来我往，便完成了交往过程，甚至还有"此时无声胜有声"的效果。

(三)相互理解

交往中的相互理解，是交往成败的关键。如果一番信息交流和动作交换以后，双方都在思考"他这是什么意思"，那这样的交流在就未达到预期效果。相互理解包括三个方面，即意义理解、情感理解和动机理解。理解对方所提供信息的内容，明白对方在表达什么，这是意义理解；根据对方提供信息的方式，领悟其表达方式中所包含的情感和态度，这是情感理解；而洞察其提供信息的意图，也就是明白对方为什么要表达这个信息，就是动机理解。所以，在交往中要善于"察言观色"，以实现真正的相互理解，避免因对信息的误解而导致误会，造成交往的障碍。

三、人际交往的主要特征

(一)人际交往的选择性

在实际交往中，交往的选择有着重要的意义。共同的兴趣爱好、志向理想往往能够密切人们之间的交往。当今社会，随着科学技术的进步，交往的方式越来越多，不只局限于人与人之间的直接交往，更多的是采取人与人之间的间接交往，如网上聊天、网上交友、电子邮件、手机短信等交流方式。交往方式的多样化导致交往对象的多样化。在这种条件下，大学生更应该理智而慎重地选择交往对象，要慎交友，交益友。

（二）人际交往的开放性

人际交往的开放性是由交往本身的特性决定的，因为交往是人与人之间的信息交流与沟通。所以，只有在外界环境的开放中，在外界对象的互动中，才可能有交往行为。大学生在宿舍、教室里，在社团活动动中、比赛中，都会有交往行为。

（三）人际交往的多层次性

人际交往是多层次的，交往的对象分门别类，交往的方式多种多样，交往的内容丰富多彩，交往的程度深浅不一，交往的范围各有不同。就交往对象来讲，有亲友、有老师、有同学、有熟人、有陌生人等；就交往的方式来讲，有直接交往、间接交往、正式交往和非正式交往等；就交往的内容来讲，有物质上的交往和精神上的交往等；就交往的范围来讲，有工作交往、生活交往和友情交往等。多姿多彩的生活，使得大学生之间的交往也多姿多彩。

课堂互动——好知者不如乐知者

你说我画

3人一组，一人传达，两人画。

活动规则：

(1)请一位同学上台，单独看完样图，然后担任"传达者"。

(2)该传达者向两位参与人描述图形的样子。

(3)其他组员根据描述画出自己理解的图形，其间不允许提问。

(4)查看样图。

(5)传达者再次描述样图，其间允许成员提问，然后再画出理解中的图形。

(6)公布样图，比较前后两组图的差异。

(7)组员们比较自己前后画的两张图形的差别，分享感受。

启示：人际交往具有双向性；积极有效的沟通包括：准确的表达、仔细地聆听、勇敢的质疑、适当的解释、适时的澄清、勇于的表达。

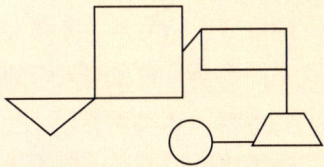

第二节　搭建沟通桥梁，建立和谐人际关系

📖 **故事导入**

故事1　王某，男，20岁，某高职院校准毕业学生。该生从小性格内向，不善言辞。自己平时几乎不开口说话，怕自己说错话得罪人，甚至有时候别人问他话也不回答，甚至很多时候欲言又止。在大学期间朋友特别少，只跟自己同宿舍的同学接触较多，临近毕业自己班上的同学还有一些不认识，内心感到非常孤独、苦闷。不知道该怎么办？

故事 2 大学生小张和小西是一对要好的朋友，学习、生活中经常形影不离。后来小张觉察到小西常常周末不在教室自习，问她去做什么，小西不肯说，又担心小张多心，影响两人的关系，内心很矛盾。小张则很不高兴，认为两个好朋友之间不该有个人隐私，若保留隐私就不是真正的友谊。她们的矛盾症结在哪里呢？

思考：

如果是你，会怎么帮一帮他们呢？

✦ 知识链接

一、大学生人际交往的类型

1. 学缘型人际关系

学缘型人际关系指大学生以所学专业为纽带形成的人际关系。包括师生关系、同班同学关系、同系或同院同学关系、校友关系、同专业的校际同学关系等。

2. 志缘型人际关系

志缘型人际关系指大学生以志向为主而结成的人际关系。

3. 地缘型人际关系

地缘型人际关系主要指大学生因地域相同的缘故而结成的人际关系。最为常见的一种形式是同乡会，它在刚入学的新生中尤为突出。

4. 情缘型人际关系

情缘型人际关系指男女大学生为满足爱情的需要，通过与异性交往而建立的人际关系。在大学生的人际关系需求中，爱情需要占了重要位置。

5. 趣缘型人际关系

趣缘型人际关系指大学生以兴趣为主而结成的人际关系。大学生对学业的追求、业余文体生活的爱好，都能导致相互之间的意气相投。

二、大学生人际关系的功能

人际关系由认知成分、情感成分和动作成分三个部分组成，它们相互联系、不可割裂。但是，在不同的人际关系形成中，它们所占的比重是不同的，例如，在家庭关系中情感成分特别突出，在工作群体中认知成分较为重要，而在各项服务行业中动作成分起着最为重要的作用。正因如此，人际关系就具有了多方面的功能。

1. 获得信息的功能

人际交往与用书本获得信息相比，具有内容更广泛、渠道更直接、速度更快等特点。随着交际范围的扩大和友情的加深，我们能认识更多的人，听到更多的事，交换更多的思想，获得更多的信息。

2. 认识自我的功能

人可以在与他人的交在中，与别人的比较中，以及别人对自己的态度和评价中认识、调整和改进自己，提高自我认识的水平。

3. 协同合作的功能

通过交往，可以相互促进、取长补短，使单独的、孤立无援的个体结成一个强有力的集体来共同战胜困难。

4. 身心保健的功能

那些交际面广的人往往精神生活丰富，身心也更健康；相反，那些孤僻、不合群的人，往往有更多的烦恼和难以排遣的忧虑，因而也会有更多的身心健康问题。

三、大学生人际交往中的心理问题

（一）自卑

心理表现：觉得自己低人一等，感到惭愧、畏缩甚至灰心，缺乏独立主见。为人孤独，不愿与人交往。

原因：深层的心理体验是自己看不起自己；自我评价过低；理想自我与现实自我冲突。

调节：提高自我认识水平、客观评价自我；修正理想自我；接纳自己的缺点；积极自我暗示；学会自我鼓励与肯定；扩大自我的"开放区域"，认识自己；进行实践锻炼，多体验成就感。

（二）自负

心理表现：只关心自我的需要、兴趣、利益得失，强调自己的感受而忽视他人。居高临下、盛气凌人，过于相信自己而不相信他人，固执己见，自夸自大；过分自我欣赏。乐于自我炫耀，将他人置于尴尬的境地。易产生嫉妒感。例如："他们太讨厌了，没有人认真听我说话。""我说的这些是真正有哲理的，你们就听着好了。""你们不要再去说那些无聊的话题了，听我讲讲这个问题的最新动态吧。""闭嘴，当我说话的时候。"

原因：父母的过分溺爱，生活经历一帆风顺，片面的自我认知及异常的情感体验。

调节：要全面认识自我，多做自我反省；设身处地，换位思考；正视自己的不足，当自己无法解决时，记得求助；正确评价自己，不断提高分析判断能力；平等与人相处，遵循真诚尊重宽容原则；学习交往方法，培养成功交往心理品质，不断提高人际交往的技能。

（三）嫉妒

心理表现：嫉妒是一种狭隘心理，即当发现自己在才能、名誉、地位或境遇等方面不如别人时而产生的一种复杂的情绪状态，包括羞愧、愤怒、怨恨等。嫉妒者当看到他人的才华、进步、成绩、专长甚至相貌超过自己时就不舒服、不愉快甚至恼怒，采取诽谤、贬低、攻击和背后议论等方式进行诋毁或破坏。

原因：一是想要维护自己的权益；二是想要追求公平合理；三是自我封闭、自卑、自我为中心等性格容易产生嫉妒；四是自我实现受阻；五是对自己认识不清晰等。

调节：正确认识自己，要准确认识自己的长处，不要妄自菲薄，更重要的是要不断剖析、反思自己的行为和心理活动；减少虚荣心，自尊心追求的是真实的荣誉，而虚荣心追求的是虚假的荣誉；不要以自我为中心；学会接纳和理解他人，要谦虚谨慎，擅于发现他人的优点，并向他人学习，而这样做首先要悦纳他人；学会公平竞争，不要把目的放在输赢上，而是要注重竞争的过程，从中发现自己输或赢的道理，体会竞争的乐趣，形成健康的心理。

（四）多疑

心理表现：多疑是一种由主观臆断所产生的不信任他人的消极心理心态。表现为对他人言行敏感，总以为别人看不起自己、议论自己。具有多疑心态的人往往带着固有的成见，通过"想象"把生活中发生的无关事件凑合在一起，或者无中生有地制造出某些事件来证实自己的成见，于是就把别人无意的行为表现，误解为对自己怀有敌意。

原因：自信心不足、自尊心过重、暗示性强、过度紧张、情绪不稳的人格特征是导致多疑心理的人格基础；在一个缺乏信任的家庭环境或社会环境中长大，或者身边人经常互相猜疑，经常在背后说他人坏话，缺乏相互信任、相互理解的氛围，也会在不知不觉中变成多疑的人；多疑心理的产生可能是挫折引起的一种心理防御，在某一次经历中遭到他人特别是自己非常信任的家人或亲友的欺骗或背叛，受到了沉重的打击并长期保留着对这种挫折经历的深刻体验，使得自己矫枉过正，从一个极端走向另一个极端，不敢相信任何人和事。

调节：培养理智，以事实唯真，避免感情用事；加强交流，解除疑惑。纠正认知偏差；发现自己的优点，培养自信，放平心态，不过分在意别人的评价。

（五）社交恐惧

心理表现：在社交时出现一种带有恐惧色彩的情感反应，表现为害羞、脸红、说话紧张、怯于与人交往等。害怕在公众面前或社交场合受到陌生人监视，并且可能害怕自己表现出可耻的行为被别人取笑。会存在认知偏差，自我评价低，在一个集体里他们会觉得自己是没有作用的，总是会自我否定，这样的情绪严重影响了他们的学习、生活和正常的人际交往。与他人打交道时，会表现出讨好型人格，不敢表达自己的想法，只听从他人的意见。失败时常常认为自己应该负起全部的责任，认为自己很差劲，内心充斥着非理性信念。

原因：自我认知偏差，对自己失去信心，不敢与他人交往；怕其他人发现自己的不足或缺点；专制型父母的家庭因素会引起恐惧心理，不敢和别人交流；情感缺失的家庭环境；经历过亲朋好友的伤害，对人产生不信任感等。

调节：树立自信；不要太在意自己的身体反应；多参活动，多发言，主动找同学说话，慢慢培养在公众场合表达自己意见的能力；多和父母沟通，必要时可以心理求助。

（六）自我封闭

心理表现：表现为不愿与他人交往，喜欢独来独往，不合群，人际交往薄弱，害怕或拒绝与人接触、交谈，情绪低落及不稳定；自我评价低，消极的自我暗示。

原因：自我封闭心理实质上是一种心理防御机制。由于个人在生活及成长过程中可能经常遇到一些挫折，由挫折引起个人焦虑。有些人抗挫折的能力较差，使得焦虑越积越多，他只能以自我封闭的方式来回避环境，降低挫折感。

调节：尊重信任他人；乐于接受自己，正确认识自己；在社会交往中认识自己的价值，提升自信心；不要压抑自己的真实情感，应当真实表露自己的情感；将过分关注自我的精力转移到其他喜欢的事物上去；不断摸索经验，扩大与外界的交往，如打电话、上街、参加聚会、练习当众发言等。

心灵思考——学而思不罔

像爱自己一样爱他人

洋洋是一名大一新生，在条件优越的环境中成长的他，看不惯寝室同学不讲卫生和随随便便的生活习惯，尤其讨厌他们高谈阔论，可以说是看谁都不顺眼；性格内向的他本来就不擅长与人沟通，加之看不起那些同学，于是就独来独往，尽可能少与他们交往。

时间一长，他发现寝室同学说说笑笑、进进出出都结伴而行，似乎视他不存在，他开始感到失落了，孤独感油然而生，曾经次萌发过主动与同学们交往的念头，可都事与愿违。他回寝室时总觉得同学们都在议论他，对他品头论足，还窃窃私语，一副嘲笑、鄙视的模样，他受不了了，想换寝室，却没得到批准。为了避开他们，他很少回寝室，只有睡觉时才回去，即使这样，似乎还是逃脱不了寝室同学对自己的议论与不满，他开始失眠，食欲下降，精神状态越来越差，身体急剧消瘦，在寝室里他的话越来越少，更不要说能听到他的笑声了。他同时感到听课的效率也越来越低，最后终于病倒了。

住院期间，寝室同学轮流守护在他的病床旁，送水喂饭，悉心照顾。看到那些平时让自己反感透顶的同学待他像自己的家人一样，他的心被震撼了，他把内心的苦闷与孤独告诉了他们，才知道原来一切都是自己"想"出来的，同学们只是觉得他不愿与他们交往而已，没有想到由此引发了他内心如此大的困惑。

每一位大学生都渴望友情，特别是到了新的环境，尤其渴望被集体认可、接纳，而很多大学生又缺乏一些融入集体生活的心理素质和技能。日本著名推销员原一平曾说过："像爱自己那样爱别人。"这就是确立人际关系的要义。

第三节　人际交往原则与艺术

📖 **故事导入**

孙某，大二学生。该生自述室友开始孤立她，不愿意和她说话，连平时关系最要好的小珍也开始对她变得冷淡。她无法接受大家这样对她，开始背后大肆说室友各种坏习惯。室友们知道后更不想和她住在一个宿舍，讨厌她说话口无遮拦，平时总爱拿她们的痛处开玩笑，让她们觉得尴尬又心痛，但是孙某却一直没有意识到这些。

思考：

1. 孙某怎么缓和与室友的关系呢？

2. 谈谈人际交往需要注意哪些方面？

知识链接

一、人际交往原则

1. 尊重原则

尊重包括两个方面：自尊和尊重他人。自尊就是在各种场合都要尊重自己，维护自己的尊严，不要自暴自弃。尊重他人就是要尊重别人的生活习惯、兴趣爱好、人格和价值。只有尊重别人才能得到别人的尊重。

2. 真诚原则

只有诚以待人，才能产生感情的共鸣，才能收获真正的友谊。没有人会喜欢虚情假意，多少夸夸其谈都会败下阵来。

3. 宽容原则

在人际交往中，难免会产生一些不愉快的事情，甚至产生一些矛盾冲突。这时候就要学会宽容别人，不斤斤计较，正所谓退一步海阔天空。人不犯我，我不犯人。人先犯我，礼让三分。不要因为一些小事而陷入人际纠纷，这样会浪费很多时间，同时也变得自私自利。

4. 互利合作原则

互利是指双方在满足对方需要的同时，又能得到对方的报答。人际交往永远是双向选择，双向互动。你来我往交往才能长久。在交往的过程中，双方应互相关心、互相爱护，既要考虑双方的共同利益，又要深化感情。

5. 理解原则

理解是成功的人际交往的必要前提。理解就是能真正地了解对方的处境、心情、好恶、需要等，并能设身处地地关心对方。有道是"千金易得，知己难求"，人海茫茫，知音可贵啊！善解人意的人，永远受人欢迎。

6. 平等原则

与人交往应做到一视同仁，不要爱富嫌贫，不能因为家庭背景、地位职权等方面原因而对人另眼相看。平等待人就不能盛气凌人，不能嚣张，要学会将心比心，学会换位思考，只有平等待人，才能得到别人的平等对待。

7. 信用原则

言必信，行必果。"人，无信不立""言而无信非君子"。要取信于人，第一，要守信，言行一致，说到做到；第二，要信任，不仅要信任别人，而且要争取赢得别人的信任；第三，不轻易许诺；第四，要诚实，答应别人的事要尽量做到，做不到的要讲清楚，以赢得对方的理解；第五，要自信，给别人以信赖感和安全感。

> **延伸阅读——思而学不殆**
>
> 故事一：父子二人经过五星级饭店门口，看到一辆十分豪华的进口轿车。儿子不屑地对他的父亲说："坐这种车的人，肚子里一定没有学问！"父亲则轻描淡写地回答："说这种话的人，口袋里一定没有钱！"

故事二：晚饭后，母亲和女儿一块儿洗碗盘，父亲和儿子在客厅看电视。突然，厨房里传来盘子落地的响声，然后一片沉寂。儿子望着父亲，说道："一定是妈妈打破的。""你怎么知道？"儿子道："她没有骂人。"

思考：

上述两则故事表达了什么道理？

二、大学生人际交往的心理策略

（一）把握交往的最佳时机

1. 交往对象出现心理不平衡状态时

在交往过程中，交往双方一旦出现认识、思想或观点不协调一致，就会处于心理状态的不平衡，其外部表现为紧张、不安、激烈的思想斗争等。这时，作为成熟的人际交往人员，就应及时抓住时机，对其进行思想和认知方面刺激，使之恢复心理状态的平衡，也使自己的预期目标在不知不觉中被对方接受。

2. 团体中表现了集体荣誉感时

一旦团体或社会组织受到了奖励、表彰，就会产生集体荣誉感，这时人际交往人员应及时开展内部人际交往活动来团结全体成员。

3. 个人或团体的欢愉情绪涌现时

当组织或团体处于欢愉气氛或个人流露出欢乐喜悦情绪时，也能达到交往的目的。实验证明，在喜庆的日子里，即使是"老生常谈"也会产生作用。反之，在气氛沉闷或心情不舒畅时，人的抵触情绪也最大，因而这时最好不要进行有目的的交往，否则只会是自讨没趣。

（二）恰当运用语言艺术

语言魅力主要表现在语言能给人以诚挚感和幽默感。诚挚感主要是指语言能给人以信赖感。很多情况下都是"初次见面"，因而语言稍有不妥，就会使对方的心理屏障加强。使用委婉语言有以下技巧：

（1）对一些容易引起敏感和激动的事情，要使用委婉语言，以避免不必要的心理刺激。

（2）说话要注意分寸和场合，避免语言粗鲁。

（3）不要触动对方心灵的伤疤，不要伤害对方的自尊心。

（4）不用命令或强制性的语句。

总之，交往中借助委婉的语言可以使双方的关系更和谐、亲密。

（三）运用非语言交际艺术

在许多场合，非语言行为比语言行为更具效力。心理学家奥·梅热普提出了以下公式：沟通效力=38%的语调+55%的表情+7%的语言，这就说明了语调、表情等非语言成分在交往中的作用。如"谢谢"一词，以感动的口气说出，表示真诚的谢意，而冷冷地、缓慢地吐出每一个字则表示轻蔑或不耐烦。仪表、手势、面部表情和体姿等在交往中发挥的作用更大。如微笑、抚摸等，能达到"此处无声胜有声"的效果。

（四）尊重对方，学会倾听

在人际交往中，以自己的心态设身处地为对方着想，给予对方足够的尊重与关心，是建立和谐人际关系的基本条件。承认对方的存在，尊重对方的人格，绝不能存有运用手腕玩弄欺骗对方的心理。表达心意的心理技巧包括：多以对方为话题，容易打动他；自然地暴露自己的缺点可以拉近双方的距离；避开关于对方的耳熟能详的好评，赞美其闪光点，等等。总之，真心以待才能创造出良好的交往氛围。

在人际交往过程中，我们应该细心倾听公众的陈述，并做出相应的行为反应。学会倾听是一个十分有效的交往策略，它将对公众心理产生极大的影响。因为只有认真倾听、充分弄清问题的实质后，才能寻求解决问题的方法。以下细节可以让你在人际交往中更受欢迎：

（1）记住对方的名字。

（2）学会赞美他人：要真诚、要具体、要新颖；要感受性赞扬，不要评比性赞扬；要公开赞扬。

（3）谈论对方感兴趣的话题。

（4）善于倾听：鼓励对方开口；注意力集中；反应式倾听；避免打断对方；抓住重点；使用并观察肢体语言。

（5）想好了再说，心直不一定口快。

（6）给对方"特殊对待"，而非"惯例对待"。

（7）适度的自我暴露。

（8）请对方帮小忙。

（9）避免当面伤害他人的感情。

（10）有错要主动承认。

（11）不要总显得比别人高明。

（12）避免无谓的争论。

延伸阅读——恩而学不殆

人际交往中的心理效应

1. 首因效应（primacy effect）——先入为主

指观察者第一次与对方接触时，根据对方的身体相貌及外显行为所得的综合性与评鉴性的判断。建立一个良好的第一印象，展现自己最吸引人的品质。第一次和陌生人见面时，应穿着打扮整齐、干净，谈吐自然，有礼有节；懂得通过现象看本质，择其善者而从之，其不善者而改之。

2. 近因效应（recency effect）——十个好，百个好，一个不好全遮了

表现为一个人或一事物最后给人留下的印象有很深刻、很强烈的影响。主要产生于熟人之间。认真对待每一次交往，好头好尾，否则再好的"第一印象"也没有用，功亏一篑。发生冲突，要开诚布公，积极沟通。我们在看待人或事物时，要历史地、全面地对待。

3. 晕轮效应（the halo effect）

晕轮效应又叫光环效应，是指由于对人的某种品质或特点有清晰的知觉，印象较深刻、突出，从而掩盖了对这个人的其他品质或特点的现象。不仅要听从内心的声音，也要听从大脑的声音。在交往中应避免以貌取人，要实事求是。要尽量消除"偏见"，要"横看成岭侧成峰，远近高低各不同"地多角度分析取舍。正确利用晕轮效应，会达到事半功倍的效果。

4. 刻板印象（stereotypes）

人们对某一类人或事物产生的比较固定、概括而笼统的看法。所谓的类化作用，就是按照预想的类型将人分为不同的种类，然后贴上标签，按图索骥。如"南方人都很精明，北方人都很憨厚"。不要从交往对象的性格、地位、背景出发交往；不要带着"有色眼镜"，穿着"印象外套"交往。

5. 犯错误效应（出丑效应）

才能出众但有错误的人被评价为最有吸引力的人，人们最喜欢的人是精明而带有小缺点的人。

6. 投射效应

在交往中一个人总是假设他人与自己有相同的倾向，即把自己的内在生命中的价值观与情感好恶影射到外在世界的人、事、物上的心理现象。实质在于"强加于人"。在交往中要顾及他人的感受；在交往中遇到问题要理性分析，学会辩证地、一分为二地对待别人和自己；"己所不欲"时"勿施于人"，"己所欲之"也要学会"慎施于人"。

心灵思考——学而思不罔

1. 你觉得该如何提升人际魅力？

2. 校园生活里，如何处理室友关系？

3. 良好的人际交往需要的重要条件是什么？

课堂互动——好知者不如乐知者

活动1：心有千千结

活动目标：让学生体会在解决团队问题方面都有哪些步骤，聆听在沟通中的重要性，以及团队合作、永不放弃的精神。

1. 教师让每组10名同学站成一个面向圆心的圆圈。

2. 教师说：请记住你左、右两侧的人。

3. 松开双手，任意走动，当老师说停时，在原地仍与你原来相邻的人牵好手。这时牵起的手形成了杂乱的网状。

4. 在不松手的情况下，想办法如钻、蹲、跨、转身等把这张乱网解开，最后形成大家开始时手牵手围成的圆圈。

5. 注意事项：自己的两只手不能同时抓住另外一个人的两只手，在任何情况下，队员的手都不能松开，要坚持到底，尽量不松手。

活动启示：人多力量大，当人生中遇到困扰时，只要善于用心，一定可以解决问题。

讨论：

1. 开始时的感觉怎样？是否思路很混乱？

2. 当解开一点后，你的想法是否发生了变化？

3. 在这个过程中，你是否体会到"胜利往往就是再坚持一下"？

活动2：爱在指间

活动目标：打破成员之间的局促感，建立良好的团队氛围。

活动过程：

1. 将团体成员分成人数相等的两组，一组成员围成一个内圈，再让另一组成员站内圈同学的身后，围成一个外圈。内圈成员背向圆心，外圈成员面向圆心。即内外圈的成员两两相视而站。成员在领导者口令的指挥下。做出相应的动作。

2. 当领导者发出"手势"的口令时，每个成员向对方伸出1~4个手指：

伸出1个手指表示"我现在还不想认识你"；

伸出2个手指表示"我愿意初步认识你，并和你做个点头之交的朋友"；

伸出3个手指表示"我很高兴认识你，并想对你有进一步的了解，和你做个普通朋友"；

伸出4个手指表示"我很喜欢你，很想和你做好朋友，与你一起分享快乐和痛苦"。

3. 当领导者发出"动作"的口令时，成员就按下列规则做出相应的动作：

如果两人伸出的手指不一样，则站着不动，什么动作都不需要做；

如果两个人都是伸出1个手指，那么各自把脸转向自己的右边，并重重地踩一下脚；

如果两个人都伸出2个手指，那么微笑着向对方点点头；

如果两个人都伸出3个手指，那么主动热情地握住对方的双手；

如果两个人都是伸出4个手指，则热情地拥抱对方。

4. 每做完一组"动作—手势"，外圈的成员就分别向右跨一步，和下一个成员相视而站，跟随领导者的口令做出相应的手势和动作。以此类推，直到外圈的同学和内圈的每位同学都完成了一组"动作—手势"为止。

经验分享：

1. 刚才自己做了几个动作？握手和拥抱的亲密动作各完成了几个？为什么能完成这么多(或为什么只完成了这么少)的亲密动作？

2. 当你看到别人伸出的手指比你多时，你心中的感觉是怎样的？当你伸出的手指比别人多时，心里的感觉又是怎样的？

3. 从这个游戏中你得到什么启示？

在人际交往中，我们有一个共同的倾向——希望别人能承认自己的价值，支持自己，接纳自己，喜欢自己。但是任何人都不会无缘无故地喜欢我们、接纳我们。别人喜欢我们也是有前提的，那就是我们也要喜欢他们，承认他们的价值。也就是说人际交往中喜欢与讨厌、接近与疏远是相互的。一般而言，喜欢我们的人，我们才会去喜欢他，愿意接近我们的人，我们才会去接近他；而对于疏远、厌恶我们的人，我们也会疏远或厌恶他。因此在人际交往中，应遵循交互原则。对于交往的对象，我们应首先主动敞开心扉，接纳、肯定、支持、喜欢他们，保持在人际关系的主动地位，这样别人才会接纳、肯定、支持、喜欢我们。

活动3：人际关系综合诊断量表

这是一份人际关系诊断量表，共28个问题，每个问题如果符合你的情况打"√"，不符合打"×"。请你根据自己的实际情况如实回答，答案没有对错之分。

1. 关于自己的烦恼有口难言。(　　　)

2. 和陌生人见面感觉不自然。(　　　)

3. 过分地羡慕和妒忌别人。(　　　)

4. 与异性交往太少。(　　　)

5. 对连续不断的会谈感到困难。(　　　)

6. 在社交场合，感到紧张。(　　　)

7. 时常伤害别人。(　　　)

8. 与异性来往感觉不自然。(　　　)

9. 与一大群朋友在一起，常感到孤寂或失落。(　　　)

10. 极易受窘。(　　　)

11. 与别人不能和睦相处。(　　　)

12. 不知道与异性相处如何适可而止。(　　　)

13. 当不熟悉的人对自己倾诉他的生平遭遇以求同情时，自己常感到不自在。(　　　)

14. 担心别人对自己有什么坏印象。(　　　)

15. 总是尽力让别人赏识自己。(　　　)

16. 暗自思慕异性。(　　　)

17. 时常避免表达自己的感受。(　　　)

18. 对自己的仪表(容貌)缺乏信心。(　　　)

19. 讨厌某人或被某人所讨厌。（　　　）

20. 瞧不起异性。（　　　）

21. 不能专注地倾听。（　　　）

22. 自己的烦恼无人可倾诉。（　　　）

23. 受别人排斥与冷漠。（　　　）

24. 被异性瞧不起。（　　　）

25. 不能广泛地听取各种各样的意见、看法。（　　　）

26. 自己常因受伤害而暗自伤心。（　　　）

27. 常被别人谈论、愚弄。（　　　）

28. 不知如何与异性更好相处。（　　　）

评分标准：打"√"的给 1 分，打"×"的给 0 分。

记分表

	题目	1	5	9	13	17	21	25	小计
Ⅰ	分数								
Ⅱ	题目	2	6	10	14	18	22	26	小计
	分数								
Ⅲ	题目	3	7	11	15	19	23	27	小计
	分数								
Ⅳ	题目	4	8	12	16	20	24	28	小计
	分数								
总分									

总分解释：

1. 如果你得到的总分是 0~8 分，那么说明你在与朋友相处上的困扰较少。你善于交谈，性格比较开朗、主动，关心别人，你对周围的朋友都比较好，愿意和他们在一起，他们也都喜欢你，你们相处得不错。而且，你能够从与朋友相处中得到乐趣。你的生活是比较充实且丰富多彩的，你与异性朋友也相处得比较好。总之，你不存在或较少存在交友方面的困扰，你善于与朋友相处，人缘很好，获得许多的好感与赞同。

2. 如果你得到的总分是 9~14 分，那么，你与朋友相处存在一定程度的困扰。你的人缘很一般，换句话说，你和朋友的关系并不牢固，时好时坏，经常处在一种起伏波动之中。

3. 如果你得到的总分是 15~28 分，那就表明你在同朋友相处上的困扰较严重。分数超过 20 分，则表明你的人际关系困扰程度很严重，而且在心理上出现了较为明显的障碍。你可能不善于交谈，也可能是一个性格孤僻的人，不开朗，或者有明显的自高自大、讨人嫌的行为。

结果分析：

1. 记分表中Ⅰ行的小计分数，表明你在交谈方面的行为困扰程度。

如果你的得分在6分以上，说明你不善于交谈，只有在极需要的情况下你才同别人交谈，你总难以表达自己的感受，无论是愉快还是烦恼；你不是个很好的倾诉者，往往无法专心听别人说话或只对个别的话题感兴趣。

如果得分在3~5分之间，说明你的交谈能力一般，你会诉说自己的感受，但不能讲得调理清晰；你努力使自己成为一个好的倾听者，但还是做得不够。如果你与对方不太熟悉，开始时你往往表现得拘谨与沉默，不大愿意跟对方交谈。但这种局面在你面前一般不会持续很久。经过一段时间的接触与锻炼，你可能主动与同学搭话，同时这一切来得自然而非造作，此时，表明你的交谈能力已经大为改观，在这方面的困扰也会逐渐消除。

如果你的得分在0~2分之间，说明你有较高的交谈能力和技巧，善于利用恰当的谈话方式来交流思想感情，因此在与别人建立友情方面，你往往比别人能获得更多的成功。这些优势不仅为你的学习与生活创造了良好的心境，而且常常有助于你成为伙伴中的领袖人物。

2. 记分表中Ⅱ行的小计分数，表示你在交际方面的困扰程度。

如果你的得分在6分以上，则表明你在社交活动与交游方面存在着较大的行为困扰。比如，在正常集体活动与社交场合，你比大多数伙伴更为拘谨；在有陌生人或老师存在的场合。你往往感到更加紧张而扰乱你的思绪；你往往过多地考虑自己的形象而使自己处于越来越被动、孤独的境地。总之，交际与交友方面的严重困扰，使你陷入"感情危机"和孤独困窘的状态。

如果你的得分在3~5分之间，则表明你在被动地寻找被人喜欢的突破口。你不喜欢独自一个人待着，你需要和朋友在一起，但你又不太善于创造条件并积极主动地寻找知心朋友，而且你心有余悸，生怕有主动行为后的"冷"体验。

如果得分低于3分，则表明你对人较为真诚和热情。总之，你的人际关系较和谐，在这些问题上，你不存在较明显、持久的行为困扰。

3. 记分表中Ⅲ行的小计分数，表示你在待人接物方面的困扰程度。

如果你的得分在6分以上，则表明你缺乏待人接物的机智与技巧。在实际的人际关系中，你也许常有意无意地伤害别人，或者你过分地美慕别人以致在内心妒忌别人。因此，一些同学可能会对你冷漠、排斥，甚至是愚弄。

如果你的得分在3~5分之间，则表明你是个多侧面的人，也许可以算是一个较圆滑的人。对待不同的人，你有不同的态度，而不同的人对你也有不同的评价。你讨厌某人或被某人所讨厌，但你却极喜欢另一个人或被另一个人所喜欢。你的朋友关系某方面是和谐的、良好的，某些方面却是紧张的、恶劣的。因此，你的情绪很不稳定，内心极不平衡，常常处于矛盾状态中。

如果你的得分在 0~2 分之间，表明你较尊重别人，敢于承担责任，对环境的适应性强。你常常以你的真诚、宽容、责任心强等个性获得众多的好感与赞同。

4. 记分表中Ⅳ行的小计分数表示你跟异性朋友交往的困扰程度。

如果你的得分在 5 分以上，说明你在与异性交往的过程中存在较为严重的困扰。也许你存在着过分的思慕异性或对异性持有偏见。这两种态度都有它的片面之处。也许是你不知如何把握好与异性同学交往的分寸而陷入困扰之中。

如果你的得分是 3~4 分，表明你与异性同学交往的行为困扰程度一般，可能会觉得与异性同学交往是一件愉快的事，有时又会认为这种交往似乎是一种负担，你不懂得如何与异性交往最适宜。

如果你的得分是 0~2 分，表明你懂得如何正确处理与异性朋友之间的关系。对异性同学持公正的态度，能大方自然地与他们交往，并且在与异性交往中，得到了许多从同性朋友那里不能得到的东西，增加了对异性的了解，也丰富了自己的个性。你可能是一个较受欢迎的人，无论是同学朋友还是异性朋友，多数人都较喜欢你和赞赏你。

好书推荐——吾生有涯而知无涯

《共情的力量》

作者：（美）亚瑟·乔拉米卡拉，
凯瑟琳·柯茜；王春光，译

共情，是情商的核心能力。习得共情的技巧，你才可以拥有高情商。在《共情的力量》一书中，作者通过分享自己的亲弟弟大卫、毕业于美国常青藤耶鲁大学的戈登，以及单身母亲卡罗琳等人的故事来探索共情的作用；作者解释了共情与同情的不同，如何利用共情寻找爱情，如何成为一个积极的共情式聆听者，如何运用共情创造持久的亲密关系，以及如何避免共情阴暗面对生活的糟糕影响。此外，作者认为共情是生活必不可少的部分，并阐述了如何借助诚实、谦逊、接纳、宽容、感恩、信念、希望和宽恕八种行为来获得共情能力。

《蔡康永的说话之道》

作者：蔡康永

40 篇短文，没有条列式的说话技术，都是让谈话变美味的醍醐味。"我不在乎说话之术，而在意说话之道。我的说话之道，就是把你放在心上。"诚如蔡康永在书中所说，"贵人不一定能改变人生，外表不一定能决定魅力，但是——说话可以！"

《我们俩》

　　一个孤独老人住了一辈子空荡荡的简陋四合院，在一个风雪交加的冬天，进来一个寻求住处的女孩。她的到来给这个空间带来变化，老人的生活开始有了色彩。可老人需要秩序，在老人面前，眼前这个女孩子是一个经常犯规的人，老人有很多禁忌，让她每一步皆有障碍。

　　时间一天天过去，在生活过程中，两个人的关系似乎升华了，从互相排斥、警惕到互相关怀，产生友谊，到最后甚至有种要相依为命的感觉。可是女孩子注定是要走的，要继续自己的生活，她必定要离开这个四合院，她只是一个短暂的过客，她离开了，老人眼里那种突如其来的欣欣向荣、希望、色彩也随之而去，荡然无存。老人病了，很快就离开了人世。老人想抓住的未必是女孩的关心，而是对温情和生活的需要。

第六章

宛在水中央
——恋爱与婚姻

📖 思政小课堂

马克思与妻子燕妮之间的伟大爱情、霸王别姬的爱情悲剧、阿拉伯商人的义乌情缘，这些爱情故事中的"爱"，不仅是"爱情"，更是"亲情"与"友情"，"责任"与"担当"。

从当前社会纷繁的爱情现象里了解爱情、性以及婚姻的本质，大学生树立正确的爱情观，提升爱的能力，学会理性面对爱情与婚姻，用勇敢而真挚的心去捍卫爱情的真谛，才能做一个真正会"爱"的人。

✔ 课程引导

爱情，既是一个古老而新鲜的话题，又是一种浪漫而美妙的情感。幸福很大程度上源于爱。爱是人类最高级的情感。爱，也是人类精神进化的结果。一个人内心有爱的滋养，就不会感到孤单。在西方，有罗密欧与朱丽叶的爱情传奇；在中国则有梁山伯与祝英台的爱情绝唱。对于爱情，我们不但要拥有表达爱的能力，还要有管理爱的能力。而爱也是大学生成长过程中建立亲密感的需要，所以，爱的能力是需要学习的，让我们共同揭开爱的面纱，探究爱、接纳爱。

第一节　什么是爱情

📖 故事导入

在文坛上，有一对令世人艳羡的夫妻，他们自结婚以来就没有产生过任何绯闻，这两人便是杨绛与钱钟书。一提起钱钟书，人们第一个想到的必定是《围城》，但是比《围城》更让人仰止的是钱钟书与杨绛的忠贞爱情。钱钟书与杨绛是在清华大学的校园相识，杨绛出身名门，长相漂亮而且学识出众，是当时校内的女神。钱钟书初见杨绛时，就被她深深地迷住了，他本想问杨绛要联系方式，可话到嘴边却说不出口，只说了句"我没有订婚"，杨绛调侃般地回答"我也没有男朋友"，从此展开了一段世纪佳缘。有人说，毕业便是最好的分手季，但对于杨绛和钱钟书而言，毕业不仅没有拆散两人，反而让他们的感情更进一步。1935 年，杨绛与钱钟书结婚了，婚后不久杨绛便随丈夫去英国的牛津大学读书，婚后两人的生活琴瑟和鸣。杨绛不习惯国外的饭菜，钱钟书每天早起为妻子熬汤做饭，十几年如一日，从未间断过。在学习之余，两人还经常开展读书竞赛，比赛看谁读的书多，每次都是杨绛输，其实并不是杨绛不如钱钟书聪明，而是她懂得进退有度。回首两人谈恋爱的那些时光，美得像一幅幅生动有趣的画。普通人谈恋爱都是你侬我侬，一起看电影、逛街、吃饭，以此来消磨时光，而杨绛与钱钟书则不同，他们除了约会外，还经常用写信的方式联络感情。其中有一封信让人印象深刻，信中只有一个字，两人在收到信后都纷纷感动落泪，世人听闻后也纷纷为两人的爱情感动。有一日，杨绛突发奇想给钱钟书写了一封信，信中只有一个字"怂"，杨绛本以为会难倒钱钟书。没过几天，杨绛就收到了回信，信中同样写着一个字，这个字就是"您"，杨绛收到信后激动地流下了眼泪。原来，杨绛是想借机试探钱钟书的感情，"怂"字是询问钱钟书心上有几人，而"您"字代表我（钱钟书）心上只有你。两人自结婚以来没有红过一次脸，更没有为鸡毛蒜皮的小事大打出手，这是许多结婚多年的夫妻都做不到的。他们之间的相处方式，既像恋人相互温存，又像朋友互相尊重，最让人羡慕的，是两人在婚后共同影响、共同进步，最终成为一对不平凡的凡人。

爱情复杂而微妙，人们用世界上最美的语言来描述它。现在，请大家发挥自己的聪明才智，用比喻的方式描写爱情。如爱情是首诗，爱情是大山，爱情是流水……描写得越多越好。

⚛ 知识链接

一、爱情的定义

所谓爱情就是一对男女之间基于一定的社会关系和共同的生活理想，在各自内心中形成的，对对方最真挚的倾慕并渴望对方成为自己终身伴侣的最强烈的感情。

不同的学者对爱情有不同的看法。

在柏拉图看来，最崇高的爱情是精神之爱，拥有能使人灵魂上升的力量。柏拉图式爱情是一种理想式的爱情，是极为浪漫或根本无法实现的爱情观。他认为爱情就是站在爱人的身边，静静地付出，默默地守候。不奢望走近，也不祈求拥有；即便知道根本不会有结果，也仍然执着不悔。他还认为爱情是一种双方平等的爱情观。爱情具有平等性，是自由的，不存在依附或占有关系，相爱的双方是自愿、绝不勉强的，即无怨无悔地爱你所喜爱的人，而爱需要有足够的空间和时间，才能茁壮的成长。

马克思主义的爱情观认为，男女应该在性爱、婚姻中实现真正的平等和自由。马克思说：如果你的爱没有引起对方的反应，也就是说如果你的爱作为爱，没有引起对方对你的爱，如果你作为爱者用自己的生命表现没有使自己成为被爱者，那么你的爱就是无力的，而这种爱就是不幸。

所以，爱情是两颗心相互向往、吸引并在精神上达到升华的过程，是一种高尚的精神生活，实际上爱情就像缤纷的鸡尾酒，我们不能急于品尝它的全部，将它美丽的分层摇匀，然后一口喝掉；而应该细细品尝它的每一滴，无论是苦涩还是香甜。

二、爱情的内涵

爱情是男女之间强烈的依恋、亲近、向往，以及无私专一并且无所不尽其心的情感。它是人与人之间吸引的最强烈形式，是心理成熟到一定程度的个体对异性个体产生有浪漫色彩的高级情感，是至高至纯至美的美感和情感体验。

爱情具有亲密、激情和承诺的属性。

爱情跟性有直接或间接的关系，因为爱情是有结果的。爱情的结果是后代繁衍，观念传承。

父母对子女的亲情是爱其强，更爱其弱，父母对儿女呵护的时间太久，太久。从孩子呱呱落地，到长大成人，一直延伸到儿女的下一代，再下一代，无不十指连心。例如：一个断了腿，又瞎又聋的孩子，父母爱他会更加倍；再比如：当代我国绝大部分大学生的全额学费都由父母倾其所有，无偿提供。而爱情则不然，爱情乃爱其强，不爱其弱。爱情需要强与弱、优与劣之互补。

三、爱情三要素

美国心理学家斯腾伯格提出的爱情理论认为，爱情由三个要素组成：激情、亲密和承诺。激情是爱情中的性欲成分，是情绪上的着迷；亲密是指在爱情关系中能够引起的温暖体验；承诺指维持关系的决定期许或担保。这三个要素构成了喜欢式爱情、迷恋式爱情、空洞式爱情、浪漫式爱情、伴侣式爱情、愚蠢式爱情、完美式爱情七种类型。

罗伯特·斯腾伯格的爱情三角形理论

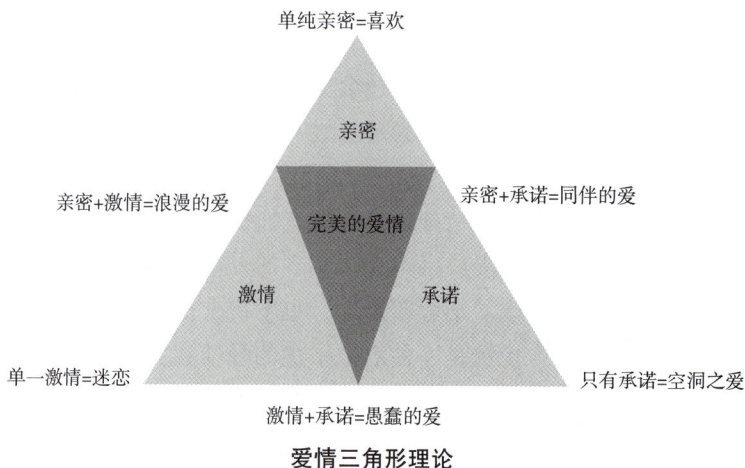

爱情三角形理论

（一）亲密

亲密是两人之间感觉亲近、温馨的一种体验。简单说来，就是能够给人带来一种温暖的感觉体验。

亲密包含 10 个基本要素：

（1）渴望促进被爱者的幸福：爱方主动照顾被爱方并全力促进被爱方的幸福。一方可能以自己的幸福为代价去促进另一方的幸福，但是也期望对方在必要时同样会这样做。

（2）跟被爱者在一起时感到幸福：爱方喜欢跟自己的情侣在一起。

（3）当他们在一起做事情时，他们都感到十分愉快，并留下美好记忆，对这些美好时光的记忆能成为艰难时刻的慰藉和力量。而且，共同分享的美好时光会涌流到互爱关系中并使之更加美好。

（4）尊重对方：爱方必须非常看重和尊重对方。尽管爱方可能意识到对方的弱点，却不能因此而减少自己对对方的整体尊重。在艰难时刻能够依靠对方。在患难时刻爱方仍感到对方跟自己站在一起。在危急时刻，爱方能够呼唤对方并能指望对方跟自己同舟共济。

（5）跟被爱方互相理解：情侣应互相理解。他们知道各自的优缺点并对对方的感情和情绪心领神会，懂得以相应的方式互相作出反应。

（6）与被爱方分享自我和自己的占有物：爱方应乐意奉献自己、自己的时间以及自己的东西给被爱方。虽然不必所有的东西都成为共有财产，但双方在需要时应分享他们的财富，最重要的是分享他们的自我。

（7）从被爱方接受感情上的支持：爱方能从被爱方得到鼓舞和支持，感到精神焕发，特别是在身处逆境时尤其应该这样。当你感到似乎一切都在跟你作对，但你意识到只有一件事不会出问题——你的配偶始终跟你站在一起，这时你就知道你们的关系具有这一因素。

（8）给被爱方以感情上的支持：在逆境下，爱方应与被爱方在精神上息息相通，并给予感情上的支持。

（9）跟被爱方亲切沟通：爱方能够跟被爱方进行深层次和坦诚的沟通，分享内心深处的感情。当你为自己所做的某件事感到困窘为难时，你仍能推心置腹地跟被爱方交谈，这时你所经历的就是这种沟通。

（10）珍重被爱方：爱方要充分感到对方在共同生活中的重要性。当你认识到你的配偶比你所有的物质财富都更为重要时，就知道你对被爱方产生了这种珍重和珍爱的情感。

（二）激情

激情是一种"强烈地渴望跟对方结合的状态"。通俗地说，就是见了对方，会有一种怦然心动的感觉，和对方相处，有一种兴奋的体验。性的需要，是引起激情的主导形式，其他自尊、照顾、归属、支配、服从也是唤醒激情体验的源泉。激情的发展大致经历三个阶段，第一阶段，由于意识控制减弱，身体的变化和表情动作越来越失去控制，细微的动作由于高度紧张而发生紊乱。人的行为服从于所体验的情感。第二阶段，人失去意志的监督，发生不可控制的动作和失去理智的行为，这些动作在事后回想起来会感到羞耻和后悔。第三阶段，出现在激情爆发之后，此时会出现平静和某种疲劳的现象，严重时会出现精力衰竭，对一切事物都抱着不关心的态度，有时还会精神萎靡，即所谓激情休克。激情可以是积极的，也可以是消极的。积极的激情能激励人们克服艰险，攻克难关；消极的激情常常对正常活动具有抑制的作用或引起冲动行为。具有正确的思想认识、高尚的道德品质和坚强意志的人能控制自己消极的激情。

（三）承诺

承诺由两方面组成：短期的和长期的。

（1）短期承诺：就是要做出是否爱一个人的决定。

（2）长期承诺：是做出维护这一爱情关系的承诺，包括对爱情的忠诚、责任心。也就是结婚誓词中承诺的"我愿意！"这是一种患难与共、至死不渝的承诺。

第二节　大学生恋爱心理

📖 故事导入

小军是班上的班长，又高又帅。进入大学之前，给自己定了个目标：决不谈恋爱，要把精力放在学习及活动等发展自己的能力。第一学期结束的寒假，他的脑海中经常浮现出班上一位娇弱女孩——小玲的形象，小军开始并没在意，随着时间的推移，小玲的样子越来越多地出现在小军的脑海中，而且总出现要保护小玲的念头。新的学期开始了，小军看到小玲后就脸红心跳手心出汗，和小玲说话时也结结巴巴。于是，有一天，小军向小玲发了信息，表明自己喜欢小玲的心意。小玲看到信息后，既紧张兴奋又纠结不定，兴奋的是优秀的班长居然能看上默默无闻的自己，纠结的是小玲想起父母的叮嘱——大学期间好好读书，不准谈恋爱。思来想去后，小玲答应了小军的表白，他们正式确立了恋人关系……

⚛ 知识链接

当我们进入大学后，开始留意身边的异性。教室里，校园里，公交车上，篮球场中，我们都开始注意异性的一举一动，这似乎已经成为一种习惯，如果不能主动出击，就试图吸引异性的注意。爱情究竟是怎样在我们的生命中发展起来的呢？在这里简单的将校园爱情分为三个发展阶段：对异性的敏感期，对异性的向往期，对异性的选择期。在第一阶段敏感期，随着青春期的来临，第二性特征的出现和性意识的觉醒，男女生不同心理及生理需求急剧变化，他们开始对性别敏感、在意和关注异性。第二阶段是对异性的向往期。年轻人在青春期对异性的向往是正常的，这表明他们在生理和心理上是正常的，性对他们的吸引力在此阶段达到了高峰。总的来说，对异性的向往是青少年在性心理和生理上发育成熟造成的。第三阶段是选择期，在此阶段年轻人的性心理已经趋于成熟。社会阅历不断丰富，爱情观也渐渐成型，青年对异性的向往变得专一，相互寻求和选择自己的终身伴侣，建立和培育双方的爱情，就这样爱情开始渐入佳境，双方都拥有了较为成熟的恋爱心理。

这一时期的恋爱过程有三个阶段：第一是好感，是指在人际交往中所产生的一种彼此欣赏的情感体验；第二是爱慕，男女之间在好感的基础上对对方的爱好兴趣、性格为人等各方面有更多的了解，从而产生了更深刻的情感体验；第三是相爱，男女之间单方面的爱慕还不是爱情，只有互相爱慕才能称为爱情。彼此相互的爱慕有时是同步到来的，有时是不同步的，或许还会经受一些波折与磨难，但只要双方彼此爱慕，无论是谁首先打开自己的心扉都可能会赢得对方的回应，让爱情之花绽放。

一、大学生恋爱心理发展特征

1. 重过程，轻结果

恋爱向来被看作是为了寻觅生活伴侣，是婚姻的前奏。但有调查结果显示，当代大学生注重的是恋爱过程本身，至于恋爱的结果已经不太在意。注重恋爱过程，有利于双方深入了解，也有利于培养感情，反映出大学生不愿落入世俗，善于追求爱的真谛。但是，只注重恋爱过程，把恋爱当作一种感情体验，借以寻求刺激，满足精神享受，解除寂寞，填补空虚；把恋爱当作一种消遣文化，导致一些大学生只重恋爱过程，轻视恋爱结果。

2. 学业爱情难平衡

从理性上，大学生都知道学业是第一位的，爱情是第二位的，大学阶段应以学习为主，爱情应当服从学业；或者希望学业和爱情双丰收，既渴求学业有成，又向往爱情甜蜜。但真正在客观上、行为上，很多人没有正确处理好学业与爱情的关系，一旦坠入情网就不能自拔，强烈的感情冲击一切，学习同样受到严重影响。

3. 恋爱观念更开放

随着时代的发展，当代大学生的恋爱观念日益开放，传统道德逐渐淡化。部分大学生信奉"爱情就是即时的快乐"等，在恋爱中只顾及当时的感觉，不愿再受传统道德观念的束缚。一项调查表明：65%的大学生认为："只要有爱情，性是可以理解的。"对恋爱中的人发生性关系表现出宽容的态度。甚至有的学生不再把性行为看成是一件非常严肃的事，而是顺着内心的冲动，不加以克制，引发怀孕等事件。

4. 缺乏爱的能力

大学生中的恋爱大多是激情碰撞下的初恋，在激情平息之后，却不懂得如何培养爱情，在爱与被爱的磨合中显得笨手笨脚，往往造成对彼此的伤害，轻易地恋爱，轻易地分手，强调爱的体验，负不起爱的责任。

爱不仅是一种权利，更是一种责任和义务，必须以高度负责的态度对待恋爱。爱的权利和义务是不可分割的，只强调爱的义务，无视人有爱的权利，那是对人性的奴役，必须予以否定。但是，如果从一个极端走向另一个极端，只强调爱的权利，而不承担爱的责任，就陷入了非理性主义的泥潭。

二、大学生常见恋爱心理问题

爱情之花虽然美艳，可是在花的海洋里，却容易迷失方向。恋爱在给人带来光明与幸福的同时，也会给人带来烦恼和痛苦。

（一）单恋

单恋即单相思，是指一方对另一方的以一厢情愿的倾慕与热爱为特点的畸形爱情。单恋较多地出现在性格内向、敏感、富于幻想、自卑感较强的人身上。首先是自己爱上了对方，于是也希望得到对方的爱，在这种具有弥散心理的作用下，误解对方的言行、情感，误把友情当爱情，把对方的亲切和蔼、热情大方当作是爱的表示并坚信不已，从而陷入单恋的深渊不能自拔。单恋者固然能体验到一种深刻的快乐，但更多体验到情感的压抑，因为他们无法正常地向自己所钟爱的异性倾诉柔情，更不能感受到对方爱意的温馨。

那么大学生如何才能不陷入单恋的旋涡中呢？首先，要能避免"恋爱错觉"，学会准确地观察和分析对方表情，用心明辨；要视其反复性，假如某种信息经常出现可能意义很深，而只出现一两次就不足为凭了；不要强化内心中形成的一见钟情式的浪漫爱情。其次，当向对方表白遭到拒绝时，要用理智克制自己的情感，爱情一定是两心相悦的，这种理性、客观、冷静的考虑也是自身未来幸福快乐的源泉。

（二）多角恋

所谓多角恋是指一个人同时被两个或两个以上的异性所追求或自己同时追求两个或两个以上的异性并建立了恋爱关系。多角恋是爱情纠纷的主要原因之一，实质上是比单恋更为复杂、更为严重的异常现象。由于性爱具有排他性、冲动性，因此任何一种多角恋都潜伏着极大的危险性，一旦理智失控，就会给对方及社会带来恶果。

导致多角恋的原因主要有以下几个方面：择偶标准不明确，择偶动机不良，虚荣心强，盲目崇拜。爱情是专一、排他的，多角恋爱易引起纷争、不幸和灾难，也极易发生冲突，酿成悲剧，本身也为社会规范所不容。大学生一方面要理智地克制感情，不要胡思乱想；另一方面要谨慎行事，应自觉地融入集体，到同学们当中去。大学生选择恋爱对象，应选择属于自己的唯一，忠于恋人，善始善终。

（三）失恋

恋爱是幸福的，失恋是痛苦的，但是失恋不是失去了整个世界。正如海伦·凯勒所言："一扇幸福之门对你关闭的同时，另一扇幸福之门却在你面前打开了。"失恋是指恋爱受挫失败。失恋引起的主要情绪反应是痛苦和烦恼。摆脱失恋的痛苦，需要外界的帮助，但更重要的是提高自己心理承受力，增强心理的适应性，学会自我心理调节，从而达到新的心理平衡。

勇敢面对失恋：失恋不等于失败，而是成长过程中必经的测试。作为一个有理想有抱负的大学生，应勇敢地正视失恋的现实，爱情是以互爱为前提的，不可因一厢情愿而强求，应该尊重对方选择爱人的权利。也可以进行反向思维，多想对方的不足点，分析自己的优势，鼓足勇气，迎接新的生活。失恋之后，我们可以：

1. 倾诉

失恋者精神遭受打击，被悔恨、遗憾、愤怒、惆怅、失望、孤独等不良情绪困扰，可以主动找朋友倾诉，减轻心理负荷。可以用口头语言，把自己的烦恼和苦闷向知心朋友毫无保留地倾诉出来，并听听他们的劝慰和评说，这样心理会平静一些。也可以用书面文字，如写日记或书信把自己的苦闷记录下来，或给自己看，或寄给朋友看，这样便能释放自己的苦恼，并寻得心理安慰和寄托。如果以上这些都无法让自己好转，我们需要寻求校内心理中心专业的心理老师帮助。

2. 转移注意力

转移注意力就是及时适当地把情感转移到失恋对象以外的其他人、事或物上。如失恋后，与同性朋友发展密切的关系，交流思想，倾吐苦闷，求得开导和安慰；或积极参加各种娱乐活动，陶冶性情；或投身到大自然的怀抱中，从而得到抚慰。当然密切自己与其他异性的交往，也不失为一个合适的途径。

3. 超然豁达

告诉自己，失恋是恋爱的一部分，即便是伟人，也难免会遇到。别人是别人而不是自己，因而不能强求。正如诗人徐志摩对待爱情的态度："得之，我幸；不得，我命。"失恋者应能够坦然面对失恋的现实，认真总结经验，努力完善自我，当新的、更美好的爱情再次出现在面前时，能够既有准备，又有能力地抓住它，不至于与它再次失之交臂。

4. 升华

尽快把精力引向学习及自身事业中，把失恋升华为一种向上的动力。许多失恋者因此而创造出了辉煌的成就。像歌德、贝多芬、罗曼·罗兰、诺贝尔、牛顿等历史名人都曾饱受失恋的痛苦。他们是用奋斗的办法更新"自我"，积极转移失恋痛苦的楷模。如果失恋者能正确对待和处理失恋，不仅能从中学到爱的能力，还能更好地完善自己、提升自己。

总之，失恋时可以悲伤、难过，同时通过调整恢复心理平衡，做到失恋不失德、不失职、不失志、不失命。

第三节　健康的恋爱观和择偶观

📖 **故事导入**

"好的爱情让人成为更好的自己"。这是武汉大学里一对普通又不普通的情侣张兆基和张雨林给自己爱情的注解。普通是因为他们和所有的校园情侣一样，经常结伴旅行，一起逛街，手机屏保和微信运动的封面都是对方。不普通是因为他们是"学霸CP"。他们之间有着这样的缘分：他直博清华大学数学科学系，她直博中国人民大学；他斩获新加坡南洋理工大学创新创业实践项目最佳商业计划奖，她曾获全国大学生数学建模竞赛国家二等奖；他们两获武汉大学"三好学生"称号。谈起两人在一起做得最多的事，他们不约而同地回答："那应该还是学习。"每天的日常几乎都是一起自习、吃饭、自习……不积跬步无以至千里，不积小流无以成江海，对学习难点的"不放过"和一遍遍理解，加上经年累月的坚持，优秀只是自然而然、水到渠成的结果。他们支持各自的兴趣爱好，张兆基一直坚持打乒乓球，张雨林也在学生剧社里展露风采。张雨林眼中的男朋友有些完美主义，立志拿满分。他承认，保研是自入校时便定下的目标。曾经的张兆基沉浸在高考结果不符合预期的失落中。"高考砸得很厉害，所以那时下定决心，至少要在自己的领域里做到最好。"他回忆道。然而，高要求的背后是不甘和持续的精神高压，这一度让他情绪不稳，需要朋友定期开导，在学校也总是独来独往。遇到张雨林后，那根紧绷的弦逐渐松弛了。"她很爱笑，笑起来很可爱，和她在一起之后，我开心了很多。"他说。如今的张兆基被女朋友感染，时常害羞地笑，与人交往更加融洽，也收获了新的朋友。他似乎被拉出了那个一人独行的小世界，重新回到了热闹的人群里。但张雨林的自我要求也并不低——不要金玉其外，败絮其中。作为女生，她也和普通人一样憧憬着姣好面容和所谓的"完美身材"，生活中也会因种种情况自卑。然而无论是学业还是其他，张兆基总是报以鼓励。"他很会夸人。"她笑着说，"因为他的接纳，我也学会了接纳自己的'缺陷'，开始欣赏自己好的一面。"她感慨，男朋友让自己成为更好的样子："和发小聚餐时，她们说我变得自信了很多。"好的爱情，就是相互成就，相互支持，相互鼓励，相识相知，彼此陪伴，一起成长。

❀ 知识链接

一、培养健康的恋爱观

（一）理解爱情的真谛

恋爱不等于真爱，但每个恋爱的人都渴望获得真爱。真爱不是来自两个人之间口头上的海誓山盟与海枯石烂，而是来自生活中的点点滴滴。

1. 真爱是关心和给予

弗洛姆说："爱是对所爱对象的生命和成长的积极关心。哪里缺少这种积极关心，哪里就没有爱。"爱，是想对方之所想，给对方之所需，是无私的给予和关心。将自己的生命给予对方，同对方分享快乐、兴趣、理解力、知识、悲伤、委屈。爱应该是不做作、真诚主动地给予对方爱，在不问收获、埋头耕耘的过程中，自然而然地获得爱。

2. 真爱是尊重和信任

尊重意味着一个人对另一方的成长和发展应顺其自身规律和意愿。尊重蕴涵着没有剥削，即让对方按自己的目标去成长和发展，而不是服务于自己。尊重包括对对方的职业、爱好、选择、隐私和不同于自己的观点和生活习惯等方面。信任是一种尊重，也是一种自信，不必盘问对方的每个细节，更不必去跟踪调查。爱一个人，就要先信任对方，不要凭感觉随意猜疑对方，给对方一个自由的时间和空间。

3. 真爱是宽容和理解

罗杰斯说："爱是深深的理解和接受。"宽容中包含着理解、同情和原谅，是最大限度地接纳对方。既要接纳对方的优点，也要接纳对方的缺点，但要注意限度和原则。

4. 真爱是责任

幼儿的爱遵循这样的一个原则：我爱因为我被爱；成人的爱则遵循另一个原则：我被爱因为我爱；不成熟的爱说：我爱你因为我需要你；成熟的爱则说：我需要你因为我爱你。所有的爱情都包含着一份神圣的责任，这种责任不是义务，不是外界强加的而是内心的自觉，即为自己所爱的人承担风霜雨雪，而不仅是感官上的愉悦与寂寞时的陪伴。

5. 真爱是理性

马克思说:"真正的爱情是表现恋人对他的偶像采取含蓄、谦恭甚至羞涩的态度,而绝不是表现在随意流露热情的过早亲昵。"一时的狂热迷恋是一种危险的情感,只是一种生理上要求与异性接近的渴望。

6. 真爱是独立

独立不是疏远,而是指与人相处时有自己的思考和行动,不轻易受他人左右,知道自己真正需要什么。独立的心态是一种成熟的品质,心理断乳的标志。爱需要保持独特个性和独立人格,不让自己消融在对方的影子里。

(二)培养爱的能力

1. 迎接爱的能力

包括施爱的能力和接受爱的能力。一个人心中有了爱,在理智分析之后,要敢于表达、善于表达,这是一种爱的能力。一个人面对别人的施爱,能及时准确地对爱做出判断,并做出接受、谢绝或再观察的选择,这也是一种爱的能力。

2. 拒绝爱的能力

自己不愿或不值得接受的爱应有勇气加以拒绝。拒绝爱要注意两个方面:一是在并不希望得到的爱情到来时,要果断、勇敢地拒绝,因为爱情来不得半点勉强和将就。如果优柔寡断或屈服于对方的穷追不舍,发展下去对双方都是不利的。二是要掌握恰当的拒绝方式,虽然每个人都有拒绝爱的权利,但是珍重每一份真挚的感情是对他人的尊重,也是一种自珍,同时是对一个人道德情操的检验。因此,首先表现为对他人的尊重,要感谢对方对自己的感情;其次要态度明确,表达清楚,说清和对方只能是什么关系;第三是行动语言要一致,不能语言拒绝了对方,但行动上还与对方有较亲密的接触,如单独吃饭、看电影等,使对方容易误解,认为还有机会,纠缠在与自己的情感中。或者不顾情面,处理方法简单轻率,甚至恶语相加,结果使对方的感情和自尊心受到伤害,这些做法是很不妥当的。

3. 发展爱情的保鲜能力

其实,爱情保鲜期的长短并不取决于科学,而在于你们的爱究竟有多深,是否有爱情保鲜的能力。心理学博士张怡筠在"半边天"节目中介绍了一种"3×3"爱情保鲜计划,就是每天3次,每次花3分钟时间做些事,称为"3A"计划。其一,attention——全神贯注,就是非常专心地倾听对方说话,走进对方的内心世界,以对方的快乐为自己的快乐;其二,affection——浓情蜜意;其三,appreciation——欣赏、感激。因此要保持爱情长久,需要两个人真正地关心对方;需要智慧、耐力、持之以恒及付出心血;需要学习新的东西,善于交流,懂得欣赏对方,同时又要有自己的个性、追求和发展,让爱情有不竭的源泉。

4. 摆正爱情的位置

首先,大学生要摆正爱情在人生中的位置。爱情在人生中占有重要地位,没有爱情的人生是不完美的,但爱情不是人生的根本宗旨,更不是人生的全部,只为爱情而活着是苍白的。人生的首位应当是事业,只有伟大的事业对人生才具有决定意义。流传至今的裴多菲的诗句"生命诚可贵,爱情价更高;若为自由故,二者皆可抛",正说明了这一点。大学生应该把奋斗与创业放在首位，因为它是大学生价值观的主要支柱之一。当你把爱情视为生命的唯一时，爱情就是一株温室中的花朵，娇弱美丽却经不起任何的打击；当爱情成为唯一的存在价值时，你就会失去人格的独立和魅力，也很容易失去被爱的理由。

其次，大学生要摆正爱情在大学生活中的位置。要时刻清楚现阶段我们面临的任务是什么，奋斗目标又是什么。明确坚持学业第一的观点，大学生要理解今天的学习与未来的事业息息相关，也是爱情美满的基础。那种抛开学业谈恋爱的做法，不仅有碍成就事业，也难以获得幸福的爱情，因此不仅是愚蠢的，也是可悲的。

大学生要树立崇高的理想，变"儿女情长"为胸怀大志，用理想的感召力点燃学习的激情，把兴奋中心转移到学习上，把时间和精力投入到学习上，从而真正把学习放在第一位，爱情服从学业，爱情促进学习。正确处理爱情与学习的关系，爱情与道德理想的关系。

5. 遵守恋爱道德

（1）恋爱言谈要文雅，讲究语言美：交谈中要诚恳坦率自然，不要为了显示自己而装腔作势，矫揉造作；不能出言不逊，污言秽语，举止粗鲁；相互了解是必要的，但不要无休止地盘问对方，使对方自尊心受损，伤害彼此的感情。

（2）恋爱行为要大方：一般来说，男女双方初次恋爱，在开始时常感到羞涩与紧张，随着交往的增加会逐渐自然与大方。这个时期要注意行为举止的检点。有的人感情冲动，过早地做出亲昵动作，使对方反感，影响感情的正常发展。

（3）亲昵动作要高雅，避免粗俗化：高雅的亲昵动作会发挥爱情的愉悦感和心理效应，而粗俗的亲昵动作往往引起情感分离的消极心理效果，有损于爱情的纯洁与尊严，有损于大学生的形象，同时对旁人也是一种不良的心理刺激。

（4）恋爱过程中要平等相待，相敬如宾：不要以己之长度人之短，借此来炫耀抬高自己，戏弄贬低对方。也不宜想方设法考验对方或摆架子，这些都可能挫伤对方的自尊心，影响双方的感情。

（5）善于控制感情，理智行事：对恋爱中的性冲动，一方面要注意克制和调节，另一方面要注意转移和升华，与恋人一起多参加学习与文娱活动，要使爱情沿着健康的道路发展。

二、培养健康的择偶观

正确的择偶观或者说恋爱观的基础应该是互相爱慕，志同道合；择偶的标准应是全面衡量，品德为重；择偶的态度应是严肃认真，履行义务。

1. 志同道合

就是有共同的志向，抱负和事业心，具有共同的人生态度、生活理想和生活道路。这是爱情巩固可靠的基础，有了这样一个基础，其他方面的不足可以慢慢弥补。

2. 品德为重

品德高尚的心灵美和外表美相比，前者更为重要。在恋爱问题上，应当树立这样一种观念：人不是因为美丽才可爱，而是因为可爱才美丽。

3. 严肃认真

爱情并不是俯首拾来，随手抛去的花朵。绝不能朝三暮四，见异思迁。真正的爱情应当是忠诚的，持久的。青年男女一旦进入恋爱阶段，就不允许任何一方同时和其他异性处于恋爱状态，这就是爱情的专一性和严肃性。青年男女一旦结婚，双方就要互相体贴，互相帮助，互相谅解，同舟共济，共同度过美好的一生。

健康的择偶观可以总结为四点：以貌取人不妥当——内在美是重要条件，容貌美是会变化的，唯貌择偶根基不牢；以财取人不可取——有钱财未必有幸福，钱财要靠自己去获取；以职业取人不正确——职业不是爱情的必要条件，美满的爱情不取决于职业的好坏；志同道合才幸福——相互尊重、情投意合，事业上相互支持、共同奋进。

> **心灵思考——学而思不罔**
>
> 　　有位男生如此说道："同宿舍的人中就我没有女朋友，一到周末，宿舍就只有我一个人，他们都说我太呆板，太迂腐，还有人嘲笑我缺乏魅力。于是，我便找了一个女朋友，不管她人品外貌如何，周末可以陪我逛街、看电影就可以了。"你是否同意他的说法？如果你也碰到类似情况，你会如何处理？

第四节　大学生性心理

📖 故事导入

　　小 Q 与同班的男生小 T 在大一下学期建立了恋爱关系。半年之后，因为男友的软磨硬泡和好奇，小 Q 与小 T 发生了性关系。过后，小 Q 并没有在意。两个月后，小 Q 出现了呕吐、恶心、嗜睡等现象，开始以为是肠胃感冒，自行到药房买药，吃了几天药后不见好转。在去医院检查时，发现怀孕了。此时的小 Q 不知道如何是好，慌张无措，而男友小 T 也不知所措，一时之间，两人都慌了手脚。小 Q 此时又悔又恨，觉得自己没脸见人了，内心极度痛苦。

思考：

1. 听到"性"这个词，你会联想到些什么？请写下来吧。

2. 根据上述故事，谈谈你是如何看待大学生发生性关系的。

⚛ 知识链接

一、什么是性

性，人人都有。我们每个人都是性塑造的生命。性，作为一种生理、心理、社会现象，无时无刻不伴随着我们每个人。性是我们生命的一个组成部分，是自然的事情，如果没有性，生物就不复存在。性既能帮助人类完成种族繁衍，又关乎着每个家庭的夫妻关系，同时作为人类欢愉的一种形式，性是千千万万的男女获得生理和心理满足的途径。作为两性联系的纽带，性还是爱情的生理基础，它使许多青年男女徜徉在爱河之中。作为衡量文明的标准，性，还体现着社会的文明程度，由此可见性所反映出的方方面面都是自然而美好的。大学生正处在性发育和成熟期，需要有正确的引导和教育，这样便不会"谈性色变"，就不会形成扭曲的性心理和障碍。客观而科学地认识性、掌握性知识，是每一个追求自身成长关注生命价值的现代大学生都应该做的事。

二、大学生性心理的发展特点

大学生的年龄一般在18~22岁之间，正处于性意识从萌芽状态到日渐成熟的阶段，他们的性心理活动丰富多样，主要表现出以下几个特点。

1. 对性知识感兴趣

进入青春期后，第二性征出现，青少年生理和心理上都产生了急剧的变化。处于青年期的大学生，渴求了解自身生理和心理上变化的一切奥秘，渴求对异性的了解，他们心中有很多的疑惑等待找到答案。他们会借助各种途径和手段去了解青春性生理、心理发育知识，与异性交往礼仪与方式，性伦理知识，性传播疾病防治知识，性法律知识等，以满足心理上的需求。

2. 对异性的爱慕和追求

进入青春期，性机能的发育成熟导致性意识的发展，两性间开始出现一种关注和情感上的吸引，有彼此接近的需求和倾向。

3. 性心理的压抑和动荡

大学生性机能的成熟使性的生物性需求更加强烈、迫切，时常伴有性梦、性幻想等行为，而他们健全的性心理结构尚未确立，还没有形成稳定的、正确的道德观和恋爱观，自控和自制的能力有限，对各种性现象、性行为的认知评价体系还不完善，他们的性心理易受外界各种影响而显得动荡不安。

三、大学生性常见心理问题及调适

（一）性焦虑

这里所指的性焦虑主要是指对自己形体的焦虑、对自己性角色的焦虑和对自己性功能的焦虑。如认为自己第二性征为重点的体征不如己意，而且很难改变它时，就会出现烦恼和焦虑。如果男生觉得自己矮小、瘦弱，就可能感到自卑；而女生若觉得自己过胖，长相平平，就可能出现苦恼。男生对自己生殖器的发育，女生对乳房的大小都十分敏感，并常为此心事重重。此外，大学生还为是否与性角色相吻合而忧虑。比如，一些女生觉得自己温柔不够、细心不足；一些男生常感到自己缺乏男子汉的气质，还有一些男生担心自己的性功能是否正常，尤其是看到某些书刊上谈到性功能障碍时，便会疑神疑鬼。上述的焦虑一般可通过性教育和性咨询得到解决。

（二）性冲动的困扰

性冲动是男女大学生生理、心理的正常反应，它是在性激素作用下和外界刺激下产生的，并不是不纯洁、不道德或可耻的，但不少大学生难以接受自己的性欲、性冲动，对此感到羞愧、自责、苦恼、厌恶和恐惧。一方面是性的自然冲动，另一方面是对性冲动的否定，不少大学生常为这样一种矛盾而不安、困惑。从青春期的性萌动到结婚后能经常地过性生活，常常要经过 10 年。长期的禁欲，使正常的性冲动得不到缓解，就可能会产生性紧张，出现忧郁、烦躁冲动、记忆力下降、无所事事、失眠等神经衰弱的症状。因此，缓解性紧张，减少性冲动是青年大学生迫切的要求。

大学生可以通过以下方式正确对待性冲动。

1. 建立科学的性观念

应接受性冲动的自然性和合理性，学习性生理、性心理的有关知识，了解青春期性意识发展规律，树立科学与健康的性意识观念。这有利于消除对性意识观念的罪恶感、自卑感和种种自我否定的评价，增强自信心，确立自尊、自爱的独立意识。

2. 培养良好的意志品质

大学生自我控制性心理能力的大小，在一定意义上是由个人意志品质的强弱决定的。意志作为达到既定目的而自觉努力的一种心理状态，具有发动和抑制行为的作用。尽管有的年轻人有很强的性冲动，尽管在外界刺激的情况下，人会急于要求性满足。但是，人不同于动物，人有意志力，人可以抑制和调整自我的冲动。那些放纵自己的人往往缺乏坚强的意志。大学生应当努力培养自己良好的意志品质，善于克制本能欲望的冲动，增强延迟欲望的自制力，这将有利于自己长久的幸福和今后事业成功发展。

3. 合理的性代偿

通过学习、工作或文体活动等多种途径使生理能量得到释放、代偿、升华以及有效的转移。升华是一种积极的、富有建设性的、能为社会所接受的方式来取代性欲、转移性欲，比如，用绘画、音乐、体育活动、娱乐等使性能量得以转移，使性情感得以平衡。一些学者认为，强烈的性冲动可以转移为高水准的情绪活动和理智活动，用于工作或创作中，会结出意想不到的硕果。弗洛伊德甚至认为性冲动的升华创造了文学、艺术和社会文明。

4. 大方地与异性交往

男女交往有利于性压抑的减缓，有助于培养大学生健康的情感，从而调节深层的本能，使之趋于高尚。但是在与异性的交往中，要注意摆脱低级趣味，不要限于身体的吸引，尤其不要与庸俗的异性接触，避开这些人在物质、精神、肉体等方面的诱惑。

（三）性梦

性梦是指在睡眠中出现的带有各种性内容色彩的景象，青春期的男女一般都会有这种体验。弗洛伊德认为"梦是一种受压抑的愿望经过变形的满足"。一个人有了性的欲望和冲动，如果客观现实不允许其实现这种欲望，就必须加以克制。这种欲望和冲动虽在意识层面被压抑了下去，却可能在潜意识中显露出来，于是便可在梦境中得到实现。性梦可以缓和累积的张力，有利于性器官功能的完善和成熟。因此，性梦是正常的生理心理现象，是一种不由行为人自控的潜意识的性行为，故又称为非意志性的性行为。因此，视性梦为卑鄙下流，进而感到羞耻、自卑，甚至不安，这是完全没有必要的。

尽管性梦是正常的心理、生理现象，但若性梦频繁则要寻找原因，如劳累过度、性自慰过频过强烈、内裤穿得过紧、心理上的兴奋、情绪上的激发（睡前饮酒）等。至于许多男生在性梦中常出现梦遗，这是正常的生理现象。

（四）性幻想

性幻想，又称性爱的白日梦，是指在白天清醒状态下想象与异性发生性行为。其心理活动的基础是性，主要通过联想异性的形象，特别是异性的性特征、性表现外露的部分、一些性情景及在已有的性经验基础上编织出符合自己性审美的性爱对象而产生的。这是青春期常见的一种自慰行为，是一种正常的、普遍的性心理反应。性梦的产生是无意识的，性幻想的产生则不是完全无意识的。青春期的性幻想是性冲动的一种发泄方式，适当的性幻想有利于释放压抑的性行为。但是，如果性幻想过于频繁且沉溺其中，以至于影响正常的学习和休息，甚至把幻想当成现实，那就会成为病态，则属于不健康状态，应加以调节和克服。

（五）性自慰

性自慰在我国称为"手淫"，是指通过自我抚弄（用手或其他器具、物体）或其他方式刺激性器官，缓解性欲望、疏泄性冲动获得快感，从而产生性兴奋或性高潮的一种行为方式。性自慰是人到了青春期后产生了性要求和一时不能满足此要求的矛盾的产物。只要自然的性活动受到限制，性自慰就很容易出现。当有了社会性的性行为，就可能抛弃这种方式。研究表明，性自慰时所产生的生理变化，相当于性交时的生理变化，它是消除性饥渴和性烦恼的一种手段。性自慰在大学生中是比较普遍的现象。因性自慰而产生心理压力的大学生也占有一定比例。据调查，产生心理压力的主要原因在于对性自慰的错误认识。这种错误认识给当事人带来了巨大的心理压力，使他们在每次性自慰前后总是伴随高度的精神紧张、恐惧、焦虑、羞愧和耻辱甚至罪恶感。事实上，国际上已广泛接受的新观念是："手的性自慰既不是不正常的，也不是对身体有害的行为。"当然，长期频繁的性自慰，会引起大脑高级神经功能和性神经反射的紊乱，自然会影响人的身心健康。如果想减少性自慰的次数，我国性心理学者指出需要注意以下几点：

（1）培养利人心：把关心集体、关心他人放在自己心上。

（2）发展好奇心：培养对科学知识的渴望，用一定的时间发展一至两项长期的爱好，并经常用取得的成绩鼓励自己。

（3）避免性刺激：睡觉前特别注意不看有性刺激的书刊及影视节目，避免形成新的性自慰欲望。

（4）注意洗阴部：平时不穿紧身内衣裤，经常清洗外阴，清除包皮垢等外部因素对阴茎的摩擦刺激。

（六）婚前性行为

大学生处在性生理已经成熟而性心理尚未成熟的特定时期，有着强烈的性生理感受和性心理体验，且伴有性冲动。大学生在恋爱的过程中，由于性的吸引和双方情感的逐步加深，会无所顾忌地在公共场合、众目睽睽之下出现接吻、搂抱、抚摸等边缘性性行为，进而发展到"偷吃禁果"，发生婚前性行为。婚前性行为会给双方带来不良的后果，同时也不符合我国传统的道德风尚和学校纪律的要求，当事者人会承受巨大的社会心理压力。轻易以身相许，短暂的欢乐之后可能是挥之不去的阴影。

大学生在恋爱过程中，一定要用理智制约情感，切忌为了想套住对方或好奇而发生婚前性行为。要防止婚前性行为，首先，要确立婚姻的责任感与恋爱的道德情操，对自己的恋人高度负责；其次，要从心理上筑起一道防线，牢牢把握住婚前婚后的界限；最后，要掌握好自己的言语举动，不要有过分的挑逗性的举止行为。正如莎士比亚的名言："爱和炭相同，烧起来得想办法叫她冷却，不然会把一颗心烧焦。"只有用理智驾驭感情，把握住自己，才能获得真正的爱情。

延伸阅读——思而学不殆

苏格拉底与失恋者的对话

苏（苏格拉底）：孩子，为什么悲伤？

失（失恋者）：我失恋了。

苏：哦，这很正常。如果失恋了没有悲伤，恋爱大概也就没有什么味道了。可是，年轻人，我怎么发现你对失恋的投入甚至比对恋爱的投入还要倾心呢？

失：到手的葡萄给丢了，这份遗憾，这份失落，您非个中人，怎知其中的酸楚呢！

苏：丢了就是丢了，不如继续向前走去，鲜美的葡萄还有很多。

失：等待，等到海枯石烂，直到他回心转意向我走来。

苏：但这一天也许永远不会到来，你最后会眼睁睁看着他和另一个人走了。

失：那我就用自杀来表示我的诚心。

苏：但如果这样，你不但失去了你的恋人，同时还失去了你自己，你会蒙受双倍的损失。

失：踩上他一脚如何，我得不到的别人也别想得到。

苏：可这只能使你离他更远，而你本来是想与他更接近的。

失：您说我该怎么办？我真的很爱他。

苏：真的很爱？

失：是的。

苏：那你当然希望你所爱的人幸福。

失：那是自然。

苏：如果他认为离开你是一种幸福呢？

失：不会的！他曾经跟我说，只有跟我在一起的时候他才感觉到幸福！

苏：那是曾经，是过去，可他现在并不这么认为了。

失：这就是说，他一直在骗我？

苏：不，他一直对你很忠诚，当他爱你的时候，他和你在一起，现在他不爱你了，他就离去了，世界上再没有比这更大的忠诚。如果他不再爱你，却还装着对你很有情谊，甚至跟你结婚、生子，那才是真正的欺骗呢。

失：可我为他投入的感情不是白白浪费了吗？谁来补偿我？

苏：不，你的感情从来没有浪费，根本不存在补偿的问题，因为在你付出感情的同时，他也对你付出了感情，在你给他快乐的时候，他也给了你快乐。

失：可是，他现在不爱我了，我却还苦苦的爱着他，这多不公平啊！

苏：的确不公平，我是说你对所爱的那个人不公平。本来，爱他是你的权利，但爱不爱你则是他的权利，而你却在自己行使权利的时候剥夺别人行使权利的自由，这是何等的不公平！

失：可是您看得明明白白，现在痛苦的是我而不是他，是我在为他痛苦。

苏：为他而痛苦？他的日子可能过得很好，不如说是你在为你自己而痛苦吧。明明为自己，却还打着别人的旗号，年轻人，德行可不能丢呀。

失：依您的说法，这一切倒成了我的错？

苏：是的，从一开始你就犯了错。如果你能给他带来幸福，他是不会从你的生活中离开的。要知道，没有人会逃避幸福。

失：可他连机会都不给我，您说可恶不可恶？

苏：当然可恶。好在你现在摆脱了这个可恶的人。你应该感到高兴，孩子。

失：高兴？怎么可能呢，不管怎么说，我是被人给抛弃了，这总是叫人感到自卑的。

苏：不，年轻人的身上只能有自豪，没有自卑。要记住，被抛弃的并不是就是不好的。

失：此话怎讲？

苏：有一次，我在商店看到一套高贵的西服，可谓爱不释手，营业员问我要不要。你猜我怎么说？我说质地太差了，不要！其实，我口袋里没有钱，年轻人，也许你就是这件被遗弃的西服。

失：您真会安慰人，可惜您还是不能把我从失恋的痛苦中引出来。

苏：是的，我很遗憾自己没有这个能力。但，我可以向你推荐一个有这个能力的朋友。

失：谁？

苏：时间，时间是人最伟大的导师。我见过无数被失恋折磨得死去活来的人，是时间帮助他们抚平了心灵的创伤，并重新为他们选择了梦中情人，最后他们都享受到了本该属于自己的那份人间之乐。

失：但愿我也有这一天，但我的第一步该从哪里做起呢？

苏：去感谢那个抛弃你的人，为他祝福。

失：为什么？

苏：因为他给了你这份忠诚，给了你寻找幸福的新的机会。

课堂互动——好知者不如乐知者

活动1：风雨人生路

活动目的：

1. 帮助成员明白在感情生活中信任的重要作用，帮助成员建立信任感。

2. 帮助成员进一步澄清自己对爱情的认识，进行积极的自我探索，树立并端正爱情观。

活动道具：眼罩、背景音乐、桌子。

活动步骤：

1. 在背景音乐声中，女生（男生）带上眼罩扮演一个盲人，先在室内独自一个人穿越障碍，体验盲人的感觉；

2. 所有学生中女生（男生）继续扮演盲人，另一半扮演帮助盲人的"拐棍"，有"拐棍"帮助，盲人穿越所有障碍，完成后交换角色重新体验；

3. 所有学生均扮演盲人，两个盲人相互帮助穿越障碍；

4. 学生交流：在不同情况下，扮演不同角色的感受。

温馨提示：

1. 障碍的设计可以有跨越、下蹲、上攀、独木桥等；

2. "盲人"在过程中不允许有语言交流；

3. 角色互换中，男女生交替扮演"盲人"与"拐杖"的角色。

活动2：姑娘与水手

活动目的：澄清个人爱情价值观

活动时间：约40分钟

活动准备：事先准备好的顺序选择表及小组统计表

活动内容：看故事—填表格—讨论

有五个人共同乘坐渡轮，突然遭遇大风袭击而轮渡沉没。所幸搭上了两艘救生艇。一艘为年轻女性玛丽和水手杰克，以及和蔼老人罗勃共乘。另一艘则为玛丽未婚夫彼德和其亲友麦克。在狂暴的浪涛中，这两艘救生艇被吹散了。玛丽的救生艇，漂流到一个小岛上。玛丽祝祷生死未卜的未婚夫彼德能够安然无恙，她不放弃任何线索，想尽办法找到彼德的影踪，但是毫无所获。过了两天，暴风雨停了，天气晴朗得可以清晰地遥望到对岸的早晨，玛丽便暗自认为，彼德一定是顺流到对岸的岛屿上去了，玛丽不放弃寻找未婚夫的念头，于是向杰克请求"你可否将此船修好，载着我去找彼德？"而杰克也答应可以修好船，但是条件是玛丽要与他共度春宵。玛丽听后，甚是困扰，去找老人罗勃商量："我真的很为难，不知道如何是好，你可否替我想个对策？如何选择是对的？"老人罗勃没有告诉她如何去做，只是说必须自己去做最明智的选择。几经懊恼后，玛丽终于答应了杰克的要求。第二天，杰克修好了船，载着玛丽朝着彼德可能滞留的岛屿划去。

远远地,她看到了岛上未婚夫的身影,不顾船未靠岸,从船上跳进水里,拼命往岸上跑,一把抱住了未婚夫的胳膊。在未婚夫温暖的怀抱里,姑娘想:要不要告诉他昨晚的事呢?思前想后,她下决心说明情况。未婚夫一听,顿时大怒,一把推开她,并吼叫到:"我不想再见到你了!"转身跑了。姑娘伤心地边哭边往海边走。见此情景,未婚夫的亲戚麦克走到她的身边,用手拍着她的肩膀:"你们两人吵架我都看到了,有机会我再找他说说,在这之前,让我来照顾你吧。""其实我很喜欢你,以前彼德深爱着你,所以我才不敢向你吐露真情,现在事情已经很明显,你和彼德结束了,那我就向你求婚。"事出突然,一时令玛丽愕然,而不知所措。

故事讲完后,每位成员填写下面的表格,请大家从刚才的故事中出现的 5 个人物中,按照自己的好感程度做出选择并排序,然后简单地写出原因。

好感顺序	登场人物	理由
	杰克(水手)	
	玛丽(姑娘)	
	罗勃(老人)	
	彼德(未婚夫)	
	麦克(亲友)	

完成后在小组内交流,每个人说出自己的想法,并统计全组的倾向性意见。

小组成员 出场人物	1	2	3	4	5	6	7	8	小组决定
杰克(水手)									
玛丽(姑娘)									
罗勃(老人)									
彼德(未婚夫)									
麦克(亲友)									

通过听取他人意见,小组成员受到启发,可以调整自己的意见,每个小组派代表交流,在共同的讨论中可表现出每个人的爱情价值观,也可以了解他人的价值观,促进深入思考。

活动 3:爱情观测试

你的爱情观是怎么样的?人在谈恋爱的时候,一般都会按照本人的爱情观来选择和经营爱情。测试一下你的爱情观吧。

1. 你认为谈恋爱的目的是什么?

A. 最终找到一个情投意合的人,最终步入婚姻的殿堂—3 分

B. 过 2 人世界,不受外界的打扰—2 分

C. 为了生理需求，传宗接代—1分

D. 在一起觉得很好玩，目的不明确—1分

2. 你择偶的标准是什么？

A. 外貌好，有气质—2分

B. 能干，有事业心—1分

C. 心地善良，为人正直—3分

D. 只要爱我，其他一切无所谓—1分

3. 你认为爱人之间各方面的差别多大合适？

A. 性格互补，但综合比较差不多—3分

B. 我要占上方，有优势—2分

C. 对方必须各方面比我强—1分

D. 都可以，根据具体遇到什么人来决定—0分

4. 你认为什么时候最适合恋爱？

A. 心理年龄和生理年龄都成熟，各方面都比较有基础的时候—3分

B. 顺其自然—2分

C. 越早越好—1分

D. 说不清楚—0分

5. 你期望通过哪种方式认识你的爱人？

A. 从小就在一起，两小无猜—2分

B. 偶然艳遇，激情浪漫—1分

C. 相处中日久生情—3分

D. 相亲或他人介绍—1分

6. 你感觉什么方式最能让爱情长存？

A. 一切为对方着想，完全奉献—1分

B. 共同进步，一起成长—3分

C. 不断创造激情—2分

D. 没有办法，爱情是无法保鲜的—0分

7. 你梦想中从恋爱到婚姻的时间多长比较合适？

A. 趁热打铁，闪婚—1分

B. 根据感情发展的趋势决定—3分

C. 时间要拖长一些，为了更好地了解对方—2分

D. 直到对方求婚—0分

8. 谁都想对爱人了如指掌，你会通过什么方式完全摸透对方的心思？

A. 不断处心积虑地考验，不惜请私家侦探—1分

B. 平时注意观察，主动交流—3分

C. 通过朋友打听对方从小到大的经历—2分

D. 相信自己的直觉——0分

9. 随着时间的推移和距离的缩短，你发现心爱的人身上日益暴露出很多问题，你该怎么办？

A. 会找适当机会提醒对方——3分

B. 不知所措——2分

C. 怀疑爱情本身，重新物色恋人——1分

D. 谁也无法改变谁，听之任之——0分

10. 当你和爱人身处异地，你们感情发展平稳的时候，一个身边的异性对你表示出好感，你会怎么处理？

A. 表明立场，断绝往来——3分

B. 玩暧昧，但维持友谊——2分

C. 搞地下恋情，脚踏两只船——1分

D. 不知道该怎么办——0分

11. 你突然发现自己爱上的人，已有心仪对象，你会怎么办？

A. 不着急表态，暗中观察——2分

B. 主动发起追求，公平竞争——1分

C. 君子不夺人所爱，放弃——3分

D. 完全没有主意了——0分

12. 因为父母的阻挠，你们的爱情出现了波折，你会怎么解决？

A. 积极协商，说服父母，表示彼此相爱的决心——3分

B. 非常矛盾，不想面对现实——2分

C. 听从父母意见，就此分手——1分

D. 无计可施——0分

13. 对方移情别恋，对你提出分手，你会怎么办？

A. 动之以情，晓之以理，百般挽留——2分

B. 把对方的变心当成罪恶，到处宣扬——1分

C. 潇洒地转身，理智地放手——3分

D. 咨询朋友，希望得到援助——0分

14. 当你知道自己的爱人欺骗了你，你会怎么办？

A. 后悔自己没看清对方的真面目——2分

B. 报复——1分

C. 选择分手，吸取经验教训——3分

D. 感到自己很失败，难以自拔——0分

15. 为了爱，你受伤无数，随着时间流逝，你已成了"剩男"或"剩女"，你的态度是什么？

A. 相信有人等着自己，继续我行我素——2分

B. 厌倦了爱情，直接听从家人的意见，随便找一个人结婚—1分

C. 反省自己的态度和经历，想办法改善—3分

D. 听天由命—0分

测试结果：

34分以上：爱情观念属成年人，表明你的心理是成熟的，明确爱情的目的和方向。成熟的你明白爱情的真谛，也知道该如何追求你心目中的爱情，至于方法和技巧因人而异。不要害怕前方的艰难险阻，你有勇气和决心，尽管放弃你的顾虑，热情地面对爱人，以你的成熟获得一份美满的婚姻爱情是迟早的事。

25~34分：爱情观念属大学生，表明你的爱情观属于半成熟的。总体上来说，你对爱情的观念是正确的，你内心渴望爱情的出发点也是无可厚非的，然而你却总是遇到失败产生挫折感，原因并不完全在于你的观念，而是需要增加一点信心，书本上的爱情永远是别人的，不能复制到你身上，你需要在现实中调整你的心态来抵达幸福的彼岸。

15~24分：爱情观念属中学生，表明你的恋爱观念显然属于不成熟的那种，你渴望爱情的动机也有很多违背常理的地方。如果以你现在的心态和不成熟的爱情态度贸然坠入爱河，结果往往是以不欢而散来收场。所以你需要先摆正爱情的方向，再找到适合自己对待爱情的态度，这样才不至于"害人，害己。"就是说，你若以不成熟的心态涉足爱情，则属于"早恋"。

15分以下：爱情观念属小学生，对你来说，爱情的话题太沉重了，简直就是成年人的话题。你的内心根本还没开始进入爱情这个话题，也就是说，你还没有形成自己的爱情观，也不渴望爱情，这有可能是你年纪过小，也有可能是你周围的环境让你总是拒绝爱情的造访，你害怕爱情会给你带来伤害。其实可以放松心情，顺其自然地等待心理的成熟和"月老的红线"。

第三篇

今朝把盏踏歌行

进入大学后，大学生摆脱了繁重的升学压力，开始呼吸自由的学术氛围。大学期间，他们需要从紧张的学习模式逐渐过渡到自由的学习模式，以适应放养式的大学教育；人格也会逐步从青年向成年过渡，变得独立、成熟。在人生这一重要的转变期，大学生面临着很多重要的人生课题和发展机遇，同时也必然会遇到各种迷茫、诱惑和压力。很多大学生没有明确的目标，不了解自己专业需要掌握的技能。没有目标，便不可能以坚定的步伐前进，也不可能在一个方向上走得很远，而只能漫无目的地四处游走，围绕一个点打转。没有明确的目标会使人陷入迷茫的困境。因此，进入大学后，大学生首先应该明确自己需要掌握的知识和技能，然后根据自身的特点确立适合自己的目标，制订合理的学习计划，有效利用自己的时间，最终才能有所收获，有所成长。现如今，大学生面对的诱惑有很多，网络便是其中最有诱惑力的一项。一些大学生懂得合理利用网络，受到了网络的积极影响；但也有一些大学生深陷网络世界不能自拔，因此产生了网络心理障碍；更有甚者，为了满足自己的虚荣心，过度消费，走上了借"网贷"这条不归路。大学生需要认清网络的利弊，并树立正确的价值观和消费观，做到理智消费，利用和享受网络有益的一面，远离其有害的一面。此外，大学生还面临着各种压力，如学习的压力、经济尚不独立的压力、就业的压力、个人成长的压力，以及对学校生活环境、学习方法及内容等的适应问题，在新集体中的自我认知和评价问题，重新构建同学、朋友的人际关系问题，与异性交往、恋爱的问题，求职与升学的选择问题等。当个人资源和应付机制无法解决困难、冲突时，心理危机就有可能产生，但这也是大学生能够成长的重要机会，大学生应采取积极的态度和正确的方法主动应对自身面临的问题，在经历"涅槃"之后获得"重生"，成长为一个全新的自己。

第七章

谁动了我的番茄？
——时间管理与学习

📖 思政小课堂

古话说：岁月不居，时节如流。时间是生命的载体，关于时间的分配与管理一直是人们讨论的热点话题。现实生活中，真正拉开人们之间差距的，不是智商，恰恰正是个人时间管理能力的差异。在正青春的年月，我们学会惜时，懂得如何把握时间的四个象限，便能收获人生中宝贵的一笔财富，它能够提高你工作的自觉性与主动性，创造更高的价值，你的"番茄"你做主。

✔ 课程引导

在大学生期间，很多学生每天都忙忙碌碌，但是到了毕业之时才发现自己并没有完成自己大学期间设定的目标和计划，简历上也没有亮点，技能上也没有核心竞争力，如何用好大学充裕的黄金时期，为将来创造更多的价值，实现自己设立的大学期间要达到的目标，这里就涉及科学合理的时间管理。

第一节　你会管理时间吗

📖 故事导入

小李，男，19岁，某学校大二学生。进入大学后，突然拥有很多自己可以支配的时间，小李很兴奋，也很享受这样的生活。

没课的时候，早晨一睁眼总是近十点，晃一晃就该吃午饭了；下午睡一觉，再打打球、聊聊天、上上网，便到了晚饭时间；刚吃完晚饭没多久，一抬眼看表，稀里糊涂就九点了。周末一般都泡在宿舍或网吧打游戏，等到眼睛发酸准备睡觉时，一群人开始呼吁："来来，玩几把'八十分'……"时间就这样一天天流逝了。

由于没有任何计划，小李稀里糊涂地过了一个学年后，发现自己什么也没学到，心里空落落的。"这好像不是我啊！"小李内心深处有一个声音对自己软弱地叫喊："明天一定要早起！""这个星期要看三本经济类的书！""今晚就去上自习！"……闹钟定了一次又一次，从六点推到七点，又从七点推到七点半；扑克牌扔了一副又一副；电脑上的游戏一次次被删除……然而闹钟总是被狠狠按掉；宿舍里总是出现崭新的扑克牌；不知道什么时候借的厚厚一摞书总是蒙着一层灰尘后被送回图书馆。

后来，小李加入了本校最具规模的社团。从此，每周两次例会、不定期活动、起草策划书等，小李被淹没在杂务的海洋里。虽然小李在社团锻炼了能力，可他留给学习的时间太少了，成绩直线下滑。

思考：

(1)小李的大学生活为什么如此糟糕？

(2)进入大学后，你适应吗？你是如何看待大学新生活的？

(3)你打算如何度过自己的大学生活？

(4)如何才能避免浪费时间？

时间对每个人来说都是公平的，不会因人而异。但只有会管理时间的人，才能把握住时间，不虚度光阴，成就美好人生。

⚛ 知识链接

一、什么是时间？

（一）时间的本质

我们不能创造时间，我们能做到的，只能是有效地利用时间。因此，为了有效利用时间，我们先来认识时间。时间有四个独特性质，即它的本质属性。

(1)供给毫无弹性：时间的供给量是固定不变的。在任何情况下都不会增加，也不会减少，每天都是 24 小时，所以我们无法开源。

(2)无法蓄积：时间不像人力、财力、物力和技术那样能被积蓄储藏。不论愿不愿意，我们都必须消费时间，所以我们无法节流。

(3)无法取代：任何一项活动都有赖于时间的堆砌，也就是说，时间是任何活动所不可缺少的基本资源。因此，时间是无法取代的。

(4)无法失而复得：时间一旦丧失，则会永远丧失。花费了金钱，尚可赚回，但倘若挥霍了时间，任何人都无力挽回。中国近代战略家曾国藩说过："天可补，海可填，南山可移。日月既往，不可复追。"

（二）时间的分类

时间可以花费在不同的事情上，因此就有了工作或学习时间、休闲时间、家庭时间、个人时间、思考时间等。

1. 工作或学习时间

时间用在工作或用在学习上，称为工作或者学习时间，它是为了谋生以及充实生活。大学生期间的学习是职业生涯规划前的准备期和积攒知识和技能的黄金期，将来走上工作岗位并不是生命的全部，活到老、学到老的终身学习时代已经来临。学习的重要性与日俱增，每个人都必须抽出一部分时间来学习新知识或者熟悉新事物。

2. 休闲时间

包括休息、睡眠及体育活动。这部分时间属于放松的时间，只有养成一种良好的睡眠、休闲和运动的习惯才能把个人的身体状况调整到最佳状态。

3. 家庭时间

家庭是每个人的避风港，这部分时间用于和家人真心相处；千万不要等机会失去时，才知道亲情的美好。

4. 个人时间

个人时间是完全属于个人独自享受的时间，是用来修身养性、充实自我的。个人时间就是自己跟自己约会的那种时间。每个人不论是求学还是工作，甚至在家中，都有一种不允许被侵犯的个人时间，利用这些时间可以不断充实自己。

5. 思考时间

思考时间就是思考过去、现在和未来的时间。思考时间可着重用在计划自己未来的发展，可用在反省以前自己所做的事情是否正确、是不是值得等。思考如何改进、如何调整、如何让自己做得更好，而不必特别为了什么目的思考，可以天马行空地去想象。如果发现一些好的想法或者是一些好的理念，就应该立刻把它记下来。可以利用晨间十五分钟和晚上睡觉前的十五分钟来反省。

二、什么是时间管理？

时间管理这个概念给人一种限制和控制的形象，你可能马上想到一个骨瘦如柴的吝啬鬼一只手捂着你的肩，另一只手握着秒表，告诉你这分钟该做什么，下一分钟该做什么，这是不是很可怕的一个画面？事实上时间对于每个人来说都是公平和均等的资源，不论国籍、穷富、性别，每周可花的时间都是 168 个小时。

课堂互动——好知者不如乐知者

生命量尺

首先，准备一张 A4 规格的纸条，画出十个空格，一格代表十年。假如我们平均有 80 岁的寿命，1~20 岁我们已经过完，先裁下来。现在还剩下 60 年。60~80 岁这 20 年是老年时期，处于半退休或退休状态，可以用剪刀把这段时间剪去，现在纸张只剩下 4 个空格——我们一生的黄金时间，我们最后看看有多少时间来进行工作。

一般人平均每天睡眠 8 小时，一年 365 天，40 年大约要睡去 13 年。

一般人每天早、中、晚三餐平均需要花费 2.5 小时，一年大约用去 912 小时，40 年便是 36 500 小时，相当于 4 年时间。

在交通上，如今一般人每天用于交通的时间平均为 1.5 小时，如果是外勤或推销员，所需要的时间可能是它的 2~3 倍。现在问一问自己每天用在交通方面的时间有多少？如果答案是 1.5 小时，40 年便是 21 900 小时，等于 2.5 年。

如果每天用于与亲友同事聊天闲谈、打电话的时间，或平时闲聊的时间是 1 小时，40 年就用去了 14 600 小时，等于 1.67 年。

此外，据统计，一般人平均每天花在看电视、刷手机的时间接近 3 小时，而一些事业有成的社会精英则每天少于 1 小时。假设你每天平均看电视、刷手机 3 小时，40 年所用去的时间就是 43 800 小时，即等于 5 年时间。

现在我们剩下了 14 年时间。

现在看着你手里的纸条，你想说点什么呢？

人生就是时间，能够把握时间的价值，才能把握人生存在的价值。

大学生在校三年，扣除了睡觉、吃饭、娱乐等时间，能被我们妥善运用的时间能有多少？在这段时间内可以完成多少事情？大学期间如何利用好这些时间？正如美国会计学者麦金西所言："时间是世界上一切成就的土壤。时间给空想者痛苦，给创造者幸福。"

时间管理从实质上来看包含以下内容：知道自己想要什么，即你的目标；知道怎样去得到你想要的，即你的行动；采取实际行动去得到你想要的，即你努力的结果。不同的人会作出不同的选择，赢得不同的结果，时间青睐有准备的人，青睐能有效管理时间的人。

(一)进行时间管理的原因

被誉为"经营之圣"的日本索尼公司的盛田昭夫说："如果你每天落后别人半步，一年后就是一百八十三步，十年后就是十万八千里。"在琐碎的日常生活中，在不被注意的细节里，在不良的习惯下，时间被不经意地浪费了。对照一下你的大学生活是否也会出现以下情况。

1. 目标不明确

做任何事情碰到困难就犹豫不决，患得患失，瞻前顾后，拖拖拉拉。花许多时间去思考要做的事情，矛盾、担心难下决定，找借口推迟行动，同时又会为没有完成的任务而后悔。

2. 忙于翻找东西

很多学生在宿舍、家里东西随意乱丢乱放，没有养成良好的习惯，以致浪费大量的时间去找东西；据对美国 200 家大公司职员所做的调查显示，公司职员每年都要把 6 周的时间浪费在找东西上，意味着每年要有 10% 的工作时间损失在找东西上，这组数据告诉我们不良的习惯会导致以后在工作中岗位上浪费创造价值的时间。

3. 做事情分不清轻重缓急，精力不够集中

在众多事物中抓不到重点，缺乏优先顺序，不懂得统筹安排，不能集中精力做一件事，分配的学习、工作不一气呵成；在完成重要工作时，一旦间断，就要花费时间重新进入状态，因而减慢工作效率。做一件事不能坚持不懈，不够专注也是精神不够集中的体现。

4. 懒惰逃避现象时有发生

懒惰是学生的头号大敌，由于自身的惰性而逃避去完成事情，躲进幻想世界，无期延宕，难以开始。

5. 不会使用团队的力量

一人包打天下，事无巨细，样样亲力亲为，不会把适当的工作委托他人，遇到困难不会寻求协助，导致每天忙忙碌碌。

6. 遇到压力容易产生消极情绪

因个人对所做的事情认知不足而产生压力，不能全身心地投入，降低效率；或则借故拖延，使很多事情荒废了，时间却在刷手机、玩网络游戏中悄无声息地溜走了。

> **延伸阅读——思而学不殆**
>
> ### 九成大学生不会管理时间
>
> 同济大学新闻晚报上刊登的一则消息显示，应届大学毕业生中九成大学生不会合理管理时间。很多大学生会通过熬夜完成工作或学习。专家指出，这可能会导致毕业后工作效率低下。很多大学生不能够很好地区别各类事件的重要性。
>
> 根据时间管理四项限原则，可以把重要又紧急的事情放在第一位做，重要不紧急的排在第二位，紧急不重要的事情排在第三位，不急不重要的事情可做可不做。这样可以把我们手头上的事情分成四类，既能使目标更加清晰，又能按需完成工作。所以合理安排每天日程，提高做事效率，是大学生需要培养的一种提升自我的能力。

（二）大学生时间管理的意义

我们不知道生命从何时起，到何时终，所以常常无视生命和时间的联系，浑浑噩噩地过了一天又一天。直到有一天生了病，失去了健康或濒临死亡，才惊觉时光的飞逝。现代人所处的时代是一个知识爆炸、信息快速更迭的时代，科学合理地利用时间已成为现代人必须掌握的技巧和必备的能力之一。

对大多数人来说，大学是最后一次系统地、集中时间地接受教育的人生阶段。这段时间的宝贵性不言而喻，可谓人生的黄金时期。科学合理地管理时间是大学生建立深厚专业基础获得良好知识储备的重要保证，也是他们不断塑造自我、修正自我，以期获得更好成长与发展的基本前提。人生最重要的任务就是，在有限的时间内，尽可能多地做事，但这

并不意味着，我们必须无时无刻地忙碌；相反，我们应该好好地规划时间，利用时间，使之发挥最大的效用。时间并非取之不尽用之不竭，而持之以恒的时间管理可以让有限的时间价值最大化，使大学时光更加精彩。

三、时间管理的基本原则

（一）做事分清轻重缓急

人类潜能导师史蒂芬·柯维博士说过"人类最重要的任务就是将主要事务放在主要的位置上"，大学生要如何分清主次，把时间用在最能创造价值的地方，有三个判断标准。

1. 我必须做什么

这有两层意思：是否必须做，是否必须由我做。非做不可，但并非一定要你亲自做的事情，可以委派别人去做，自己只负责督促。

2. 什么能给我最高回报

应该用80%的时间做能带来最高回报的事情。通用20%的时间做其他事情。所谓"最高回报"的事情，即是符合"目标要求"或自己会比别人干得更高效的事情。前些年，日本大多数企业家还把下班后加班加点工作的人视为最好的员工，如今却不一定了。他们认为一个员工靠加班加点来完成工作，说明他很可能不具备在规定时间内完成任务的能力，工作效率低下。社会只承认有效劳动。"勤奋=效率=成绩/时间"。勤奋已经不是长时间工作的代名词，勤奋是指用最少的时间完成最多任务的能力。

> **延伸阅读——思而学不殆**
>
> 曾经有一个伐树的工人，身体非常强壮，而且勤劳工作，每天工作十多个小时，可是，他发觉自己的伐树数目却日渐减少。他开始怀疑自己是不是哪里出了问题？
>
> 他想，一定是自己的工作时间不够长，所以伐树的数目才会减少，于是他除了睡觉和吃饭，其他的时间全都用来伐树，但是效果并不明显，并且每天伐树的数目更有减无增。他更怀疑自己的工作能力了。
>
> 一天，他的监工发现他满脸愁容，便关心地问："你为什么愁眉苦脸呢？"
>
> 这个伐树工人回答说："我对自己失去信心了，我以前每天伐树十多棵，现在每天在减少，但我真的没有偷懒，而且增加工作时间，我真不明白为什么会出现这种情况。"监工看一看他，再看看他手中的斧头，心有所悟地说："你是否每天都用这把斧头伐树呢？"
>
> 工人认真地说："当然啦！这是我从开始伐树工作以来，一直都不曾离手的工具！"监工关心地问他："你在伐树前有没有磨利这把斧头然后才使用呢？"
>
> 工人回答他："我每天勤劳工作，伐树的时间都不够用，哪有时间去磨利这把斧头？"
>
> 那个监工向他解释说："这就是你伐树的数目每天递减的原因了，你没有先磨利自己的工具，又如何能提高工作的效率呢？"

3. 什么能给我最大的满足感

最高回报的事情，并非都能给自己最大的满足感，均衡才有和谐满足。因此，无论你地位如何，总需要分配时间给令人满足和快乐的事情，唯有如此，工作才是有趣的，并容易保持工作的热情。

通过以上"三层过滤"，事情的轻重缓急很消费楚了。然后，以重要性的排序进行工作和学习，并坚持按这个原则去做，你将会发现，再没有其他办法比按重要性办事更能有效利用时间了。

（二）做正确的事和正确地做事

管理大师彼得·德鲁克曾经指出效率是"以正确的方式做事"，而效能则是"做正确的事"，可见，两者不能偏废。如果出现两者不能兼得的情况下，我们要先顾效能，再想方法提高效率。

做正确的事，首先要确定目标。目标能最大限度地聚集你的资源，包括时间。因此，只有目标明确，才能最大限度地节约时间。人生的道路，存在着时间与价值的对应关系。有目标，一分一秒都是成功的记录；没有目标，分秒都是生命的流逝。

正确地做事是指做事的方式。首先要排列优先顺序，分清轻重缓急；其次要制订计划，在做事情的时候按计划执行，避免走弯路，做无用功；最后要选择正确的工作方法做事情，方法正确了，则会事半功倍，方法错误了，则会事倍功半，甚至贻误"战机"。

延伸阅读——思而学不殆

时间管理的十一条金律

1. 要和自己的价值观相吻合

自己一定要确立个人的价值观，假如价值观不明确，你就很难知道什么对自己最重要，时间一定分配不好。时间管理的重点不在于管理时间，而在于如何分配时间。你永远没有时间做每件事，但你永远有时间做对自己来说最重要的事。

2. 设立明确的目标

成功等于实现目标，时间管理的目的是让自己在最短时间内实现更多你想要实现的目标；把目标都写出来，找出一个核心目标，并依次排列其重要性，然后依照你的目标设定一些详细的计划，接着就是依照计划进行。

3. 改变自己的想法

美国心理学之父威廉·詹姆士对时间行为学的研究发现这样两种对待时间的态度："这件工作必须完成，它实在讨厌，所以我能拖便尽量拖"和"这不是件令人愉快的工作，但它必须完成，所以我得马上动手，好让自己能早些摆脱它"。当你有了动机，迅速踏出第一步是很重要的。不要想立刻推翻自己的整个习惯，只需强迫自己现在就去做你所拖延的某件事。然后，从明早开始，每天都从你的时间清单中选出最不想做的事情先做。

4. 遵循二八定律

生活中肯定会有一些突发和迫不及待要解决的问题，如果你发现自己天天都在处理这些事情，那表示你的时间管理并不理想。成功者花最多时间在做最重要的事，而不是最紧急的事情上，然而一般人都是做紧急但不重要的事。

5. 安排"不被干扰"时间

每天至少要有半小时到一小时的"不被干扰"时间。假如你能有一个小时完全不受任何人干扰，把自己关在自己的空间里面思考或者工作，这一个小时可以抵过你一天的工作效率，甚至有时候这一小时比你三天工作的效率还要高。

6. 严格规定完成期限

帕金森所著的《帕金森法则》中，写下这段话："你有多少时间完成工作，工作就会自动变成需要那么多时间。"如果你有一整天的时间可以做某项工作，你就会花一天的时间去做它。而如果你只有一小时的时间可以做这项工作，你就会更迅速有效地在一小时内做完它。

7. 做好时间日志

你花了多少时间在做哪些事情，把它详细地记录下来，早上出门（包括洗漱、换衣、早餐等）花了多少时间，搭车花了多少时间，出去拜访客户花了多少时间……把每天花的时间一一记录下来，你会清晰地发现浪费了哪些时间。这和记账是一个道理。当你找到浪费时间的根源，你才有办法改变。

8. 理解时间大于金钱

用你的金钱去换取别人的成功经验，一定要抓住一切机会向顶尖人士学习。仔细选择你接触的对象，因为这会节省你很多时间。假设与一个成功者在一起，他花了40年时间成功，你跟10个这样的人交往，你不是就浓缩了400年的经验吗？

9. 学会列清单

把自己要做的每一件事情都写下来，这样做首先能让你随时都明确自己手头的任务。不要轻信自己可以用脑子把每件事情都记住，而当你看到自己长长的清单时，也会产生紧迫感。

10. 同一类的事情最好一次把它做完

假如你在做纸上作业，那段时间都做纸上作业；假如你是在思考，用一段时间只思考；打电话的话，最好把要打的电话累积到某一时间一次打完。当你重复做一件事情时，你会熟能生巧，效率一定会提高。

11. 每分每秒做最有效率的事情

你必须思考一下要做好一份工作，到底哪几件事情对你来说是最重要的，列出来，分配时间把它做好。

第二节　如何成为掌控合理时间的高手

📖 故事导入

　　王林和刘青都是很有创意的年轻人，他们同时进了一家广告公司，做广告设计工作。然而一年后，两人却受到了不同的待遇。刘青因为工作出色得到了表扬和奖励，而王林却因为工作业绩一般还是老样子。其实，刚进公司的时候，王林给大家的印象更好一些。王林活泼好动，头脑灵活，经常有新点子；相比之下，刘青更老实一些。但为什么最后却是刘青得到了表扬呢？原来，这一年以来，两人都想把自己最好的创意贡献给公司，也都很努力去表现。两人唯一的区别是，刘青有了一个好想法，就会立即行动起来，即使要实现这一想法的条件不具备，他也不会找借口，而是想办法克服困难去做，直到交出一个满意的方案。而王林呢，尽管经常会有很多新点子，但总是停留在构思阶段，每当别人催促的时候，他就会说："条件还不成熟，我以后一定把它做出来。"他的好想法虽然不少，却没有一个行诸实践，并且还用种种借口扼杀一个又一个好想法。

⚛ 知识链接

一、确立科学的目标

　　俄国作家列夫·托尔斯泰有这样一句名言："要有生活目标，一辈子的目标，一段时期的目标，一个阶段的目标，一年的目标，一个月的目标，一个星期的目标，一天的目标，一个小时的目标，一分钟的目标。"一个人没有明确目标，时间管理就无从谈起。因此，作为一个新时代的大学生，要有明确的目标，而且要对目标进行科学管理，分阶段、分层次组织实施，才有积累，有了积累才有优势，有了优势才有突破，才能使人生理想变为现实。

　　科学合理的目标定位不仅可以为大学生的自我发展提供导向，还有利于调动大学生的积极性、主动性和创造性。在大学期间该如何设立目标？人生目标应该涵盖认知、生理与身体、社会、情绪与人格五项。

类别	目标
认知	提高写作水平，学好英语，掌握专业基础知识……
生理与身体	每周跑一次步，踢一场足球赛，每月约同学登山一次……
社会	参与三项有益的社会活动，竞聘班干部、学生会干部……
情感	建立一个健康的恋爱关系，交三个知心朋友……
人格	愿意探索新事物，有同情心……

有时你可能不知把目标归到哪个类别，比如旅游，可以归到身体或者社会均可，对此不必太在意，因为人是一个完整的个体，分五个方向能更好地帮助自己思考周全，设计完整目标。

二、学会支配自己的时间

（一）每天列出目标计划，遇事不拖延

1. 科学制订目标计划

首先，它可以让你每天过得很充实，不会无所事事。你想想看，每天你要达成六个目标，如果不动脑子仔细想想，还真想不出来。等你花费一番心思想出来了写在纸上，你还得给这些目标排次序。你得考虑哪件事情重要，哪件事情不那么重要；哪件事情要先做，哪件事情要后做。等你把这项工作完成后，你心中就如同绷紧了一根弦。你时刻得为实现目标而忙碌，你是不是过得很充实？其次，目标聊单能够给你一些明确的任务，不会让你干一些无脚的事情而浪费时间，而且还能够让你分清轻重缓急，做事情有计划，不会像无头苍蝇一样到处乱撞，从而极大地提高了你的学习工作效率。

如果你能够坚持这样做一个月，相信你定能够养成一个良好的习惯，你也会越来越有成就感。只要坚持做下去，你一定会离成功越来越近！

2. 精确计算自己的时间

必须彻底清除含糊不清的、陈旧的计时单位和计时方法，比如下午给你打电话、走了一会儿、一顿饭的工夫，等等。

3. 根据自己的目标制订每日的计划时间进度表

学会每天睡觉前反省一天的工作和学习，对照制定的目标是否完成；利用好每一天的早晨，思考一天要实现的目标，可能会出现的状况以及应对策略等。

4. 面对困难不找借口，不拖延

拖延并不会省下时间和精力，恰恰相反，它会使你疲于奔命，于事无补。拖延可能会导致悲惨的结局。美国独立战争中，英军的拉尔上校正在玩牌，忽然有人送来一个报告，说华盛顿率领的军队已经挺进拉华威，但他却将来件塞入衣袋中，牌局结束时他才展开那个报告，此时虽然他立刻调集部下、出发应战，但已经太迟了，结果全军被俘，而他本人也丢掉了生命，仅仅几分钟时间的延迟，就使他丧失了尊荣、自由与生命！正如《今日歌》里"今日复今日，今日何其少，今日又不为，此事何时了？""人生百年几今日，今日不唯真可惜，若言姑待明朝至，明朝又有明朝事"确保今日事今日毕，有事马上做，不但能克服拖延，而且可能占领先机，久而久之还能培养出当机立断的大智大勇。

（二）合理安排零碎时间

把零碎的时间用于做零碎的事情，我们经常要做一些琐碎的事情，比如打电话给父母及家人、寄快递、购买必需品等，将这些零碎的事一一记在记事本里，随身携带，一有空就可以立即解决。还可以妥善利用零星时间，比如在接听电话时将材料归档，一边吃饭一边听新闻，跑步时可以听音乐，洗漱时可以听书或记英语单词，等等。正如宋代文学家欧

阳修所说"余平生搜做文章，多在三上：马上、枕上、厕上"。

（三）平时生活中养成有条理的行为习惯

不管是放在办公室的文件资料、实训工厂的实训用具，还是宿舍的物品，平时都要注意归置到位，减少翻找东西的时间，养成有条理的好习惯。这个习惯可以为将来在工作中赢得更多的时间，创造更多的价值。有条理不是要求每样东西都必须摆放整齐，而是把同类的物品归类，以方便在需要的时候可以快速拿到。

（四）寻找自己的生物钟

每个人的生物钟都不一样，有人适合在白天记单词，有人适合晚上夜深人静时学习，充分掌握自己的生物钟有利于选择什么时候做重要或不重要的事情，如精力旺盛时可以选择做重要的事情，精力不够充沛时选择做不重要的事情。能将生物节律与将要做的工作的轻重缓急紧密结合，就会事半功倍。

（五）利用空余时间拓展学业或工作的资源

大学生的空余时间都是由学生自主决定安排，时间一旦未合理使用，便会成为"空心人"。随着时代的进步，专业不是唯一的就业竞争因素，因此利用好大学期间的空余时间，参加有益于自己的活动，可以提升各种能力及素养，这是就业前的最佳准备时期，应珍惜每一天时间。在学校可以选择合适的有益于身心健康的活动，比如舞蹈、唱歌、羽毛球、篮球等体育文艺活动，还有比如书香阅读、手工 DIY、绘画与书法、演讲与口才、英语口语训练、朗读、文字写作等社团交流活动，如有条件和时间允许，还可以参加有关的活动培训，上述活动均可促进人际交流、身心健康、启发智慧、激发创造力、愉悦身心。要注意的是空余时间要根据个人爱好和结合现实条件规划好。

延伸阅读——思而学不殆

马化腾工作中的高效法则

腾讯创始人马化腾自称是"一个不善言辞的人"，每天晚上十一点才下班，除了完成自己的要事，他还会利用碎片化的时间给同事发邮件，提升沟通效率，以下是马化腾工作的高效法则：

法则 1：尽量避免被干扰。包括电话、人、突发事件。在腾讯，突然去敲马化腾的门，会是一件糟糕的事情。

法则 2：不要故意拖延。不停地对自己说："立刻去做！立刻去做！立刻去做！"培养紧急意识。

法则 3：尽可能在每一件不重要的事情上授权。授权时要明确：一是告诉被授权人，你想得到什么样的结果；二是要挑选一个正确的人进行授权；三是希望被授权人做什么，什么时候完成，并要随时查核完成进度。

三、时间管理的方法

(一)6点优先工作制

该方法是效率大师艾文维利在向美国一家钢铁公司提供咨询时提出的,他使这家公司用了5年的时间,从濒临破产一跃成为当时全美最大的私营钢铁企业,艾维利因此获得了2.5万美元咨询费,故管理界将该方法喻为"价值2.5万美元的时间管理方法"。这一方法要求把每天所要做的事情按重要性排序,分别从"1"到"6"标出6件最重要的事情。每天一开始,先全力以赴做好标号为"1"的事情,直到它被完成或被完全准备好,然后再全力以赴地做标号为"2"的事,依此类推……艾维利认为,一般情况下,如果一个人每天都能全力以赴地完成6件最重要的大事,那么,他一定是一位高效率人士。

(二)时间管理四象限法

时间管理四象限法是由著名管理学家科维提出的。该时间管理理论把工作按照重要和紧急、不重要和不紧急四个不同的维度进行划分。

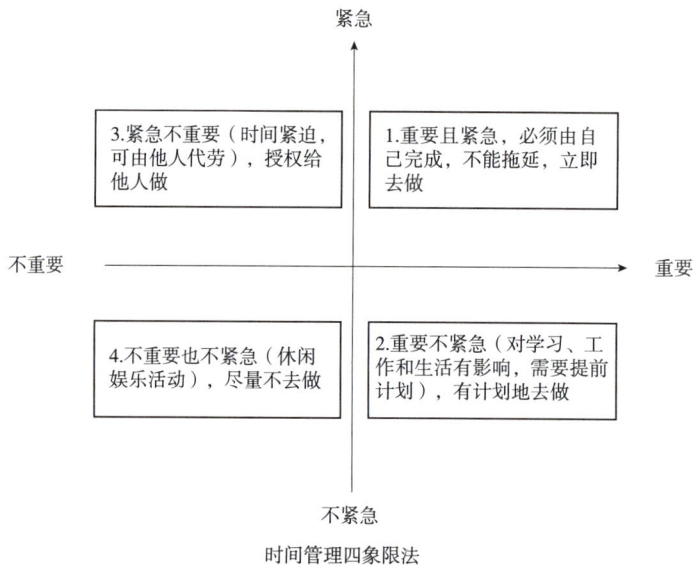

时间管理四象限法

延伸阅读——思而学不殆

林恩是瑞士一家酒店的房务接待。一个阴雨连绵的早晨,一切都显得格外的沉寂,电话也比往日少了许多。

林恩把前一天的几份订单存底重新装订入册,然后又回复了两份传真。两件事总共用了林恩不到10分钟时间,最后林恩坐下,心想可不可以利用这个时间下去吃早餐,早晨上班时她走得匆忙,只在手提袋里装了两枚柳橙。她犹豫了几分钟,最终还是起身离开了接待室。20分钟后,林恩返回,一切一如既往,电话依旧安静地躺在那里。

林恩不知道的是，一注 70 万美元的订单，就在她离开的 20 分钟时间里，在电话铃响了两次无人接听后旁落他人之手。两个月后，美国一家国际公司为期 15 天的销售年会在瑞士的另一家酒店召开。那家酒店无论从设施还是口碑上都与林恩所供职的酒店不相上下，甚至有些方面还略逊一筹，但那半个月规模盛大的销售年会以及来自世界各地的客人使那家酒店一时间变得辉煌，并通过世界各地客人的传播而知名度大增。

客人依据什么选择了那家酒店？在做出决定之前有没有进行过选择？他们进行了怎样的选择？林恩所在酒店的老板始终想不明白其中缘由，事后经过多方了解才知道，这家美国国际公司在瑞士曾选出 3 家酒店作为备选，林恩所供职的酒店因两次电话铃响均无人接听而在第一轮便被淘汰出局。这仅仅因为林恩的 20 分钟早餐。

（三）麦肯锡 30 秒电梯理论

麦肯锡公司曾经得到过一次惨痛的教训，该公司曾经为一家重要的大客户做咨询。咨询结束的时候，麦肯锡的项目负责人在电梯间里遇见了对方的董事长，该董事长问麦肯锡的项目负责人："你能不能现在说一下结果呢？"由于该项目负责人没有准备，而且即使有准备，也无法在电梯从 30 层到 1 层的 30 秒钟内把结果说清楚。最终，麦肯锡失去了这一重要客户。从此，麦肯锡要求公司员工凡事要在最短的时间内把结果表达清楚，凡事要直奔主题、直奔结果。麦肯锡认为，一般情况下人们最多记得一、二、三条，记不住四、五、六条。所以凡事要归纳在 3 条以内。这就是如今在商界流传甚广的"30 秒钟电梯理论"或称"电梯演讲"。

（四）办公室美学

秩序是一种美。均匀、对称、平衡和整齐的事物能给人一种美感。简洁就是速度，条理就是效率。简洁和条理也是一种美，是一种办公室的美学、工作的美学。我们在学校应当养成如下习惯：

（1）物以类聚：东西用毕物归原处，不乱放东西。
（2）勤做整理：把整理好的东西编上号，贴上标签，做好登记。
（3）勤于记录：好记性不如烂笔头，随时记录。

（五）莫法特休息法

《圣经新约》的翻译者詹姆斯·莫法特的书房里有 3 张桌子：第一张摆的是他正在翻译的《圣经》译稿；第二张摆的是他的一篇论文的原稿；第三张摆的是他正在写的侦探小说。莫法特的休息方法就是从一张书桌搬到另一张书桌，继续工作。

"间作套种"是农业上常用的一种科学种田的方法。人们在实践中发现，连续几季都种相同的作物，土壤的肥力就会下降很多，因为同一种作物吸收的是同一类养分，长此以往，地力就会枯竭。人的脑力和体力也是这样，如果每隔一段时间就变换不同的工作内容就会产生新的优势兴奋灶，而原来的兴奋灶则得到抑制，这样人的脑力和体力就可以得到有效的调剂和放松，进而提高工作效率。

课堂互动——好知者不如乐知者

心灵探索——纸牌屋

活动目的：体会时间的宝贵，明白珍惜时间的重要性，能分析自己的时间利用情况并学会合理科学地分配时间。

活动道具：每人至少26张扑克牌，一个计时器，一把尺子。

活动步骤：

1. 参与者分成若干小组(每组6~8人)；

2. 在规定的时间内将纸牌房子建得尽可能高；

3. 在15分钟的时间内，要求"房子"至少高达15厘米；

4. 比一比哪个组完成最快。

思考：

1. 这个游戏的结果能怎样应用到你的工作中去？

2. 你用什么方法来建你的纸牌房子？

3. 你是怎么管理时间的？

4. 为什么管理好时间对于实现你的目标很重要？

好书推荐——吾生有涯而知无涯

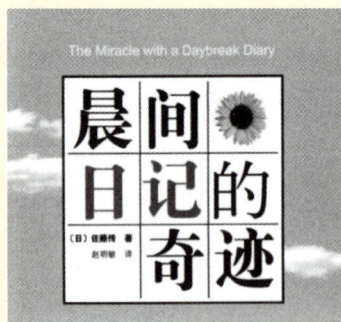

《晨间日记的奇迹》

作者：〔日〕佐藤傅；赵明敏，译

"每天早上拿出3分钟来写日记！"许多知名的企业家、管理者、演员等成功人士，都通过写晨间日记培养自己做事的计划性、执行力以及对未来的梦想，从而创造了自己人生的奇迹。晨间日记也因此被称为"创造奇迹的晨间3分钟"。

很多人都有过下决心写日记的经历，但往往坚持不下去，原因就在于你没有找到写日记的诀窍，日记对你的生活没有帮助。晨间日记的优点，就是帮助你看清自己的内心，反省自己的行为，督促你完成计划、达成目标。

晨间日记创始人佐藤傅，在本书中全面公开写晨间日记的三大原则和七大作战法则；详细讲解利用档案夹、活页纸以及Excel软件写晨间日记的方法，帮助你轻松上手，在短时间内培养起这项好习惯。

《吃掉那只青蛙》

作者：〔美〕博恩·崔西；王璐，译

面对艰巨、重要的任务，不要拖延，立刻采取行动。《吃掉那只青蛙》中提出 21 条时间管理法则，让千万人受益。在过去的 20 多年里，本书的方法帮助人们成功地实现效率的提升和自我管理，大多数人运用书中的一系列方法和技巧，实现了职位提升，收入翻倍，个人长期目标和人生目标完美实现。

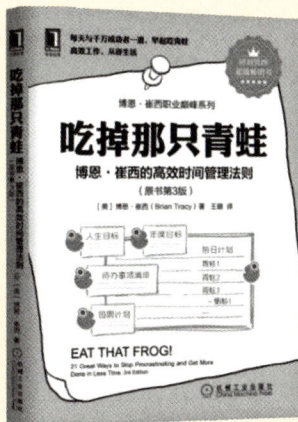

第八章

才下眉头，却上心头

——网瘾之窥

思政小课堂

21世纪是网络的时代，网络高度的便捷性与可及性使其几乎融入我们日常生活的方方面面，然而网络也确如一张网，困住了不少当代大学生，使其在网络中迷失自我、虚度光阴；同时也成就了不少群体，使其在网络中能够发现自我、实现价值。在信息化时代的今天，网络文化对当代大学生价值观的形成产生着重要影响。作为新时代的大学生要树立正确的世界观、人生观、价值观，自觉抵制不良诱惑，提高网络道德水平和网络行为自律意识，推动网络文化建设，发展健康向上的、科学的、大众的网络文化，做文明绿色网络文化的传播者和践行者。

课程引导

互联网在新时代的大学生中广泛普及，互联网的出现改变了人与人之间的交流方式，几乎所有的大学生每天都会接触网络，包括打游戏、刷短视频、追剧、网购等。据统计大学生平均每天上网时间超过5个小时。网络给大学生生活和学习带来便利的同时，也会对大学生造成很多不良影响，特别是大学生的空余时间多、课业压力小，有部分大学生沉迷网络，从而产生网络心理障碍。因此，大学生应该正确对待网络并且合理利用网络，让网络成为学习进步和生活便捷的工具。

电脑日益普及而变得无所不在，它将戏剧性地改变和影响我们的生活品质，不但会改变科学发展的面貌，而且还会影响生活的每一方面。

——尼葛洛庞帝《数字化生存》

第一节　大学生网络心理

📖 故事导入

　　黄某，男，大一新生。在高三时父母离异后父亲外出打工，从小跟着妈妈一起生活。妈妈在厂里工作，平时忙于工作，一周回一趟家，很少能顾及上黄某，于是，他经常去他家附近的网吧上网。在黄某即将进入大学的时候，母亲给他配备了一部智能手机和一部电脑作为进入大学的礼物，从此以后，黄某经常逃课躲在寝室打游戏。通过聊天，了解到黄某每天只想上网，网络占据了他大部分的时间和精力，导致无法做其他事情，期末考试6科不及格。尽管他觉得这样很空虚，会虚度光阴，并有想法去改变，但是就是事与愿违。黄某陈述网络世界更加简单，现实世界更加复杂，如果不上网，就会觉得无事可做，上网成为他逃避和缓解现实痛苦的唯一办法。

　　刚进入校园的大学生，认知能力和自控能力都没有发展完全，且心理素质不强，进入大学后，脱离了家长的管束，学习环境相对中学来说更加轻松，因此，大学生很容易沉迷于网络。网络世界是虚拟的世界，大学生过多地沉迷网络很容易脱离现实，时间久了无法适应社会。黄某由于沉迷网络游戏导致6科考试不及格，虽然他已经意识到自己沉迷网络，但没有办法控制，这需要心理咨询老师的帮助。

⚛ 知识链接

一、大学生网络心理概述

（一）网络与大学生

　　互联网的兴起，把人们的生活带进了一个真正的信息时代，人们通过互联网学习、购物、交友等。而大学生群体则是该方面的主力军，第46次《中国互联网络发展状况统计报告》显示，网名的职业结构里，学生群体占了23.7%，因此，互联网世界的信息对学生的影响是巨大的。

（二）网络对大学生心理的影响

1. 认知方面

　　认知是人们在某一特定的思考事物和感受事物的过程体现。网络上的信息丰富且多样，常常使人眼花缭乱而又无从选择。大学生进入校园，很多信息都会通过网络获取，在接受大量信息之后，则会对认知产生很大的影响。

2. 情感方面

　　网络的发展，给人们创造了一个广大而又新奇的情感交流的空间和场所平台，相比于现实世界，在网络上大学生可以充分表达自己的观点，宣泄自己的情感，满足大学生情感表达的多元需求。

3. 人际交往方面

网络为人际关系的建立提供了一个新的方式，在这个虚拟世界里，可以和相距千里的人交流，并且信息隐秘性强，极大地方便了大学生的人际交往的需求。

二、网络促进大学生的成长

（一）拓宽了大学生获取信息的渠道

互联网的普及，使大学生能够从网络上获得即时的信息和各方面的知识，从中大学生可以从信息中广纳百川精华，汲取知识营养，从而不断地发展和壮大自我。通过上网，涉世未深的大学生得到了充实和提高，他们不仅可以通过网络了解政治、经济、文化、军事、哲学、科技的发展动向、历史沿革等，还可以进行休闲娱乐、感情交流、学术讨论等。所以，网络在很大程度上可以使青年大学生得到各方知识的陶冶和锻炼，成为象牙塔中的社会人。

（二）开阔视野，激发学生创造性

网络是知识和信息的载体，大学生的课程也通过网络进行知识的教学与传播，如网页制作、电脑设计、三维动画、网络课件教辅、远程教育技术服务、大学生网络创业大赛等，都给在校学生带来了极大的创造空间，在内容和形式上培养了大学生的创新能力。于是，一大批以在校大学生为核心的创业公司、学生企业应运而生。

（三）加强互动，增加与外界联系

交互性是网络的突出特点，它既是信息的载体，又是媒体中介，实现了人与人之间交流的通畅。网络论坛、虚拟社区、情感驿站等给广大网民提供了一个能够自由发表自己见解和看法的空间，每个人都可以在这个空间中充分表达和表现自我，结交各种朋友，相互介绍经验，共同进步。

目前的在校大学生大多数为独生子女，他们渴望得到与同龄人的交流和认可，他们在家庭中处于中心地位，但一旦进入大学，人际交网往往会受到强烈的冲击和挑战，由此带来的是情绪情感上的苦恼。而网络交友有"点之即来，击之即去"的特点，可以按大学生的学习安排进行调度，在网上既可以推心置腹，抒发情感，交流思想和心得，又可以大发牢骚，排遣抑郁，达到缓解学习和精神压力的双重功效。

（四）拓展学习方式

传统的灌输式教育往往有时间空间受限这一弊端，因材施教的方式也很难在每个高校中实行，而登录教育网站则可以弥补这一教育方式的不足。英语四六级、考研、小语种等学习网站林立，各种层次计算机学习指导网站，数理化、历史、地理、医学、生物等各科目类别，均可下载相关 APP 进行自学辅导、作业测验、大考冲刺、升学模拟考场等。每个大学生都可以根据自身发展需要，浏览不同网页，来给自己充电。

课堂互动——好知者不如乐知者

辩论赛：网络的利与弊

活动目的：让学生分清网络的利与弊。

活动时间：20分钟。

活动场地：室内。

活动步骤：

1. 分两个小组进行活动，每个小组选出4名学生进行辩论。正方主张"网络对大学生有积极影响"，反方主张"网络对大学生有消极影响"。

2. 两组成员分别收集材料进行辩论。

3. 辩论结束后请同学们讨论并分享自己的观点和感受。

第二节 大学生网络心理障碍及调试

📖 故事导入

办公室里，辅导员正在与一位男生交流。男生的眼睛时不时看几下手机，手在手机屏幕上划动几下。原来，这是一名在课堂上被任课老师多次提醒要求停止用手机玩游戏的学生。该生在上课期间，故意选择坐在角落不易被老师发现的位置，低头酣战。老师在点名回答问题时，多次叫到该生名字，他却因沉浸在游戏之中没有听到。后经班上同学反馈，该生从不会迟到旷课，只是每次上课前都会最早到达教室，占据"有利"座位。坐好后打开手机游戏，直到下课，几乎每节课都是如此。当辅导员问及在游戏中的体验时，男生说，游戏可以让自己发泄，可以让自己获得满足感和成就感，还可以和线上战友共进退，而谈到现实中的成就和朋友时，男生便沉默不语了。原来现实生活中的他，内向敏感不沟通，成绩不好，活动也不参与，总是一个人。

⚛ 知识链接

一、大学生常见网络心理障碍

（一）网络成瘾（网瘾）

网络的普及在给大学生带来学习上便利的同时，网络上纷繁复杂的信息也很容易让大学生沉迷其中。

网瘾为网络成瘾的简称，是指上网者由于长时间和习惯性沉浸在网络时空当中，对互联网产生强烈的依赖，以至于达到了痴迷的程度而难以自我解脱的行为状态和心理状态。网络过度使用者主要表现为一种不自主的长期强迫性使用网络的行为。包括网络视听成瘾、网络游戏成瘾、网络购物成瘾、网络关系成瘾等。

课堂互动——好知者不如乐知者

测一测：你是否网络成瘾?

1. 你是否着迷于互联网?

2. 为了达到满意你是否感觉需要延长上网时间?

3. 你是否经常不能控制自己上网或停止使用互联网?

4. 停止使用互联网的时候你是否感觉烦躁不安?

5. 每次上网的时间是否比自己计划的要长?

6. 你的人际关系、工作、教育或者职业机会是否因为上网而受到影响?

7. 你是否对家庭成员、医生或其他人隐瞒了你对互联网着迷的程度?

8. 你是否把互联网当成了一种逃避问题或释放焦虑、不安情绪的方式?

该问卷有 8 个题项，在每天上网超过 4 小时的前提下，如果上面 8 个问题的回答是肯定的，可以诊断为网络成瘾。

(二) 网络孤独

我国对上网青少年学生进行的调查显示，有 20%的人常常伴有情绪低落的感觉或有孤独感，12%的人与家人、朋友现实关系疏远。特别在高职大学生这个群体中，沉溺于网络游戏、网络聊天的同学占了大多数，在现实生活中，对于自己的家人、同学却表现出越来越冷漠。心理学家指出："当一个人专注于某一事物时，对其他事物都有不同程度的忽视。"青少年对互联网的过分依赖必然会导致其对现实生活中其他活动的缺乏，如果人们长时间缺乏社会活动必然产生心理上的孤独。网络孤独，就是过分地依赖网络，淡化了个人与社会及他人的交往，远离周围伙伴，慢慢地对丰富多彩的现实生活失去了感受力和参与感，变得越来越孤僻。其主要特征为，社交功能和交流技巧出现障碍、异常动作以及复杂多样化的行为。

延伸阅读——思而学不殆

性格特征对网络交往有影响

在《青少年心理十万个为什么》中，有一项研究：不同的人格特质与网络交往之间存在显著关联。即相对内向的个体在现实的人际交往或成就获得过程中容易遇到困难，所以他们更喜欢在虚拟的网络世界表达真实的自我。如有的同学平时表现内向、孤独，可一旦在网络上聊天或玩游戏，就像变了一个人，变得善谈和幽默。通过网络可以避免孤独感，但难以从网络中感受到高水平的社会支持。容易敏感的人和低自尊的人也常常在网络中寻找新朋友，他们觉得喜欢就聊下去，不喜欢就可以拉黑，对于他们来说是一种保护自己的方式和策略。

(三) 网络恐惧

网络的发展速度日新月异，学生在进入大学之前全身心投入高考，能够上网的时间很有限，特别是来自经济落后地区的学生，之前可能几乎没有接触过互联网或接触很少。当他们进入大学后，面对网络世界，一部分学生感到害怕和迷惘。他们害怕跟不上网络发展速度，怕掌握不了新的网络技术而被淘汰，这种恐惧会伴随很多大学生走过大学四年。

（四）网络自我混乱

由于网络具有隐蔽性，所以大学生在上网的时候，容易抛弃社会自我，甚至企图借助网络在现实社会中凸显自我，将自我凌驾于社会之上。在大学生网络犯罪中，不经允许而侵入他人网络的事件经常发生。他们通过制造和散布电脑病毒，恶意破坏网络用户资料，利用网络进行盗窃、诈骗。此外，还有一些对社会现象愤懑的大学生，通过上网发泄不满，逃避社会。在网络这个信息集聚的世界里，如果大学生选择不当，受到网上无聊的帖子、庸俗的话题等干扰，容易产生自我混乱。

（五）陷入网贷陷阱

大学生在经济上尚不独立，又有许多物质需求要满足。在互联网的发展之下，衍生出了网络贷款。同时很多"网络贷款陷阱"也频频出现。大学生往往被"无抵押、无担保""当天放贷"等极具诱惑性的标语所吸引。在这类骗局中，大学生一旦上钩，便被要求"因为无须担保、无须抵押"，所以贷款前要先缴纳一定手续费、担保金或等，同时还有高额利息等待着大学生。大学生在网络贷款时陷入恶性循环，从这个平台借出来的钱被用来填补另一个平台的窟窿，以至于网贷金额不断增加。大额网贷无法还清时，只能父母出面还清，还有些大学生被司法机关调查，甚至有些大学生不堪网贷重负选择结束生命。

延伸阅读——思而学不殆

网络贷款陷阱——校园贷

网络贷款在大学生中蔓延，逐步形成了一个新的网络贷款陷阱——校园贷。校园贷是指在校学生向正规金融机构或者其他借贷平台借钱的行为。严格来说可以分为四类：

（1）消费金融公司：如"趣分期""任分期"等，部分还提供较低额度的现金提现。

（2）P2P贷款平台（网贷平台）：用于大学生助学和创业，如"名校贷"等。因国家监管要求，包括名校贷在内的大多数正规网贷平台均已暂停校园贷业务。

（3）线下私贷：民间放贷机构和放贷人是这类借贷主体，俗称高利贷。高利贷通常会进行虚假宣传、线下签约、做非法中介、收取超高费率，同时存在暴力催收等问题，受害者通常会遭受巨大财产损失甚至威胁人身安全。

（4）银行：指银行面向大学生提供的校园产品，如招商银行的"大学生闪电贷"、中国建设银行的"金蜜蜂校园快贷"、青岛银行的"学e贷"等。

> **心灵思考——学而思不罔**
>
> 　　小黎是江西省某高职院校一名大二学生，2020年，迷上了一款手机游戏，为了购买装备，充游戏币，3天内不知不觉消费了1200元，相当于一个月的生活费，吃饭就只剩80元。此时距父母给生活费过去不到两周时间，为了不让父母发现，小黎向室友借钱，室友得知他的困境，跟他推荐了借贷平台。联系平台之后，对方要求他提供学信网的登录截图以及辅导员和家长的手机号，而后就借到了1000元。但是一周后，小黎就接到平台的催账电话。
>
> 　　小黎自述："借钱的时候没有明白'一周10个点'的意思，还承诺分期还款，可是一周之后就开始疯狂催债，还威胁第一周不还，第二周就会利滚利，如果还不还就会打电话联系辅导员和家长。我现在没有钱还，不知道该怎么办，感觉很崩溃。"
>
> 　　2017年9月6日，教育部发布明确规定："取缔校园贷款业务，任何网络贷款机构都不允许向在校大学生发放贷款。"那么，校园贷究竟有哪些危害呢？大家来谈一谈。

（一）什么是网贷

1. 网贷具有高利贷性质

不法分子将目标对准学校，是利用学生社会认知能力较差，防范心理弱的劣势。从表面上看这种借贷是"薄利多销"，但实际上不法分子获得的利率是银行的20~30倍。

2. 网贷滋生借款学生的恶习

学生的经济来源主要父母，若学生具有攀比心理或高消费习惯，那么父母提供的费用不足以满足其需求。这部分学生可能会转向校园贷款获取资金，并引发赌博、酗酒等不良恶习，严重的可能因无法还款而逃课、辍学。

3. 放贷人采用各种手段讨债

一些放贷人进行放贷时会要求提供一定价值的物品进行抵押，而且要收取学生的学生证、身份证复印件，一旦学生不能按时还贷，放贷人可能会采取恐吓、殴打、威胁学生甚至其父母的手段进行暴力讨债，对学生的人身安全和高校的校园秩序造成重大危害。

4. 进行其他犯罪

放贷人可能利用校园"高利贷"诈骗学生的抵押物、保证金，或利用学生的个人信息进行电话诈骗、骗领信用卡等。

（二）校园网络借贷的风险

1. 缺乏必要的风险控制意识和机制

校园网络贷款平台大多自我宣传"1分钟申请，10分钟审核，快至1天放款，零抵押零担保"，申贷门槛低，手续非常简单，甚至不需要贷款者本人亲自办理。

2. 缺乏监管主体和必要监管

校园网贷属于互联网金融，而当前我国实行的是金融分业监管，对于互联网金融监管，有些地方并没有做到位。虽然知道许多大学生并不具备支付能力，但某些网络信贷机构却将其作为"摇钱树"客户群来发展，刺激大学生非理性借贷和消费。

3. 缺乏必要的金融知识和正确的消费观

根据此前的一些报道，校园网络贷款很少被用于大学生创新创业，更多地被用于个人消费，尤其对手机、计算机等相对昂贵的电子产品的消费。由于不少大学生缺乏基本的金融知识，对贷款利息、违约金、滞纳金等收费项目的计算方式和金额并不知晓，极有可能因网贷而背上沉重的债务，甚至陷入"拆东墙补西墙"的连环债务之中，最终还是要父母兜底，或酿成其他苦果。

那么面对校园贷，我们该怎么做呢？

(1) 树立正确的消费观，抵制盲目消费、跟风攀比的诱惑，购物分期付款需量力而行，且要综合比较，同时切忌以贷还贷。

(2) 如有正当资金需求的，应当通过正规金融机构办理，正规公司都有正规流程。不要相信放贷之前就要求交纳费用的贷款公司。

(3) 保持理智，寻求正确的救济渠道。无论在任何情况下，都要谨慎充当担保人，否则要承担贷款连带责任。留存相关证据，第一时间与老师和家长商量，涉及人身威胁的应当立即报警。

(4) 保护好个人的身份信息，无论是身份证、学生证还是支付宝、银行卡账户，都不要随便透露给他人，哪怕是学校的熟人（包括老师、学长、室友等），以贷款培训作为入职前提的公司也极可能是骗子公司，可上工商局查询。

二、大学生网络心理障碍调适

(一) 大学生网络心理障碍产生的原因

随着网络社会的崛起，网络心理障碍以集文字、影像、声音于一体的独特魅力吸引着众多的大学生，成为大学生产生心理障碍的重要影响因素。

1. 信息的丰富性

网络空间是一个丰富的信息世界，大学生几乎可以在网络里搜索到自己所需要的任何资料。相对而言，网络世界也是一个不可抵挡的诱惑。同时，这些信息在内容上的新颖、包装上的新奇、查询上的便捷、更新上的及时等，对具有较强猎奇心理的大学生是极大诱惑。当他们长时间浸泡在杂乱无章的信息中时，极易形成对信息的依赖和认知麻痹，出现"信息超载"现象。

2. 网络身份的匿名性

在网络社会里，每个参与者都可以隐匿自己的真实身份，以面具化的形式扮演各种角色，从事各种行为。正是网络的这种身份匿名性，使得大学生能够在一人一机的环境中不受传统社会熟人交往的约束，可以随心所欲地变换自己的身份，扮演不同的角色，体验不同的感受，享受自己在现实社会中渴望占有但又无法实现的权利和自由。网络空间这种身份的匿名性满足了大学生对自由度、安全感和成就感的追求和需要，他们极易在心理上形成对网络的深度依赖。

3. 行为的隐蔽性

在网络社会中因受某种外加因素的影响较小，因而其行为在网络中比现实生活中更不受约束。由于受网络匿名性、平等性、自由性等特点的影响，对比现实社会中的规范，网络规范对大学生网络言行的约束力明显减弱，在网络中人们的言行基本处于不受约束状态。

（二）调节大学生网络心理障碍的技巧

1. 正确认识网络

网络只是一个工具，网络世界并非真实的社会，虚拟的情感宣泄和满足并不能得到真正的快乐。大学生只有对网络有一个正确的认知，才能合理使用网络资源，准确把握自我，认清自己的真实需要，处理好现实社会与虚拟社会的关系，避免网络心理问题的产生。

2. 自我管理

网络世界不仅包含巨大信息量，还包含各种文化与价值理念，各种诱惑比比皆是。同时网络社会相对自由，缺乏强大的外在约束。所以，自我管理显得尤为重要。大学生应该合理安排好自己的日常生活，保持正常的生活、学习规律，控制上网时间。

3. 加强心理锻炼

面对大学生出现的网络心理问题，并不能要求大学生永远离开网络，而是应该加强心理锻炼，形成正确的上网观念，这样才能在使用网络时不至于陷入心理障碍的困境。

心灵思考——学而思不罔

如何让自己不沉迷于网络呢？

（1）贴警示语：将警示语贴在书桌显眼的地方，时刻提醒自己。

（2）制定任务：上网前先花一两分钟时间整理本次上网的任务，并记录下来，提醒自己不要忘了此次上网的目的。

（3）闹钟定时：事先估计好上网的时间，然后用闹钟设定时间，每次设计的时间一般以30分钟为宜，最长不超过1小时。

（4）自我暗示：如果在不恰当的时候有上网的念头，就反复对自己说："现在不是上网的时候，我应该好好学习，等周末再上网"。

（5）兴趣转移：网瘾发作时，强迫自己试着去做其他感兴趣的事情，如看书、画画、运动、郊游等，让自己的注意力远离网络，慢慢平息和消除网瘾。

（6）放松训练：当网瘾发作时，常出现紧张、不安等情绪，可做深呼吸之类的放松练习。

（7）借助外力：当无法自我管理时，就启动父母监督机制。把手机或计算机放至客厅等公共区域，与父母在一起，让父母了解自己上网做什么，当自己控制不了违反了此次上网的目的或超过原先设定的上网时限时，让父母来协助督促提醒。也可以与父母约定上网时间，互相提醒，共同进步。

---

4. 丰富课余生活

大学生要善于利用课余时间参加一些有意义的讲座、社团活动、文娱活动等，尽量培养自己的兴趣爱好，如唱歌、演讲等，使自己的生活充实丰富，为人生增添无穷乐趣，也有利于增强自信心和社会适应能力；同时也可有效避免因生活空虚单调而陷入网络无法自拔，对大学生身心的健康发展非常有利。

5. 开展大学生网上心理咨询

网络咨询有网络快捷、保密性好、传播面广的优势，开设网上心理咨询，设立心理咨询网站，传播心理知识，开设在线心理咨询。例如，QQ 咨询、微信咨询等。

延伸阅读——思而学不殆

网络成瘾与亲子关系

青少年网络成瘾和家庭状况有很大关系，有三种家庭最容易出现网瘾少年：专制型家庭，溺爱型家庭，忽视型家庭。

专制型家庭父母习惯性地试图控制孩子的前途。对孩子交朋友、学习、外出等都进行严格的控制，这样的孩子就可能形成一种服从、懦弱、胆小、人际交往比较差的性格。这种控制的压抑到了青春期以后会突然爆发出来，不听家长的管束，很容易陷入网瘾。

溺爱型家庭中的父母对孩子总是没有原则地迁就。这在母亲担当家庭教育主要责任者的家庭里尤为明显。因为家庭关系中，父亲相对比较理性，对孩子要求严格；而母亲相对比较感性，对孩子宠爱有加。正是因为母亲对孩子过于溺爱，才容易被孩子左右，无法做到科学地教育和引导孩子健康成长。长此以往，容易导致孩子对网络失去免疫力。

忽视型家庭中的家长对孩子放任自流，很少与孩子进行交流。忽视孩子面临的各种学习生活问题，忽视孩子的情感需求，忽视对孩子进行学习和为人处事的问题的指导。被忽视的孩子，他们各方面的心理需求无法得到满足，只能在网络上寻找慰藉。这种忽视型家庭中的孩子一旦上网成瘾，将非常难以纠正。

第三节　网红的那些事

故事导入

"90 后"古风美食播主李子柒最近在海外走红。这个四川女孩的微博粉丝超 2100 万，抖音粉丝超 3000 万，海外社交媒体上的全球粉丝超 700 万，视频作品经常收获上百万乃至上千万的浏览量。李子柒的视频中展现了从田间地头到风趣雅事，向世界展现了一个多元而美丽的当代中国。

共青团中央官方微博给她的评价是：“致敬每一名为梦想拼搏的年轻人、致敬每一名兢兢业业不负时光的少年。祖国因你的勤奋而自豪，奔跑吧。”

一、什么是网红?

网红是网络红人的简称，是指具有个性化魅力的个人，通过借助各种互联网媒介(社交平台、视频平台等)，在与网民的互动过程中，通过极强的互动能力吸引大批粉丝关注从而走红的人(《2016 年中国网红生态研究报告》)。在现实生活或者网络中，网红因为某个事件或者某个行为而被网民关注，他们的走红皆因为自身的某种特质在网络作用下被放大，有意或无意间受到网络世界的追捧。因此，网红的产生是在网络媒介环境中，网络推手、传统媒体以及受众心理需求等因素共同综合作用的结果。

网红既包括作家、企业家等在现实社会具有一定影响力的人，也有段子手、微商等草根群众。

网红的发展经历了以下几个发展阶段：

1. 网红 1.0——文字时代

1994 年，一条 64K 的国际专线接通，标志着中国的互联网时代正式开始。网络文学的迅速发展是这个时代的特征，比如《盗墓笔记》的作者南派三叔、《素年锦时》的作者安妮宝贝，他们以标新立异思路和风格打开了网络文学的大门。之后网络作家如雨后春笋般大量涌现，成为中国网红的雏形。

2. 网红 2.0——图文时代

2000 年以后，网红进入了“发展期”，互联网技术的提升，让人们不再满足于单调的文字阅读，而追求富有直观刺激的图片阅读，中国进入了读图时代。这一时期，大家喜欢在博客中发表文字后上传图片，以表达自己的心情。图文时代的网红类型更为多样化，不论是唯美动人的还是低俗丑陋的，只要足够新奇能够博人眼球都可以在网络上迅速走红。如“大放厥词”的凤姐、“豆瓣女神”张辛苑等。这一时期的网红的行为和语言，也得到了网友的效仿，形成了一定的影响力。

3. 网红 3.0——宽屏时代

2008 年之后，微博、微信、抖音等各种网络平台的出现，将网红推进了人们的日常生活中。2016 年网红大量涌现，其影响力扩大至全国，2016 因此被称为“网红元年”。在这之后，各类网红层出不穷，如歌唱类主播冯提莫、游戏主播卢本伟、段子手 papi 酱等，除此之外还有美食主播、美妆主播、穿搭主播等多元多领域的主播，抖音、微博、斗鱼直播、花椒直播等直播平台成为直播的沃土。博主们运用文字、图片、小视频、视频直播等形式进行直播，其内容涵盖户外活动、游戏、健身、美妆、美食、歌曲、舞蹈等。这些网红大多是由专业的商业团队打造，利用网络直播变现或者是与商家合作推广实现流量变现，体现出了产业化的特点。

课堂互动——好知者不如乐知者

说到网红你会想到谁？带给你怎样的影响？

二、网红产生的原因及影响

网络的普及，让更多的人在网络上被大众熟知，网红大多拥有高颜值、多才艺，善于把握粉丝的心理，捕捉社会的热点。网红丰富了我们的业余生活，也给我们的生活带来了很多影响。

（一）价值取向向多元转变

随着市场经济的发展，人们的价值取向趋于多元化，网民参与社会事件的主体意识不断增强，特别是大学生这个群体，他们更加渴望向大众展示自己、表达自己的观点。网红就是人们观点表达的集合，大学生追逐网红反映出社会价值观向着多元化变迁。

（二）个人目标偏向世俗化

2018 年，万达集团王健林的一句"定个小目标，先赚它一个亿"蹿红网络，民众在感叹的同时也继续为自己的"小目标"奋斗着。大学生处于朝气蓬勃的年龄段，对未来有着信心和勇气，也更加渴望获得成功，在社会大环境和逐利心理的驱使下，更倾向于现实的、近期的、短期的社会理想。

（三）追求内容新奇化

网红的催生很多是满足了人们强烈的好奇心。例如大胃王的走红让人好奇人到底能够吃多少食物、是否真吃，明星的真实生活如何等。内容的新奇正好符合大学生追求新奇的心理。

（四）表达需求的满足

人们往往越缺少什么，越关注什么。很多人关注网红来源于一种向往，人们在头脑中会有很多想法，但是在现实生活中没有办法实现，网红呈现出的世界正好符合人们的心理。形形色色的网红呈现的就是人们心中某种理想化的生活。

延伸阅读——思而学不殆

网红经济对大学生消费行为的影响

1. 积极影响

拓宽了大学生的眼界，能够满足大学生的好奇心；可以享受网络红利带来的便利，如能够购买到性价比高的生活、学习用品；受到部分网红传达给网友的积极乐观、严谨认真的生活、工作态度的影响，产生粉丝效应，有利于促进大学生树立良好的人生观念并设立积极的人生目标。

2. 消极影响

（1）盲目跟风攀比：部分网红在直播中鼓吹的所谓时尚潮流，会造成大学生的过度消费。同时大学生会把学习、交友时间用来看直播或短视频。有时在攀比心理的驱使下会在超出自己或家庭经济能力的情况下通过网贷满足自己的虚荣心。

（2）物质大于精神：网红直播的内容覆盖大学生日常的方方面面，其中的直播带货和搞笑娱乐受到多数大学生的喜爱。大学生不但在此花费更多的时间和精力，更有甚者懈怠学业、追求物质、也效仿网红自制视频、直播带货，从而忽视了精神层面的提升，影响了自身的正常成长和学习。

（3）迷失于网络：相较于其他成年群体，大学生群体的分辨能力及自身的思想意识尚未完全形成，网红的不良言行举止会给大学生在思想上、观念上、行为上带来恶劣影响，使其迷失于网络，并对网络产生依赖。

三、网红的成功秘诀

（一）内容为王，注重品质

网络时代的社交媒体不断发展，改变了受众对于信息接收路径的同时，各种良莠不齐的信息在不同的平台呈爆炸式出现，在眼花缭乱的网络视频中想要获得关注，一定要选择有持续性的、可精雕细琢且带有原创性的内容，这样才能获得长久的关注。

（二）弘扬积极健康的文化

庸俗且博人眼球的内容只能够吸引一时的关注，短视频平台在快速发展的同时，内容产品的规范和管理也会紧随其后，短视频平台也必须加强管理，在内容品质方面做到积极健康向上，如此才能保障整个短视频行业有序发展。

（三）增强跨界整合

追求多元内容是当下人们审美的必然趋势，整合多领域的资源是如今互联网发展的常态。例如，文化整合，加入其他行业的元素，则可以获得更多关注。

心灵思考——学而思不罔

通过学习我们知道网络世界在给我们的生活带来无限便利的同时也影响着我们的生活，所以，我们要学会合理上网，健康上网。大家快来实践一下吧！这是一张上网时间表，以一周为一个周期，检测一下同学们的上网情况，每天给自己一个评价，请同学们认真填写。

上网时间表

星期	上网时间	上网内容	是否主动下线	是否拖延	自评分
星期一					
星期二					
星期三					
星期四					
星期五					
星期六					
星期日					

课堂互动——好知者不如乐知者

关于网红现象调查

调查目的：为了详细了解大家对网红的看法，从而推断网红的影响力，了解大众的审美和价值观。

调查对象：在校大学生。

调查方法：问卷形式进行调查。

调查内容：

1. 您的年级是（　　）？

A. 大学一年级　B. 大学二年级　C. 大学三年级

2. 您听过"网红"一词吗？（　　）

A. 是　B. 否

3. 您是否常常在网络上看到关于网红的信息？（　　）

A. 是　B. 否

4. 您是从哪里看到关于网红信息的？（　　）

A. 微博　B. 微信　C. 新闻　D. 直播　E. 其他：＿＿＿＿＿＿＿＿

5. 您觉得网红会对您的审美和价值观产生影响吗？（　　）

A. 是　B. 否

6. 您关注哪些类型的网红？（　　）

A. 美妆　B. 美食　C. 宠物　D. 学习　E. 广告　F. 整容　G. 服饰穿搭

H. 其他：＿＿＿＿＿＿＿＿

好影推荐——光影共徘徊

《头号玩家》

故事发生在 2045 年，虚拟现实技术已经渗透到了人类生活的每一个角落。詹姆斯·哈利迪一手建造了名为"绿洲"的虚拟现实游戏世界，临终前，他宣布自己在游戏中设置了一个彩蛋，找到这枚彩蛋的人即可成为绿洲的继承人。要找到这枚彩蛋，必须先获得三把钥匙，而寻找钥匙的线索就隐藏在詹姆斯的过往之中。韦德、艾奇、大东和修是游戏中的好友，和之后遇见的阿尔忒弥斯一起，五人踏上了寻找彩蛋的征程。他们所要对抗的，是名为诺兰索伦托的大资本家。

第四篇

星光不问赶路人

正如一首歌中所唱："好好活着就是生命有意义。"一个对生命尊崇与敬畏的人，才能让自己的人生绽放光彩。大学生群体面临着众多压力，如学业压力、人际交往压力、就业压力等。压力既是动力，可以鼓励个体不断努力奋斗；又是学习和生活上造成各种困惑和心理疾病的来源之一，使得个体身心疲惫，不利于个体的身心健康。我们时不时便能看到这样的新闻，某高校大学生因就业压力、学习压力过大而选择轻生。面对这些生命的消逝，大家会有怎样的触动与思索呢？

有压力并不可怕，可怕的是我们面对压力时的不良态度。在压力这座大山的山脚下，有的人还没有攀登，就早已失去信心，直接跳下山谷；有的人却可以坚持信念，勇敢前行，最后登上山巅，一览壮美的景色。人生从来都不是一马平川的坦途，而是重峦叠嶂的险地，走在这样崎岖不平的人生之路上，唯有珍爱生命，勇抗压力，才能尽情饱览生命的精彩！奥斯特洛夫斯基曾这样说过："人最宝贵的是生命，生命属于每个人只有一次。人的一生应当这样度过：当他回首往事的时候，不因为虚度年华而悔恨，也不因为碌碌无为而惭愧。""再漫长的生命在时光的海洋里不过是白驹过隙，我们没有理由任意挥霍它、践踏它。我们应该让生命绚烂地绽放，即使是惊涛骇浪，我们也要溯流而上！"生命只属于我们每个人一次，我们应该好好珍惜自己的生命，活出人生该有的价值与意义。我们的生命应该是破茧成蝶的过程，而不是守候翩翩起舞的美丽。双耳失聪却创作出世界名曲的贝多芬，身处无光、无语、无声的世界却把光明传播到全世界的海伦·凯勒，遭遇宫刑却愤而作书的司马迁，把一生都奉献给兰考人民的焦裕禄……无数的英雄儿女，不甘平凡，使生命绽放出耀眼的光芒！是生命那火一般的力量，让对他们而言不公平的命运变得熠熠生辉！如果这些如花一样的生命，就因一时的冲动凋零在青春飞扬的时刻，是多么可惜！岁月如歌，生命如花。同学们，请相信自己，生命可贵，成长不易，每一个生命都有资格、有机会获得幸福的极致体验，并且幸福可以学来，幸福可以到永远。终身成长的过程就是追求幸福的过程。积极心理学研究的是如何实现美好的未来，假如你发现自己山穷水尽、一筹莫展、万念俱灰，请不要放弃。天无绝人之路，本篇的积极心理学将带你走过阴霾迷雾，进入优势和美德的高原，最后到达持久性自我实现的高峰——生命意义和生命目的。

第九章

逆风而行，向阳而生
——压力管理

📖 **思政小课堂**

抗压能力强，尤其是能够把压力真正转化成动力，甚至风轻云淡地处理掉，也是人的一种"软实力"。大学生的生活学习中会出现各种大小不一的压力，大家要寻求自我调节方式，加强自我认知、转变就业观念、提高抗压能力，才能乐观面对生活，面对社会，面对各种挑战。

✔ **课程引导**

小军出生于农村，从小学习刻苦，希望考上一所好大学，找一个好工作，以后出人头地。但事与愿违，高考失利，使得自己被迫就读于一个普通专科院校。进入大学之后，发现大学的课程学习并不是自己想象的那般轻松自如，课程学习兴趣减退，成绩不尽如人意，并且恶性循环，还迷恋上了网络游戏，沉迷其中不可自拔。有时恍惚警醒，感觉这样的生活、学习状态对不起家人，但似乎很难从这种"堕落"的状态中抽身出来，自己很难过、很自责，情绪愈发暴躁，性格也变得格格不入，人际关系出现问题，非常苦恼。

案例中的小军所面对的都是大学生常见的压力。高考失利、紧张不适的学习、内心不平衡的挣扎与冲突等都会给大学生带来极大的压力，这些压力可能源自家庭对我们的期望，也可能源自对自身的要求，还有可能源自同学间、舍友间、恋人间的人际冲突。

古人云：人生不如意之事十之八九。在生活中，我们经常会遇到这样或者那样不如意的事情。面对这种"受挫"，即使平时的我们很优秀、能干，但如果没有对压力的合理认知，没有有效的压力应对策略，我们同样也可能被这些压力压垮。在一个人的一生中，挫折与压力是不可避免的。因此，了解挫折与压力以及了解应对它们的方法显得极其重要，希望大家通过对本章节的学习，能科学面对挫折与压力，逆风飞翔。

第一节　什么是压力及挫折

📖 故事导入

贺某，高职大三男生，最近一周入睡困难，早醒，上课时注意力也不能集中，在图书馆自习时总担心有人盯着自己，会有强烈的不安全感。在寝室里，室友进出关门时觉得声音大，放音乐时觉得室友故意针对自己，但又不好意思与室友沟通，怕发生冲突。自己觉得如果说出来会显得自己小气。面临毕业，他很茫然，不知道毕业后如何与人相处，自己家庭条件不好，担心找不到好工作，无法挑起养家重担。很想像其他同学一样积极准备专升本考试，但无法静心学习，也不想准备毕业面试等一系列事情。

> **课堂互动——好知者不如乐知者**
>
> 进入大学至今，你遇到的挫折有哪些，你又是如何应对的呢？
> 压力和挫折无处不在，无时不有。人的一生中都会遇到各种各样的坎坷，会导致我们情绪低落，不能释怀，关键是要能正视压力和挫折，从失败中汲取经验，从挫折中走出来，这是我们的成长课题。

⚛ 知识链接

一、压力与挫折的含义

压力（stress）原是物理学上的一个概念。1936 年加拿大生理学家汉斯·塞利开始将压力的概念引入医学和心理学。他认为，压力是表现出某种特殊症状的一种状态，这种状态是由生理系统中应对刺激反应所引起的非特定性变化所组成的。

挫折与压力往往是一对孪生兄弟。挫折指的就是当我们为了达到某种目的或者实现某个愿望而进行相应的活动时，由于一些无法克服的困难、阻碍或者干扰，使我们的目的无法达到，愿望无法满足，心理上产生的紧张、焦虑的情绪状态和反应。例如，当参加重要考试或重要面试时，本以为胜券在握，可是考试成绩公布后发现，自己不但没能通过考试，还比那些没认真备考的考生考得更差，于是心生郁闷，甚至觉得不公平，暗自生气，还有种挫败感。

二、压力与挫折的构成要素

（一）压力的构成要素

维顿和罗伊德认为，挫折、冲突、变化和压迫感是心理压力的四种构成要素。

1. 挫折

挫折源于阻碍你获得需要满足和目标的事物，如负面的人际关系、失恋、学习落后、孤独、自卑等。

2. 冲突

冲突是由于两种或者更多矛盾的动机或者行为冲动竞争而产生的，例如，"鱼和熊掌不能兼得""实在不喜欢这工作，但是如果不做又没有钱赚""那个女孩我很喜欢，但是不在同一个城市，要异地恋，谁知道以后会怎样"。

3. 变化

变化能加剧压力，尤其是要重新适应生活环境的变化。霍曼和瑞希关于压力生活事件与身体疾病关系的经典研究发现，人际关系变化、职业生涯变化、经济变化经常是压力性的，即使这些变化是积极的。

4. 压迫感

压迫感以特定的方式行动的期望和需要，在现代生活中非常常见。

人们对压力主观体验的差异，可以解释为什么在同样的压力环境下，不同的人有不同的反应。例如，同一门考试，有人觉得 60 分就已经够了，而有人得了 90 分还不满意。前者觉得考试及格，能拿到毕业证、学位证就是成功，后者则认为只有门门考满分，才能有更好的机会继续深造或有更多的就业选择。因此，对这两种对考试成绩有着不同解读和评价的人而言，由考试所带来的压力程度是不一样的。

（二）挫折的构成要素

挫折的组成要素有挫折情境、挫折认知和挫折反应。

1. 挫折情境

每个人做事总是有目的的，但是很多时候，事情不会完全按照我们所设想的那样发展。挫折情境就是那些对达到目的或者实现愿望造成困难、阻碍或者干扰的情境，它包括机体内外的客观环境条件。例如，着急赶飞机，可就是打不到出租车；想要竞选学生会干部，但一上台演讲就说不出话；考试的时候，明明前一天刚复习的内容就是想不起来等。

2. 挫折认知

光有挫折情境还不足以构成受挫的体验。例如，上面所举的三个例子，着急赶飞机却打不到车，你若想赶不过去就算了，改签下一班飞机；竞选学生会干部在演讲时说不出话，可以将这次经历当作对自己的一个提醒，说明自己的心理素质有待提高；考试时想不起来复习过的内容说明自己复习不够充分，还需要继续努力。由此可见，当遇到挫折情境，目标受阻的时候，是否感觉受挫还取决于我们对压力情境的看法。挫折认知是指我们对阻碍目标或者愿望实现的情境的认知和评估，包括对实际存在的困难和阻碍的评估。每个人对造成压力的情境评价不同，感受也不尽相同。

挫折认知还包括对想象中的阻碍目标或愿望实现的困难的评估。我们在做事情的时候，会预先对可能发生的状况进行预测，然后思考如果这样的情况发生，要如何处理。可是有的时候，我们自己会夸大可能遇到的困难和阻碍，这时候也会妨碍实现目标和愿望，让我们有受挫的感觉。

3. 挫折反应

人们承受挫折的时候可能会心情变糟。例如，打不到出租车的时候，我们会着急、烦躁；演讲的时候说不出话，我们会感到懊恼、郁闷；考试的时候想不起来复习过的内容，我们会焦虑，甚至愤怒等。挫折反应即一个人的需要或者愿望得不到满足，并且将之知觉为压力所产生的反应，不仅包括情绪上的反应，也包括行为上的反应。例如，有些人受挫的时候可能会暴跳如雷，甚至破口大骂，做出一些冲动行为；而有的人则可能在压抑自己的情绪之后寻找克服解决困难和阻碍的办法。

挫折情境、挫折认知和挫折反应三个要素共同构成挫折体验。也就是说，一个人遇到了阻碍目标或者愿望实现的情境，并且认为情境中的阻碍和困难对自己实现目标和愿望有不利影响，心理上产生了不愉快的感觉，就构成了现实的受挫。但并不是必须三个要素俱全才能够构成挫折。只有挫折认知和挫折反应同样可以构成挫折。比如，在上台演讲之前一想到自己要站到讲台上就会害怕，觉得自己讲不好，心里焦虑不安，最后焦急之下干脆放弃了演讲。这时个体所料想的情况并没有实际发生，只是个体觉得可能会发生，并认为可能发生的情况很糟糕，会对自己造成较坏影响，并在此基础上产生受挫的感觉，这样挫折就形成了。也就是说，只要有挫折认知就可以造成挫折，挫折情境和挫折反应并不是构成挫折的必需要素，但这两个要素都受到挫折认知的调节。

第二节　大学生常见的挫折心理

📖 故事导入

忙碌的小琳

大学生活已经开始了将近一年的时间，而对小琳而言，似乎总有做不完的事情等着她。小琳每天都是寝室里起得最早的人，她利用一切时间去学习，通常一直忙到晚上11点才会回到寝室休息。这样的生活节奏让小琳接近崩溃。随着课程学习的加深，她慢慢发现，越来越多的知识需要在课外进行补充，可是平常空闲的时间安排已经不足以让她有足够时间进行学习。为此，她不断压缩吃饭和睡眠的时间，久而久之，小琳的身体终于承受不了这样的高压生活。和老师及医生沟通以后，小琳发现，原来自己缺乏的并不是时间，而是对压力的调节方式，压力使得她的时间利用率大幅度降低；经过适当调节以后，小琳不但提高了学习效率，而且空闲时间也似乎多了起来。

大学生是风华正茂的年轻人，其生理、心理均趋向成熟。但由于受人际关系不良、经济困难、失恋、学业受挫等影响，常造成心理障碍。根据一项以全国 12.6 万大学生为对象的调查显示，约 20.23% 的人有不同程度的心理障碍。某大学学工部两次对入学新生进行全面的心理测查，结果表明，25% 的学生存不同在程度的心理障碍。据统计，因各种心理疾病而休、退学的大学生人数已占总休、退学人数的 50% 左右。

知识链接

一、大学生常见的挫折心理

（一）对职业前景的迷茫

在上大学之前，考上理想大学就是学习的目标。可是到了大学，自由的时间多了，有些大学生却迷茫了，不知道该干什么，甚至也不知道自己未来的路应该怎么走。在这种情境下，一些大学生开始困惑：自己的未来应该是什么样的？自己的未来在哪里？接下来的人生路该怎么走……没有了明确的目标；一些大学生感觉空虚、焦虑、紧张、不安，有一种受挫的感觉。

（二）对大学生活的不适应

大学生活与高中生活有明显的不同，大学生活更多地需要学生发挥自己的自主性和独立性，而不再是中学时代一直有老师和家长管束。从事事有人管，到事事无人问，一些大学生很难适应这种转变，尤其是那些曾经获得了老师、家长和同学更多关注的大学生。还有些大学生可能是第一次离家，从来没有体会过独立生活的滋味，突然间要适应"一切都要靠自己"的生活，也会产生挫折感。

（三）对大学学习的不适应

大学学习与中学有着本质的不同，中小学时代的主要教育模式是老师在上面讲，学生在下面听的讲授式教学，老师的主要职能是传播知识。但是到了大学，知识量增加了，而且很多时候，老师讲的观点不都是确定的，需要自己去思考。大学老师真正成为引路人，而不再单纯是知识的传递者，老师所讲的内容变成了可以质疑和讨论的观点，而不是像高中的时候那样理解、应用就行。这种学习方式的变化让许多习惯中学讲授式教学的学生感觉不适应。

（四）人际交往不顺

与人相处是一门艺术。任何年龄段的人都可能会遇到交往问题。对于大学生来说，较常遇到的就是与同学、老师的交往受挫。在大学里，很多学生觉得大学中同学之间的感情没有高中时纯真了，似乎难以交到真心朋友，感觉自己很孤独。大学老师也跟中学老师不一样，课堂之外几乎见不到。感觉在大学里，想找个人谈谈心都很难。殊不知，很有可能是自己没有学会如何更好地与人交往，所以造成了自己的困境。

另外，大学生由于身心发展达到了成年人的水平，恋爱开始成为大学生生活的组成部分。与异性建立亲密关系的经验缺失，会导致个体在恋爱中遇到这样或那样的挫折。

（五）情绪问题

我们经常能够听到一些学生说"烦着呢，别理我！""郁闷中……"身体会感冒，人的情绪也会感冒。可是，当情绪出现问题时该如何调节呢？心情不好，却不知道该如何调整也是大学生经常遇到的问题。

心情不好给一个人带来的挫折不只是自己感觉不愉快，它还可能会影响做事的效率，干扰能力的发挥，影响与他人的关系，给人带来更多的挫折，而受挫又会使人的心情更差，形成恶性循环。

二、大学生面对压力与挫折的反应

我们遇到挫折的时候会有许多反应，而且不同的人反应也不尽相同。有的人淡定，有的人焦虑，有的人积极应对，有的人消极逃避，有的人奋发图强，有的人一蹶不振。归结起来，人的挫折反应主要表现在三个方面：情绪上的反应，认知上的反应以及个性上的变化。了解人在挫折面前的反应，对于我们提高自己对挫折的认识及应对能力是非常有意义的。

（一）情绪上的反应

情绪上的反应是人们在遇到挫折时最直接，也是最快的反应。常见的挫折情绪反应有焦虑、恐惧、愤怒、冷漠、抑郁和悲伤等。

1. 焦虑

焦虑是一种担心不好的事情将要发生时所产生的紧张、忧虑、不安的情绪状态。当一个人焦虑的时候，往往会有点神经过敏、杯弓蛇影，对任何事情反应都比较强烈。另外，在焦虑的时候还会有些外在的行为表现，如走来走去、坐立不安、手脚发抖，有时候还会出汗、尿急、食欲不振、乱发脾气。

2. 恐惧

恐惧是当面对可怕的结果或者刺激的时候所产生的想要逃避的强烈的情绪反应，它是人们感知到真实的危险后所做出的本能反应。恐惧对个体具有保护作用，有助于个体远离危险的威胁，保护自身安全和避免危害。常见的恐惧反应有发呆、逃避、防御、攻击、屈服和让步等。

3. 愤怒

当一个人的目标受挫的时候很容易愤怒，这是一种对目标无法达成的不满、不甘的情绪。这个时候个体往往会失去理性思考的能力，什么东西都抛诸脑后，不管不顾。愤怒的时候可能看什么事情都不顺眼，甚至横加指责，躯体上会表现为心跳加快，身体发热、发紧等反应。愤怒往往需要经过发泄才能够平静，但这样却会对他人和自己造成伤害，破坏人际关系。

4. 冷漠

冷漠是指一个人表现出对挫折事件漠不关心的冷淡情绪。换句话说，个体不再对挫折事件进行反应，取而代之的是无动于衷、麻木，好像事情跟自己没什么关系。通常，冷漠是由于长期经受打击却无能为力，经常感到无助无望的结果。但实际上，当事人内心可能依然非常痛苦，只是在外在的变化上看不出来。

5. 抑郁

抑郁指的是人们在遇到挫折和打击后所表现出的悲观、失望的情绪低落状态。当人产生抑郁情绪时会觉得整个世界都是灰色的，没有希望，对自己失去信心，感觉做什么也没用，对什么事情都提不起兴趣来。抑郁的人经常只能看到事情消极的一面，却忽略阳光的一面。

6. 悲伤

悲伤是一种悲哀、伤感、怅然若失、心中空落落的感觉，往往是在人们失去了比较重要的人或物时表现出来的。悲伤的时候人们可能会哭泣。哀莫大于心死，一个人的悲伤情绪达到了一定程度时，可能会变得失魂落魄，对外界的刺激失去反应能力。

（二）认知上的反应

当人们遇到挫折、困难和打击时，会对知觉到的挫折情境和挫折事件进行分析、评估，然后做出相应的判断。对目标进行分析和评估有助于人们了解自己当前所处的境况，对挫折做出相应的反应。例如，评估出现的障碍和困难对所要达成的目标会造成什么样的影响；它们在多大程度上会影响目标的达成；是否要继续坚持自己的目标；如果要坚持目标，那么应该如何应对出现的困难和挫折；目标受阻是否能够通过曲折迂回的办法实现；自己能够从这次挫折之中总结什么样的经验教训……

（三）个性上的变化

个性指的是一个人区别于他人的、稳定的、具有一定倾向性的心理和行为特征，包括性格、能力、价值观、兴趣和需要等。人在经受挫折和困难，尤其是连续的或者重大的打击之后，可能会发生个性方面的变化。

课堂互动——好知者不如乐知者

心理测验1：特质应对方式问卷

当你遇到平日里的各种困难或不愉快时，你通常是如何对待的？请根据自己大多数情况的表现，在对应的选项上打"√"。5代表肯定是，4代表比较肯定，3代表中度肯定，2代表不太肯定，1代表肯定不是。

1. 能尽快将不愉快忘掉。	5	4	3	2	1
2. 陷入对事件的回忆和幻想之中而不能摆脱。	5	4	3	2	1
3. 当作事情根本未发生过。	5	4	3	2	1
4. 易迁怒于别人而经常发脾气。	5	4	3	2	1
5. 通常向好的方面想，想开些。	5	4	3	2	1
6. 不愉快的事很容易引起情绪波动。	5	4	3	2	1
7. 将情绪压在心底里不表现出来，但又忘不掉。	5	4	3	2	1
8. 通常与类似的人比较，就觉得算不了什么。	5	4	3	2	1
9. 将消极因素化为积极因素，如参加活动。	5	4	3	2	1
10. 遇到烦恼的事很容易想悄悄地哭一场。	5	4	3	2	1
11. 旁人很容易使你重新高兴起来。	5	4	3	2	1
12. 如果与人发生冲突，宁可长期不理对方。	5	4	3	2	1
13. 对重大困难往往想不出办法。	5	4	3	2	1
14. 对困难和痛苦能很快适应。	5	4	3	2	1
15. 相信困难和挫折可以锻炼人。	5	4	3	2	1

16. 在很长的时间里回忆所遇到的不愉快的事。　　5　4　3　2　1

17. 遇到难题往往责怪自己无能而怨恨自己。　　5　4　3　2　1

18. 认为天底下没有什么大不了的事。　　　　　5　4　3　2　1

19. 遇到苦恼的事喜欢一人独处。　　　　　　　5　4　3　2　1

20. 通常以幽默的方式化解尴尬局面。　　　　　5　4　3　2　1

计分方式：

1. 请将题目 1、3、5、8、9、11、14、15、18、20 的分数进行累加获得积极应对分数。

2. 请将题目 2、4、6、7、10、12、13、16、17、19 的分数进行累加获得消极应对分。

3. 健康人群中积极应对的均值为 30.26±8.74，消极应对的均值为 21.25±7.14。

心理测验 2：挫折承受力测验

这是一个有关挫折承受力的测试，一共有 30 个题目。请根据自己的实际情况认真回答下面的问题，答案没有对错之分，只需要做出"是"或"否"的回答，并记录自己的答案。做完测验后，你可以根据自己的回答，对照评分办法，了解自己的挫折承受力水平。

1. 你认为自己是个弱者吗？

2. 你是否喜欢冒险和刺激？

3. 你生活在使你感到快乐和温暖的班级吗？

4. 如果现在就去睡觉，你是否担心自己会睡不着？

5. 生病时你依旧乐观吗？

6. 你是否认为家人需要你？

7. 晚睡两个小时会使你第二天明显精神不振吗？

8. 看完惊险片很长一段时间内，你一直觉得心有余悸吗？

9. 你常常觉得生活很累吗？

10. 你是否有一些无话不说的知心朋友？

11. 当考试成绩不理想时，你会感到非常沮丧吗？

12. 你认为自己健壮吗？

13. 当你与某个同事闹意见后，你一直无法消除相处时的尴尬吗？

14. 大部分时间，你对未来充满信心吗？

15. 你有一个关心、爱护你的家吗？

16. 当你在课堂上回答不出问题时，你在课后还会久久地感到烦恼吗？

17. 每到一个新地方，你是否常常会出现问题：如吃不下饭、睡不着觉、拉肚子、头晕等？

18. 即使在困难时，你还是相信困难终将会过去吗？

19. 你有明显偏食吗？

20. 当你与父母发生不愉快时，你是否曾想离家出走？

21. 你是否每周至少进行一次所喜欢的体育活动，如登山、打球、游戏等？

22. 你觉得自己有些神经衰弱吗？

23. 你认为你的老师喜欢你吗？

24. 心情不愉快时，你的饭量和平时差不多吗？

25. 看到苍蝇、蟑螂等小昆虫，你会感到害怕吗？

26. 你相信自己能够战胜任何挫折吗？

27. 你是否常常和同学交流看法？

28. 你常常因为想心事而躺在床上久久不能入睡吗？

29. 在人多的场合或者在陌生人面前说话，你是否感到窘迫？

30. 你是否认为，自己受到的挫折和别人相比，根本算不了什么？

记分与解释：根据你的回答，对照下面的标准计分。

2、3、5、6、10、12、14、15、18、21、23、24、26、27、30 这 15 题，回答"是"，计 1 分，回答"否"，计 0 分；其余 15 题，回答"是"，计 0 分，回答"否"，计 1 分。各题得分相加，统计总分。

总分在 0~9 分，说明你的心理承受能力差，在遇到困难时容易灰心，经常有挫折感。

总分在 10~20 分，说明你的心理承受能力一般，通常能够轻松承受一些小的压力，但遇到大的打击时，还是容易产生心理危机。

总分在 21~30 分，说明你的心理承受能力强，可以在各种艰难困苦面前保持旺盛的斗志。

如果你的挫折承受力较差，或者一般，那么就需要学习一些提高自己挫折承受力的方法，以便自己在未来的学习和生活中能够更好地应对挫折。但这并不是说，挫折承受力强，就不需要提升自己的挫折承受力了。提高自己挫折承受力同样有助于在日后的学习和工作中成功应对挫折，降低应对挫折需要消耗的物质和精神资本。

第三节　压力与挫折管理

📖 故事导入

有一位经验丰富的老船长，当他的货轮卸货后在浩瀚的大海上返航时，突然遭遇了可怕的风暴。水手们惊慌失措，老船长果断地命令水手们立刻打开货舱，往里面灌水。"船长是不是疯了，往船舱里灌水只会增加船的压力，使船下沉，这不是自寻死路吗？"一个年轻的水手嘟囔。看着船长严厉的脸色，水手们还是照做了。随着货舱里的水位越升越高，随着船一寸一寸地下沉，依旧猛烈的狂风巨浪对船的威胁却一点一点地减少，货轮渐渐平稳了。

船长望着松了一口气的水手们说："百万吨的巨轮很少有被打翻的，被打翻的常常是吨位轻的小船。船在负重的时候，是最安全的；空船时，则是最危险的。"这就是"压力效应"。那些得过且过，没有一点压力的人，就像风暴中没有载货的船，往往一场人生的狂风巨浪便会把他们打翻。

思考：

1. 听完故事，你有哪些想法和启示呢？

2. 回忆一个压力事件，想一想，在你应对压力时，你心中自动出现了什么想法？换句话说，在面对压力时，你跟自己说哪些话会让你的压力更大？

一、心理防御机制

（一）什么是心理防御机制

人渴了要喝水，饿了要吃饭，可是在一些情况下，我们渴了或饿了却不能立即喝到水或吃到东西，那怎么办呢？典故望梅止渴和画饼充饥分别说的是渴的时候看着树上的梅子流口水；饿的时候看着画出来的饼，能够暂时缓解饥饿的状态。心理防御机制就是与望梅止渴和画饼充饥类似的过程。当人的心理出现不舒服的状态，如受到伤害，感觉紧张、焦虑的时候，也可以通过某些方式缓解心理上的不舒适状态。一个人缓解内心紧张或者压力状态的一贯方式就是其心理防御机制。

（二）心理防御机制的特点

1. 心理防御机制往往是无意识的

在我们遇到挫折的时候，往往会无意识地做出一些反应。当我们回忆挫折反应的时候，可能会说，在当时那种情况下，什么也想不起来了，或者说也没意识到自己做了什么。这些本能的反应是我们在面对心理威胁的时候习惯了的保护自己的方式，而平时是意识不到的。

2. 心理防御机制具有保护心理不受伤害的功能

当我们的心理受到威胁的时候，防御机制就可能启动，它可以保护我们远离不良情绪的困扰，维护我们的自尊心不受伤害。可以说，防御机制在某种程度上满足了我们的心理需求，使我们因挫折而失去的心理平衡得以恢复。

3. 心理防御机制往往回避了问题本身

心理防御机制通过对个人自身与挫折情境之间关系的重构发挥作用，所改变的是个人对挫折情境的看法、解释等，尽管可以保护我们的心理不受伤害，但由于这样做往往只是通过歪曲、回避或者重新解释现实来满足个人的心理需求，而不是针对挫折情境本身所做的应对反应，所以只能暂时缓解我们的焦虑、紧张等不良情绪，减轻心理压力，而不能解决实际问题。因此，心理防御机制往往对于我们面对现实问题反而是不利的。

4. 心理防御机制与一个人的个性有关

一方面，一个人的个性发展越成熟，越敢于面对困难，因此也就越少利用心理防御机制；另一方面，在遇到挫折时经常使用心理防御机制，这种回避现实困难谋求心理平衡的行为方式就可能固定下来，成为个性的一部分，妨碍其日后对现实的适应。

5. 心理防御机制种类繁多

尽管都是为了回避现实，获得心理平衡，但每个人采取的防御方式可能不同。因此，就会出现各种各样的心理防御机制。常见的心理防御机制有压抑、合理化、反向形成、投射、认同、退行、抵消、补偿、升华、幽默等。

（三）心理防御机制是怎么形成的

心理学家弗洛伊德认为人格有三部分，分别是本我、自我和超我。本我就是人格中的那些欲望和冲动等，当本我起作用时，个体就只想着立即满足欲望，释放冲动，只要快乐就好。然而，现实生活中有着各种各样的限制，如法律法规、风俗习惯，因此，很多时候个体往往不能完全按照自己的意愿来行事，而是要权衡现实的限制，有选择地满足自己的需要，于是自我就开始起作用了，它按照现实原则工作。但这样还存在一个问题，个体的一些欲望在现实中的确能够满足，可是依旧难以坦然地满足自己的那些欲望。这又是为什么呢？这是因为从小到大，父母不断地或有意或无意地告诉孩子哪些事情是不能做的，随着年龄的增长这些"不该做"和"不能做"逐渐内化成了自己的行事准则，构成了人格的超我部分，即我们通常所说的良心，因此超我也叫道德我。

可是，有的时候，本我、超我和现实之间的矛盾不是那么好调和，自我就会产生焦虑，为了缓解这种焦虑，本我发展出一套机制，通过歪曲、否认和逃避等一些手段保护自己不受本我、超我和自我的威胁，这就是自我的心理防御机制。

（四）心理防御机制类型

1. 压抑

当一个人不愿意接受自己的一些情感、冲动或者记忆的时候，可能会将这些东西"遗忘"，这样就不会感到焦虑和痛苦了。但是，那些"遗忘"的情感、冲动或者记忆并不是真的不存在了，只是一个人为了避免产生心理冲突，降低焦虑，将它们压抑到了潜意识里。事实上，它们往往会以一些特殊的方式来显示其存在，如口误、笔误、酒后吐真言等。

2. 合理化

当一个人为了保护自己的自尊心不受伤害而对现实进行歪曲时所使用的策略就是合理化，如阿Q被欺负，不敢还手时说"儿子打老子"。合理化策略主要包括酸葡萄效应、甜柠檬效应和推诿。

（1）酸葡萄效应：指的是将自己想要得到却得不到的东西说成是坏的。简单地说，就是只要不是自己的就都不是好的。例如，自己运动能力比较差，为了保持自尊，就说那些在体育方面比自己强的人四肢发达头脑简单；自己学习成绩不理想，就说那些比自己学习好的同学是书呆子。

（2）甜柠檬效应：简单地说就是只要是自己的就是好的，也许东西本身并没有那么出众，但因为是自己的，所以就大加颂扬。例如，自己家的孩子眼睛小，却说眼睛小聚光有神；自己长得胖，却说身材丰满。

（3）推诿：俗称找借口，因为害怕受到责备、嘲笑，或者为了减轻心理上内疚感，而将事情的原因推到不可控的外部因素或者可以原谅的主观因素上。例如，古语常说的"谋事在人成事在天"。

3. 反向形成

对于自己内心的观念、想法和情感，人们并不总是可以完全接纳，有的时候可能会拼命地压抑那些自己无法接纳的观念、想法和情感，唯恐表现出来被别人发现。但正是由于过度压抑，结果往往会以相反的方式表现出来，这就是反向形成，也包括一个人为了控制自己无法满足的欲望和冲动而表现出的相反的行为。例如，明明很讨厌一个人，但在见到对方时却表现得十分热情，甚至热情到连自己都觉得不可思议；明明喜欢一个人，但见到对方的时候却爱搭不理，有时候还会出言挤兑对方。

区分真实的情感和反向形成的情感的标准就是行为表现是否过分，即行为表现是否超出其本应该有的程度。例如，跟一个人没有那么亲密，却表现得异常亲热，自己都觉得难以理解，这个时候就要考虑是不是有反向形成的作用，是不是因为自己对这个人有极大意见或者非常讨厌他而刻意压抑的结果。

4. 投射

有时候人们难以接受自己的一些想法、情感、欲望及自身的某些特征，就将它们转移到别人身上，或者认为别人也如此，这样就可以使自己免于焦虑不安。例如，一个渴望获得别人关注的人，可能会向别人述说老是有人在看自己，其实是他一直在注意别人；一个人为了满足自己的利益而损害了别人的利益，为了避免内心中产生愧疚感，就说"大家都这样，又不只我一个"。

在某种程度上讲，每个人都是生活在自己投射的世界里面的，所以我们经常会说："我觉得事情应该就是这样的""谁谁就是那样的人"……我们用自己的想法揣度着世界，揣度着别人，这样有助于我们处理事情、理解他人。但是，因为我们不是他人，所以这种投射又具有一定的局限性，因为我们无法确知别人是不是真的如此。

5. 认同

认同也叫作同一化，或者仿同，是指一个人为了缓解现实中无法达到的目标所带来的焦虑，或者为了适应环境和角色等，而无意识地去模仿他人的特点，并将之当作自己的特点，以在心理上达到一种满足的状态。一般情况下，模仿的他人往往是自己敬重或者喜欢的人。例如，个人在成长过程中性别角色的获得，通常男孩是通过对父亲的认同而学会了如何做一个真正的男人；女孩则是通过对母亲的认同而习得了一个女人应该怎样行事。又如，青春期的孩子喜欢某个电影明星或者电视角色，可能会有意无意地模仿对方的一些行为或者特征，以获得现实生活中无法实现的心理上的满足感。

6. 退行

一些人在遇到较大的打击或挫折的时候会以一种非常幼稚的行为进行反应，这就是退行。例如，忽闻亲人离去时，有的人可能会一下子呆住，不知所措，只知道哭泣；一个中年妇女在大街上跟人吵架，吵着吵着突然躺在地上像小孩子一样撒泼；《天龙八部》中的老顽童周伯通的很多孩童式的行为也属于退行的表现。

7. 抵消

抵消是指人们在发生不愉快的事情之后，为了弥补内心的缺失感、愧疚感、罪恶感等情感，可能会进行一些象征性的活动或者仪式性的动作以使自己的内心平静，降低紧张焦虑的情绪。研究表明，类似于基督教的洗礼，通过洗礼可以使人们内心中的罪恶感减轻。简单地说，抵消就是一个人犯了错，可以通过一些象征性或者仪式性的活动让自己的内心感觉好一点，如考试没考好，觉得对不起父母，让他们失望了，回家之后拼命帮父母干活，这样做之后心里似乎舒服了一些。

8. 补偿

当一个人在某些方面具有先天的或者难以弥补的后天不足时，他可能会感到焦虑，心里不平衡，甚至产生自卑，为了缓解心理上的焦虑，获得内心的平衡，弥补自卑，个体可能会通过其他方面的卓越表现来补偿自身的不足。在生活中，一些大学生在学业上的成绩不理想，转而发展自己的人脉和关系网络，培养自己的人际交往能力，并在社会实践中取得优异的表现。

9. 升华

个体将遇到挫折或者愿望无法满足时产生的愤怒、不甘等情绪，以外部世界能够接受的，有利于社会发展、文明进步的方式表现出来，并且因此而创造出一定的社会成就，这就是升华，即通常所说的"化悲痛为力量"。

歌德在年少的时候追求自己心仪的女孩子，却遭到对方的拒绝，最后成就了《少年维特之烦恼》；曹雪芹数十年的辛酸泪化成了《红楼梦》；旧中国的动荡和混乱造就了文学巨匠鲁迅。生活的苦难和磨砺让人内心痛苦，却也给了人走向成功的动力。当人们将苦难与悲痛化作前进的动力时，不仅可以宣泄和消除心中的不良情绪，也有助于个人的自我实现。

10. 幽默

有些人在遇到让人尴尬或者难堪的情境时，会以一种轻松愉快的方式化解尴尬难堪的局面，我们称为幽默。幽默不是对问题的回避，而是直面问题，并以恰当的方式做出反应，既不伤害别人，又能够合理地表达自己的想法和态度，使处在尴尬情境中的人获得愉快的体验。

据传苏格拉底的老婆脾气非常暴躁，而且素来是不分场合地爆发，有一次竟然在苏格拉底会客的时候当着客人的面跟苏格拉底大吵大闹。但是苏格拉底却非常淡定地笑道："好大雷霆呀！"客人走的时候苏格拉底出来送客，他的老婆更过分地将一盆凉水直接泼到苏格拉底头上，苏格拉底却依然淡定，笑道："我就知道，雷霆过后必有大雨！"苏格拉底的一番幽默不仅化解了自己的尴尬，而且据说他老婆还进行了深刻的反省，下决心改掉自己的暴躁脾气。

课堂互动——好知者不如乐知者

心理防御方式问卷（DSQ）

请仔细阅读每一个问题，然后根据自己的实际情况认真填写，不要去猜测怎样才是正确答案，因为这里不存在正确或者错误的问题，也无故意捉弄人的问题。量表共有88个问题，每一个问题有9个答案。答题标准用数字表示为：1，完全反对；2，很反对；3，比较反对；4，稍微反对；5，既不反对也不同意；6，稍微同意；7，比较同意；8，很同意；9，完全同意。请注意：每个问题只有一个答案，每个问题都要回答，把标准看懂后再回答。

1. 我从帮助他人而获得满足，如果不这样做，我就会变得情绪抑郁。

2. 人们常说我是个脾气暴躁的人。

3. 在我没有时间处理某个棘手的事情时，我可以把它搁置一边。

4. 人们总是不公平地对待我。

5. 我通过做一些积极的或创见性的事情来摆脱自己的焦虑不安，如绘画、做木工活等。

6. 偶尔，我把一些今天该做的事情推迟到明天再做。

7. 我不知道为什么总是遇到相同的受挫情境。

8. 我能够相当轻松地嘲笑自己。

9. 我受到挫折时，表现得像个孩子。

10. 在维护我的利益方面，我羞于与人计较。

11. 我比我认识的人中的大多数都强。

12. 人们往往虐待我。

13. 如果某人骗了我或偷了我的钱，我宁愿他得到帮助，而不是受惩罚。

14. 偶尔，我会想一些坏得不能说出口的事情。

15. 偶尔，我因一些下流的笑话而大笑。

16. 人们说我像鸵鸟，把自己的头埋入沙中。换句话说，我往往有意忽视一些不愉快的事情。

17. 我常常不能竭尽全力地与他人竞争。

18. 我常感到我比和我在一起的人强。

19. 某人正想剥夺我所得到的一切。

20. 我有时发怒。

21. 我时常在某种内在力量的驱使下，不由自主地做出某些行为。

22. 我宁愿饿死而不愿被迫吃饭。

23. 我常常故意忽视一些危险，仿佛我是个超人。

24. 我以有贬低别人威望的能力而自豪。

25. 人们告诉我：我总有被害的感觉。

26. 有时感觉不好，我就发脾气。

27. 当某些事情使我烦恼时，我常常不由自主地做出某些行为。

28. 当遇事不顺心时，我就会生病。

29. 我是一个很有自制力的人。

30. 我简直就像一个不得志的艺术家一样。

31. 我不总是说真话。

32. 当我感到自尊心受伤害时，我就会回避。

33. 我常常不由自主地迫使自己干些过头的事情，以至于其他人不得不限制我。

34. 我的朋友们把我看作乡下佬。

35. 在我愤怒的时候，我常常回避。

36. 我往往对那些确实对我友好的人，比我应该怀疑的人保持更高的警惕性。

37. 我已学得特殊的才能，足以使我毫无问题地度过一生。

38. 有时，在选举的时候，我往往选那些我几乎不了解的人。

39. 我常常不能按时赴约。

40. 我幻想的多，可在现实生活中做的少。

41. 我羞于与别人打交道。

42. 我什么都不怕。

43. 有时我认为我是个天使，有时我认为我是个恶魔。

44. 在比赛时，我宁要赢而不愿输。

45. 在我愤怒的时候，我变得很爱挖苦人。

46. 在我自尊心受伤害时，我就公开还击。

47. 我认为当我受伤害时，就应该翻脸。

48. 我读报时，不是每个版面都读。

49. 我沮丧时，就会避开。

50. 我对性问题感到害羞。

51. 我总是感觉我所认识的某个人像个保护神。

52. 我的处世哲学是："非理勿信，非理勿做，非理勿视。"

53. 我认为人有好坏之分。

54. 如果我的上司惹我生气，我可能会在工作中找麻烦或磨洋工，以报复他。

55. 每个人都和我对着干。

56. 我往往对那些我讨厌的人表示友好。

57. 如果我乘坐的飞机的一个发动机失灵，我就会非常紧张。

58. 我认识这样一个人，他什么都能做而且做得合理正直。

59. 如果我感情的发泄会妨碍我正从事的事业，那么我就能控制住它。

60. 一些人正在密谋要害我。

61. 我通常可以看到恶境当中好的一面。

62. 在我不得不去做一些我不愿做的事情时，我就头痛。

63. 我常常发现我对那些理应仇视的人，表示很友好。

64. 我认为，"人人都有善意"是不存在的，如果你不好，那么你一切都不好。

65. 我决不会对那些讨厌的人表示愤怒。

66. 我确信生活对我是不公正的。

67. 在严重的打击下，我会垮下来。

68. 在我意识到不得不面临一场困境的时候，如考试、招工面试，我就试图想象它会如何，并计划出一些方法去应付它。

69. 医生们决不会真的弄清我患的是什么病。

70. 当某个和我很亲近的人死去时，我并不悲伤。

71. 在我为了利益和别人争斗之后，我往往因为我的粗鲁向别人道歉。

72. 发生与我有关的大部分事情并不是我的责任。

73. 当我感觉情绪压抑或焦虑不安时，吃点东西，可以使我感觉好些。

74. 勤奋工作使我感觉好些。

75. 医生不能真的帮我解决问题。

76. 我常听人们说我不暴露自己的感情。

77. 我认为，人们在看电影、戏剧或书籍时所领悟的意义，比这些作品所要表达的意义多。

78. 我感觉到我有一些不由自主要去做的习惯或仪式行为，并给我带来很多麻烦。

79. 当我紧张时，就喝酒或吃药。

80. 当我心情不愉快时，就想和别人待在一起。

81. 如果我能够预感到我会沮丧，我就能更好地应付它。

82. 无论我怎样发牢骚，从未得到满意的结果。

83. 我常常发现当环境要引起我强烈的情绪反应时，我会麻木不仁。

84. 忘我地工作，能使我摆脱情绪上的忧郁和焦虑。

85. 紧张的时候，我就吸烟。

86. 如果我陷入某种危机，我就会寻找另一个和我具有同样命运的人。

87. 如果我做错了事情，不能受责备。

88. 如果我有攻击他人的想法，我就感觉有种做点事情的需要，以转移这种想法。

DSQ 轮廓分析

因子	防御机制	项目
不成熟防御机制	投射	4, 12, 25, 36, 55, 60, 66, 72, 87
	被动攻击	2, 22, 39, 45, 54
	潜抑显现	7, 21, 27, 33, 46

（续）

因子	防御机制	项目
不成熟防御机制	抱怨	69, 75, 82
	幻想	40
	分裂	43, 53, 64
	退缩	9, 67
	躯体化	28, 62
中间型防御机制	反向形成	13, 47, 56, 63, 65
	解除	71, 78, 88
	制止	10, 17, 29, 41, 50
	回避	32, 35, 49
	理想化	51, 58
	假性利他	1
	伴无能之全能	11, 18, 23, 24, 30, 37
	隔离	70, 76, 77, 83
	同一化	19
	否认	16, 42, 52
	交往倾向	80, 86
	消耗倾向	73, 79, 85
	期望	68, 81
成熟防御机制	升华	5, 74, 84
	压抑	3, 59
	幽默	8, 61, 34
掩饰度		6, 14, 15, 20, 26, 31, 38, 44, 48, 57

DSQ 的统计指标：

A. 四个因子分及因子均分：各因子分为这个因子所包含的所有防御机制得分之和；因子均分＝因子分÷因子所属条目数。因子均分反映的是在某因子上自我主观评价介于 1~9 的程度。四个因子分别为成熟防御机制、中间型防御机制、不成熟防御机制、掩饰度。在某一因子上的均分越接近 9，则使用这种机制的频度越大，其掩饰度则越小。

B. 各防御机制分及均分：各防御机制分反映的是在这种机制上的项目评分之和；防御机制均分＝防御机制分÷防御机制所属条目数。通过这个指标的分数可以了解自己使用某种防御机制的频繁程度。一般分数在 1~9，越接近 9，说明你使用这种防御机制的频率越高。

（本测验结果仅供参考，若有需要请咨询专业人员）

二、用好防御机制 做好压力管理

（一）放松训练

1. 冥想

冥想是全球最流行的压力管理技术之一。何谓冥想？简单地说，冥想是深沉地思索和想象是一种会影响人体各种活动的精神运动。冥想的目的是实现对自己注意力的控制，由自己来决定注意力的集中点，而不是受制于不可预测的外界环境的无规则变化。在冥想训练的最初，最好在一个安静、舒适的环境里进行练习，当你熟练以后，几乎在任何环境下都可以进行冥想。找到安静的场所以后，找一把舒服的椅子。为了防止睡着，选一把靠背挺直的椅子。坐在椅子上，臀部紧抵椅背，双脚稍比双膝靠前，双手自然放在椅子的扶手上或者大腿间，尽量让肌肉放松，但不要太努力，因为努力是工作而不是放松。把注意力集中在呼吸上，闭上双眼，每次吸气时在心中默数"一"，呼气时默数"二"。不要刻意改变或者控制自己的呼吸，呼吸要有规律。坚持这样做20分钟，最好每天练习两次，每次20分钟左右。冥想完成以后，慢慢地睁开双眼，先盯着房间里的某一个物体看，然后把视线转向其他物体。做几次深呼吸，伸展一下身体，然后再起身，舒展一下身体。

2. 瑜伽

瑜伽源于印度，"yoga"一词是从印度梵语"yug"或"yuj"而来，其含义为一致、结合或和谐。作为一种非常古老的能量知识修炼方法，瑜伽集哲学、科学和艺术于一身，是生理的动态运动及心灵上的练习，它的最终目标就是能控制自己，驾驭肉身感官，最终驯服似乎永无休止的内心。

感官的集中点就是心意，通过把感官、身体与有意识的呼吸相配合来实现对身体的控制。这些技巧不但对肌肉和骨骼的锻炼有益，还能强化神经系统、内分泌腺体和主要器官的功能，通过激发人体潜在能量来促进身体健康。瑜伽的姿势有很多种，练习瑜伽可以产生不同水平的内心平静。瑜伽特别强调身体姿势与调息或呼吸控制的整合。

3. 音乐治疗

《音乐之声》的作者阿加莎·冯·特拉普曾说："音乐是把神奇的钥匙，任何紧锁的心门都能被它开启。"音乐治疗是一种非常流行的放松技术。目前存在两种音乐治疗的流派：第一种流派提倡通过歌唱和演奏达到音乐治疗的效果。这种基于治疗领域研究的观点，把音乐治疗定义为：音乐治疗师通过系统地运用音乐改善来访者的情绪或生理状态。第二种观点寻求通过聆听音乐达到放松目的。从这个意义上来讲，音乐治疗被定义为，通过音符的变幻、旋律的跃动和愉快的器乐演奏，体验和调整生理唤醒状态和心境的一种能力。

（二）调整行为方式

王军高中毕业后考入国内一所重点高校，两年来他非常努力，经常"一心两用"甚至"多用"。一方面，对学业投入多，为了保证每门课程都成绩优秀，他上课认真听讲，下课及时复习；另一方面，他还积极投身于学生工作、社团活动。同时他是个追求高效的人，时间表总是安排得满满的，经常是晚上下了自习，再去开社团工作会，很少有休闲、娱乐的时间。不过，王军的脾气比较急躁，一旦学习成绩不如他所愿，或者是社会工作中遇到困难，如同学做的工作不到位或是受老师批评，他表面上不显露出来，心里却常常烦躁不安，通常还会感觉胃痛、肩背肌肉紧张，甚至头晕目眩。

不同性格的人对压力的敏感度不一样。王军就是典型的 A 型人格的人。拥有这类人格特征的人，喜欢竞争、好争辩、有紧迫感、有雄心，这些对于适应快节奏、充满竞争的现代社会是有帮助的。但是 A 型人格的个体又是急躁和充满敌意的，他们用严格的标准来评判自己和他人，并鄙视没有达到他们的高标准的人。结果，他们处于持续的压力中，即使休息时也很难放松，这增加了其患心脏病的可能。

与 A 型人格相对应的另外种人，性格温和、不慌不忙、慢条斯理、不爱与人竞争，这是典型的 B 型人格。在现实生活中，B 型人格的人一样有理想、称职、成功，只是他们做事不那么急迫。但是，B 型人格的人容易随波逐流，所以，这类特点的人应该制定清晰的适合自己的发展规划，以确保自己朝着既定方向努力。同时，B 型人格的人有时不够果断，遇到难题时，要果断处理，不要任其发展；遇到难应付的人时，不要总是以随和的态度对待他们。

课堂互动——好知者不如乐知者

A 型行为的评估

1. 在讲话中你是否过分强调一些词，并且对句子中最后的几个词一带而过？

2. 你行动、吃饭、走路的速度是不是总是很快？

3. 当事情的进展速度不能如你所愿时，你是不是会变得不耐烦或者生气？

4. 你是否经常在同一时间内做几件事？

5. 你是否经常把话题转到你所感兴趣的问题上来？

6. 休息时，你是否有点负罪感？

7. 你是否经常不注意环境中的新事物？

8. 你是否更关心结果而不是过程？

9. 你是否经常在很短的时间内安排很多的事情？

10. 你是否发现你和也喜欢赶时间的人在暗地里竞争？

11. 在交谈时，你是否喜欢用一些有感染力的手势，比如为了强调某一个问题而握紧拳头或敲桌子？

12. 你是否认为行动迅速是成功的关键？

13. 在日常生活中，你是否经常用数字给你的成就打分，如卖出货物的数量、销售汽车的数量、完成的业绩等？

计分方法：

如果多数问题回答"是"，就被认定是 A 型人格的人。

如果一半问题回答"是"，仍被认定是一个 A 型人格的人，但不是极端的 A 型人格的人。

如果你具备上述 A 型人格的特征，建议你不妨把节奏放慢；在简单的行动里去寻找快乐，而不用想是否应该这样快乐；不要因为等待而不耐烦，劳逸结合，利用学习、工作间隙多让自己休息，为自己的每个成就感到高兴、满足。只有改变了这种"急性子"，才能从根本上改变对压力的敏感性，才能使其努力达到事半功倍的效果。

（三）寻求社会支持

社会支持是个体应对压力的重要资源，可以提供社会支持的人包括我们的家人、同学、朋友、老师等。在压力事件中，积极寻找朋友、家人的关心对于减轻压力、减少压力引起的不良反应有着很好的效果。某些同学认为求助是一种懦弱的表现，但实际上有困难时求助于他人并不是懦弱的表现，而恰恰是有勇敢的做法。

心理学研究表明，拥有较多社会支持的人不容易患与压力有关的疾病。朋友和亲属能够提供多方面的支持，能为我们提供信息、忠告、友谊，使我们忘却烦恼，甚至能为我们提供财政或物质上的帮助，让我们感到被爱护和关心、受重视等。社会支持可分为以几类：

(1) 情感支持：给予照顾和关心，提供安慰、依靠、归属及爱护。

(2) 尊重支持：给予重视、鼓励、理解。

(3) 信息支持：提出意见、建议、反馈。

(4) 经济支持：提供物质方面的帮助。

课堂互动——好知者不如乐知者

你得到了多少情感支持

想想你觉得最亲近的 10 个人。对于其中的一些人，你可能没觉得有很强的亲密关系——然而，他们仍然属于你生命中最亲密的 10 个人。

在下面横线上写下他们姓名的第一个字母。

_____

回答下面四个问题，用 1~5 来给每个人打分，1 代表一点没有，5 代表有相当高的水平。

1. 你需要时，这个人会出来帮助你吗？

2. 当你感到消沉时，这个人能鼓起你多少勇气？

3. 这个人使你感到他/她对你很关心的次数多吗？

4. 你觉得对这个人的信任程度是多少？

把你给出的所有人和问题的所有评分加在一起，总分在 120~150 之间是非常有代表性的，并表明当你需要时你能够得到一个相当好的情感支持水平。

（四）学会妥协

妥协是对压力的适应性反应，主要是通过修正对立的想法和行为来做出调整。尤其是当一方的级别高于另一方，或是面对权威，或是双方陷入僵局时，妥协或许是应对压力的好办法。最常见的三种妥协类型是一致、协商和替代。

1. 一致

一致是由于他人的直接影响而改变自己的行为。例如，当导师想对一个新的研究课题进行探索，而将你调入新的课题组。开始时，你可能会很厌烦，因为你已经对前面的课题做了不少工作，获得了一些数据，正准备进行分析，现在一切要从头再来。不过，你还是接受了导师安排，或许是因为你相信导师的选择，新的课题可能会带来更大的专业突破，或许你希望自己能够硕博连读，那么完成好导师布置的任务是更明智的选择。

2. 协商

相对于一致，协商是更加积极的应对压力的方式，在协商的过程中，双方都会做出让步。例如，小强最近和上铺的小鹏闹得不可开交，因为小鹏喜欢玩网游，每晚熄灯后还会用笔记本电脑玩，玩到高兴时，还不时发出声音，搞得小强睡不好，同宿舍另外两人虽然也不高兴，但是也只是简单说说。小强不想忍耐，就用脚踹上铺的床板，搞得两人差点打起来，一个星期谁也没理谁，宿舍气氛很尴尬。事后，小强冷静下来想，虽然小鹏熬夜玩游戏，但是在其他方面对自己还不错，于是他主动找小鹏，为那天自己过激的反应道歉，小鹏也认识到自己的问题，承诺以后熄灯后就睡觉，宿舍又恢复了以往的和谐。

3. 替代

替代是寻求其他可替代的目标，尤其当一致和协商都不能解决问题时，替代也是应对压力的一种办法。例如，王芳是一名大四女生，她希望毕业之后能继续读研深造，但是家庭的经济条件不允许，作为长女的她，还要帮父母一起抚养正在读高中的弟弟、妹妹，那么毕业后直接读研对于她来说不太可能。但是她可以选择先工作几年，待弟弟和妹妹也上了大学或是工作后，她再回到校园继续读书。

（五）把压力转化成动力

1. 自我激励

美国心理学家发现，一个从来没有或者很少进行自我激励的人最多只能发挥自身全部能力的30%，而那些经常进行自我激励的人，成功的概率超过了80%，几乎是前者的三倍。进行自我激励能帮助我们提高情绪状态，抵制本能所产生的退缩、放弃等消极信念，使思维和行为产生积极的转变。尤其是面对失败、突如其来的困难和恐惧时，我们要学会对自己说："直面困难和恐惧，我的未来可以更美好。"

帕拉奇介绍了自我激励的七个要点：①首先要坚信，每一个困境都蕴藏着一个机遇；②做自己最好的朋友，每天用一些积极的句子鼓励自己；③紧紧跟随自己的梦想，过早放弃梦想会削弱行为的动力；④基本生活原则：坚持、忍耐、不屈；⑤将成功具体化、可视化；⑥像林肯一样，跌倒了爬起来；⑦宽容、原谅自己，因为自责只会抑制创造和前进的动力。这七条建议概括的自我激励的主要内容，具有较强的可操作性。

2. 增强自信

增强自信是应对压力的有效方法。因为自信能够影响一个人解决问题的能力，其作用甚至超过了背景知识的力量。当感到不愉快时，自信可以帮助我们表达自己的权利和感受而不侵犯他人的权利。如当室友有意弄出声响，影响其他人休息时，你可以礼貌地表达你的感受；当你的讲话被他人打断时，你可以说，"对不起，我还没有说完"。当对方可以了解你的真实反应和内在感受时，通常会做出改变。因此，增强自信是一种理性和建设性的压力应对方法，有助于缓解相关的压力。

良好的自信建立在充分估价自我以及对情绪恰当感知的基础之上，确信自己所做的是正确的。同时，自信心的提升还来源于实践经验的成功，例如，经常与朋友交流，了解人们的情绪反应；学习如何对他人的行为进行恰当的回应；通过与人冲突的经历，积累化解矛盾的经验；通过精心策划与筹备，成功举办了班级的新年晚会，等等。这些从压力应对中获得的点滴经验，都会从不同角度让当事人对自己的能力加以肯定，从而提高自信心。

3. 保持幽默感

幽默是一种有疗效功能的力量，幽默能有效减轻生理上的疾病和压力。幽默不仅能抗击压力，而且为挫折和愤怒提供了发泄渠道，幽默允许我们在不对自己或别人造成伤害的情境下表达愤怒等情感。有心理学家对笑声和生理变化的关系进行研究，结果发现，笑能缓解体内的压力，增强心脏活动，降低血压，使呼吸活动加强，加快氧气交换速度，改变大脑波的形式和呼吸节奏，减轻疼痛感，减少与压力有关的激素数量，提高免疫能力。

（六）调整观念

美国心理学家艾利斯提出了心理治疗的 ABC 理论，认为是人们不合理的信念造成了其挫折体验，因此想要改善人们在挫折中体会到的不良情绪，应该从改变不合理信念入手。常见的不合理信念如下：

犯错误是不可原谅的。

做事情就必须做到最好，否则还不如不做。

绝对不能够拒绝别人的请求。

做任何事情都应该有理有据，要不然别人会挑我的毛病的。

事情必须按照我所设想的情况发展。

我们必须时刻对别人的需要敏感。

我周围的人都应该时刻关心我。

一个人的行为应该始终保持一致。

没有人喜欢听别人诉说不开心的事。

少说多做，不能够随便发表自己的意见。

人必须独立，凡事都应该自己面对。

把自己的需要放在他人需要之前就是自私。

如果自己的想法跟大多数人不一样，那一定是自己错了。

……

生活中存在的不合理信念有很多，归结起来不合理信念的主要特征有：绝对化要求、以偏概全和糟糕之极，我们可以通过这三点来识别自己的不合理信念。还有一个更直接的办法，我们可以参照上述所列出的不合理信念，通常情况下，当自己觉得哪一条似乎特别有道理的时候，就说明在我们的观念中存在着这样的不合理信念。

识别不合理信念的目的是最终改变那些不合理的信念，以合理的信念取代它们。如果发现自己头脑中确实存在上述的不合理信念，尝试用下面的合理信念取代那些不合理的信念。试试看，这样做之后，是不是感觉很多让自己郁闷烦恼的事情都变得不再那么令人讨厌了呢？一些想不通的事情似乎也迎刃而解了？与上述不合理信念相对应的合理信念如下：

任何人都不是完人，都有可能犯错误。

我们做事的时候只要尽力而为就好，至于能不能成为最好的不是我们所能决定的。

我有权利拒绝别人。

我做事情不是做给别人看的。

事情如何发展是由主客观因素共同决定的，而不是我个人意志所能左右的。

我不需要时刻关注着别人，对于他们的需要我也有拒绝的权利。

别人没有必要时刻关注着我。

我的行为是由我自己做主的，我有权改变。

当我不开心的时候，我可以跟我信赖的朋友分享我的感受。

我有发表自己意见的权利。

当我需要帮助的时候，我可以向别人求助。

我有优先满足自己需要的权利。

我可以相信我自己，如果我认为自己是对的。

……

当我们能够识别出自己的不合理信念，并成功地将他们转变成合理的信念之后，可以适时给自己一些奖励，这样可以增加以后自觉做出类似行为的可能性。

延伸阅读——思而学不殆

三个泥瓦匠的故事

印度国王哈里什和儿子打猎途经一个城镇，空地上有三个泥瓦匠正在工作。哈里什国王问那几个匠人在做什么。

第一个人粗暴地说："我在垒砖头。"

第二个工人有气无力地说："我在砌一堵墙。"

第三个泥瓦匠却热情洋溢、充满自豪地回答说："我在建一座宏伟的寺庙。"

哈里什国王回到皇宫后，立刻召见了第三个泥瓦匠，并给了他一个总督的职位。国王的儿子问："父王，我不明白，为什么您那么欣赏第三个工匠呢？"

> "一个人有多成功，最终是由他做事时的态度决定的。"哈里什国王回答说，"有智慧的人可以看到事业最后的结果，而不是手头的任务，因为只有这样，才会有克服困难的动力。"

（七）调整抱负水平

抱负水平是人在从事某种实际活动之前，对自己要达到的目标规定的标准。挫折感的产生往往是由于自己的目标过高，不切实际。因此，实时地调整自己的抱负水平，不仅可以减少挫折的发生，而且能锻炼自己的意志力。

（1）量力而行，目标适当：调整抱负水平，不给自己提超出自己能力的要求，这样可以减少挫折发生的概率。

（2）提前准备，避免受挫：当意识到可能出现阻碍目标实现的困难时，提早做准备，或者调整自己的目标，尽可能地避免挫折出现。

（3）知彼知己，百战不殆：我们要对自己的优势和劣势有清晰的认识，在做事之前对所要面对的情况也要有清晰的认识。这样我们才知道差距在哪里，我们需要向哪个方向努力。

（4）知难而退，洒脱豁达：如果发现事情确实不可为，那么就要果断地调整目标，或者直接放弃目标，而不要恋战，平白耽误时间和精力。

总之，遇到挫折时，应审视自己的目标是否得当，所定的目标最好既有一定难度，又能经过一定努力实现。

延伸阅读——思而学不殆

驴子的故事

一天，农夫的驴子不小心掉进了一口枯井。农夫没办法将驴子救出，只得找了几个人帮忙铲土把驴子埋掉。

一开始，驴子悲哀地鸣叫着，但很快就没有了声音。农夫过去一看，让他大吃一惊的是，每一铲土下去，驴子都迅速地把它抖掉，并且都垫到了脚下。很快，驴子便跑出了枯井。

从这个故事你悟到了什么道理？

延伸阅读——思而学不殆

狐狸与葡萄

农夫果园中的葡萄熟了，住在附近的狐狸们经不住诱惑纷纷来到葡萄架下打起吃葡萄的念头。

第一只狐狸发现葡萄架比它的个头高出很多，它根本够不到葡萄，但又不愿放弃这难得的机会，于是它就站在葡萄架下冥思苦想，就在它努力想办法的时候发现葡萄架旁有个梯子，农夫曾经用过它。于是，它学着农夫的样子爬上葡萄架，顺利地吃到了葡萄。(这是问题解决方式，直面问题，不逃避，然后解决问题)

第二只狐狸也发现了身高的问题，它想了想，觉得这个葡萄肯定是酸的，又不好吃，倒不如不吃。于是，它心情愉快地离开了。(这是"酸葡萄效应")

第三只狐狸刚刚读过《钢铁是怎样炼成的》，并深受启发。当它看到高高的葡萄架时便暗暗对自己说：只要我努力不断向上跳，一定能够成功吃到葡萄。结果它越跳越低，最终在葡萄架下累死。(这是"固执")

第四只狐狸一看葡萄架竟然比自己还高，恼羞成怒，一边使劲撕咬葡萄藤蔓，一边叫道："不让我吃我就咬断你，看我到底能不能吃到！"结果让农夫发现，它被农夫打死了。(这是"付诸行动")

第五只狐狸发现以自己的身高根本无法吃到葡萄，于是满地打滚痛哭不止，边哭边叫："我就要吃葡萄，我就要吃葡萄！"(这是"倒退")

第六只狐狸看着葡萄架想：既然我吃不到葡萄，别的狐狸肯定也吃不到，那我还有什么可遗憾的呢？(这是"合理化")

第七只狐狸看到高高的葡萄架，内心顿时一片灰暗，感慨自己连近在眼前的葡萄都吃不到，真是时运不济，命运多舛，一下子心情更不好了，最后郁郁而终。(这是"抑郁")

第八只狐狸绞尽脑汁用了无数方法也没能吃到葡萄，在它听到别的狐狸吃到葡萄的消息时，一怒之下撞死在葡萄架上。(这只狐狸因比较而心生不满，即生活中常见的"不患无，而患不均")

第九只狐狸发现自己吃不到葡萄，但他听说柠檬的味道可能跟葡萄差不多，心想："吃不到葡萄，那我就吃柠檬吧，反正味道也差不多。"于是，它满心欢喜地去寻找柠檬了。(这是"替代")

第十只狐狸发现以自己现有的能力是无法吃到葡萄的，于是它决定努力学习给自己充电，报了一个研究生课程进修班，学习采摘葡萄的技术，最后如愿以偿。(这是"问题指向应对策略")

第十一只狐狸也发现了同样的问题，它眼睛一转，计上心来，他将几个同伴骗到葡萄架下并将其打晕，然后踩着它们的身体吃到了葡萄。(这是"损人利己"的问题解决方式)

第十二只狐狸是个漂亮的狐狸美女。它知道靠自己是无论如何也吃不到葡萄的，于是找了个聪明的男朋友，她的男朋友就是那只学会使用梯子的狐狸，这样她也吃到了葡萄。(这是"补偿")

第十三只狐狸因为吃不到葡萄对葡萄架心生不满，于是怪罪起葡萄架来，它说这个葡萄架太好高骛远了，内心其实并没有表面看上去那么漂亮。发泄完后，它平静地离开了。(这是"抵消")

第十四只狐狸发现自己无法吃到向往已久的葡萄，又看了看落在地上已经腐烂的葡萄和别的狐狸吃剩下的葡萄皮，作呕吐状道："真恶心，哪只狐狸能吃这种东西呢?"（这是"反向形成"）

第十五只狐狸看到自己摘不到葡萄，也愤懑不已，但回到家奋笔疾书，最后出版了一本惊世巨著《十八只狐狸吃葡萄的故事》。（这是"升华"）

第十六只狐狸发现吃不到葡萄后，心中焦虑不已，经常胃疼，消化不良。（这是"转化"）

第十七只狐狸看了看高高的葡萄架说："不就是葡萄吗，有什么了不起? 我爷爷就吃到过，所以我也一样行!"（这是"认同"）

第十八只狐狸看着葡萄架心想：我吃不到葡萄，别的狐狸来了也吃不到葡萄，那我们何不集中力量一起摘葡萄呢? 于是，它动员所有想吃葡萄的狐狸搭成狐狸梯，最终大家都吃到了葡萄。（这只狐狸采取的是"合作"的问题应对方式）

第十九只狐狸在葡萄架下转了一圈，对它的同伴道："你一定特想吃葡萄? 我就不一样，我一点也不想吃。"（这是"投射"）

第二十只狐狸低着头从葡萄架下走过，边走边嘟囔："没看见! 没看见! 我什么也没看见。葡萄一点也不好吃，我也不爱吃葡萄。"（这是"否认"）

课堂互动——好知者不如乐知者

成长三部曲

活动目的：感受成长的压力，活跃团体气氛，体验成长需要。

活动道具：无。

活动步骤：

1. 我们将活动过程比作小鸡的成长状态：蹲着—鸡蛋；半蹲—小鸡；站立—大鸡。

2. 成员们最开始都是"鸡蛋"，然后找同为"鸡蛋"的成员以石头、剪刀、布的方式进行PK，"鸡蛋"对"鸡蛋"赢的晋级为"小鸡"，输的继续做"鸡蛋"；"小鸡"对"小鸡"，赢的晋级为"大鸡"，输的继续做"小鸡"；"大鸡"对"大鸡"，赢的回座位，输的变回"小鸡"，重新再和"小鸡"PK。

3. 最后场上剩下"鸡蛋""小鸡"谈谈感受，希不希望重新再来? 看是不是有机会回到座位?

温馨提示：在PK时，一定要遵守规则，只能同级PK，以规范动作告诉别人你的成长阶段。

思考：

1. 从游戏中你感悟到什么?

2. 看到别人陆陆续续长大时，你有没有感觉到压力?

第十章
向快乐进发
——积极心理学

📖 思政小课堂

一位哲学家说，真正令人满意的幸福总是伴随着充分发挥自身的才能来改变世界。习近平总书记也提到人世间的一切成就、一切幸福都源于劳动和创造。可见幸福是一种体验，更是一种能力。在人的一生中，人们对所从事的工作在不同的人生阶段会有不同的认知，一般会经历从工作到事业再到使命的过程。人生的最大价值在于把自己的智慧和能力奉献给自己钟爱的工作，把有限的宝贵生命与无限的使命追求结合起来，从而为社会进步、国家发展、人类文明做出更大的贡献，创造更大的幸福。作为当代大学生，我们要不断提升自身能力，向快乐出发，这样在我们创造自身幸福生活的同时，也能更好地造福社会、惠及他人，为实现社会和谐、人民幸福贡献力量，收获满满的幸福。

✔ 课程引入

课前采访：请所有的同学根据自己当下的状况来回答正面的问题。

你幸福吗?

2012 年中秋、国庆双节前期，中央电视台推出了《走基层·百姓心声》特别调查节目"幸福是什么"。央视走基层的记者们分赴各地采访包括城市白领、乡村农民、科研专家、企业工人在内的几千名各行各业的工作者，提问的问题都是："你幸福吗?"我们最先听到或者看到的是一位来自清徐县北营村外地的务工人员的"神回复"。央视记者第一次问起这位外来务工人员"你幸福吗"时，他的回答是："我是外地打工的，不要问我。"但当记者再一次问"你幸福吗"，他的回答是："我姓曾。"紧接着采访的是一位郑州的大学生，他的"神回复"也被大家所熟知，当记者问他"你这十年遇到最坏的事是什么"，他的回答是："接受你的采访，队被人插了。"记者还采访了一位靠擦鞋子为生的阿姨，手里还抱着小孩，当记者问她"你幸福吗"时，她的回答，也很简练但富有深意，她说："一个擦鞋的有啥幸福不幸福的。"这是她的本意也是无可奈何的回答，难道希望她回答"我很幸福，擦鞋是我最想干的工作，收入很高"？一时间，"幸福"一词成为媒体热词。"你幸福吗?"这个简单的问句背后蕴含着每一个普通人对于所处时代的政治、经济、自然环境等方方面面的感受和体会。幸福是什么？

中国自古以来的幸福时刻：

——久旱逢甘霖，他乡遇故知，洞房花烛夜，金榜题名时。

美国青年眼中的幸福时刻：

——异性一个特别的眼神；

——躺在床上静静地聆听窗外的雨声；

——发现自己最想买的衣服正在半价出售；

——傻笑；

——一次愉快的谈话；

——无意中听到别人正在称赞你；

——在路上看到一个漂亮的女孩并得知她还没有男朋友；

——送给朋友一件他一直想要得到的礼物，看着他打开包装时的惊喜表情；

……

你的幸福时刻是什么呢？

第一节　幸福是什么

📖 故事导入

一个20出头的年轻小伙子急匆匆地走在路上，对路边的景色与过往行人全然不顾。一个人拦住了他，问："小伙子，你为何行色匆匆啊?"小伙子头也不回，飞快地向前跑着，只泛泛地甩了一句："别拦我，我在寻求幸福。"

转眼20年过去了，小伙子已变成了中年人，他依然在路上疾驰。又一个人拦住了他："喂，伙计，你在忙什么呀?"

"别拦我，我在寻求幸福。"

又是20年过去了，这个中年人已成了一个面色憔悴、老眼昏花的老头，还在路上挣扎着向前挪。

一个人拦住他："老头子，还在寻找你的幸福吗?"

"是啊。"

当老头回答完别人的问话，猛地惊醒，一行眼泪掉了下来。原来刚问他问题的那个人，就是幸福之神，他寻找了一辈子，可幸福之神实际上就在他身边。

🔬 **知识链接**

一、幸福的含义

幸福是一种持续时间较长的对生活的满足和感到生活有巨大乐趣并自然而然地希望持续久远的愉快心情。塞里格曼说积极情绪是"幸福"的基本含义。还有学者认为，幸福是一种主观感受，但是又与客观因素密切相关，它的发展变化表现为个体的特殊性，但它又在社会成长中遵循着普遍的客观规律，它既受内部因素影响，又受外部因素制约，涉及自然、社会、心理等方方面面。幸福有时候只是那一瞬间的感动，会让一个人一直痴迷于此，幸福就是满足，幸福就是知足！一个人只有主动去找寻幸福，才会得到它。中西方哲学家对"幸福说"有不同的意见，有的主张"精神的快乐为幸福"；有的主张"个人的快乐为幸福"；有的主张"全体的快乐为幸福"。幸福是不痛苦，是一种感受良好时的情绪反应，一种能表现出愉悦与幸福心理状态的主观情绪。大部分人在谈论幸福时，都是指这种幸福——个人愉悦的感觉，积极的情绪，它是短暂的，易逝的，获得也相对简单，有许多的捷径，比如性、巧克力、药物。

二、幸福的元素

积极心理学之父马丁·塞利格曼最初把"幸福"划分为三个维度——快乐、投入、意义。每个维度的幸福都是好的，但是将浅层次的快乐转化为深远的满足感和持久的幸福感是一件益处更大的事情。这是"幸福 1.0"版本。他认为衡量幸福的黄金标准是生活满意度。后来他不断地研究分析，总结出"幸福 2.0 版本"。他认为衡量幸福的黄金标准是人生的蓬勃程度，而积极心理学的目标是使人生更加丰盈蓬勃。塞利格曼用 5 个元素来定义"幸福 2.0"。它们是积极情绪、投入、意义、积极的人际关系和成就。

1. 积极情绪

这是幸福的基石，而幸福感和生活满意度则作为积极情绪中的一个因子。在积极情绪上获得成功的人生称为愉悦的人生。积极情绪是幸福理论的第一个元素，包括指向过去的、现在的和未来的。对过去的积极情绪包括满意、满足、成就感、骄傲和平静。对现在的积极情绪包括欢乐、狂喜、平静、热情、愉悦。对未来的积极情绪包括乐观、希望、信心和信任。

2. 投入

在投入上获得成功的人生称为投入的人生。投入与心流有关，指完全沉浸在一项吸引人的活动中，时间好像停止，自我意识消失。心流可以产生于独自进行的活动，如艺术创造和攀岩。也可以产生于社会化的活动，如交谈、合作等。在那些自愿进行的活动中更能体验到心流。心流产生的条件包括明确的目标，即时的反馈和难易程度的匹配。心流具有六个特征，分别是全神贯注——注意力高度集中，完全沉浸在自己所从事的工作之内，忽视了外在所有的影响；知行合一——行动和意识完美地结合，已经变成了一种自动化的、不需要意识控制的动作，有一种行云流水般的流畅感；物我两忘——自我的意识暂时消失，此身不知在何处；时间飞——有强烈的时间扭曲感，不知不觉中，百年犹如一瞬间；驾轻就熟——对自己的行动有一种完美的掌控，不担心失败，不担心结果，充分体验行动的过程，感受到自己每一个动作的精准反馈；陶醉其中———一种超越日常现实生活，发自内心的积极、快乐和主动，不需要外在奖励就能够体验到行动的快乐，完成之后有一种酣畅淋漓的快感。心流越多，幸福感越强。在年轻时代有过更多心流体验的个体会显现出长期的满意结果，更具有长久的创造力，身体更健康。一个人进入心流体验的时间越多，就越能提升自己本身的幸福感，加深对目标的坚持，拥有更积极的心态。而这样的投入体验在生活中处处可见。如一段音乐、一本书、一首小诗、一次对话、一顿聚餐、一部电影等都能带给我们身、心、灵完美交融的快乐体验。

3. 意义

意义指归属于和致力于某种你认为超越自我的东西。这是幸福的第三个要素。在意义上获得成功的人生称为有意义的人生。追求有意义的生活就是用全部力量和才能去效忠和服务一个超越自身的东西，即发挥优势，投身于超出个人的事业，这是幸福感中最可敬的方面。意义来自归属感，致力于超越自我之外的事物，以及从内在发展出最好的自己。这和奥地利著名心理学家弗兰克尔的意义观颇像，弗兰克尔认为生命的意义是对他人的付出与给予，追求生命意义的人是超越自我的，在给予的过程中享受愉悦，收获幸福。对快乐、投入和意义的追求各自在人们的生活满意度中起到什么作用，马丁·塞利格曼通过对上千人进行的调查发现，对快乐的追求几乎不起什么作用；对意义的追求起的作用最大；对投入的追求同样起很大作用。意义有主观成分（如昨晚的"卧谈会"很有意义），但又不是单纯的主观感受。某肯非常忧郁，也许在绝望的时候，他会认为自己的人生毫无意义，但我们认为他的人生充满意义。意义有助于幸福，它往往是终极追求，比如你积极为艾滋病预防做宣传，被人误解，还因此丢了工作，但你仍然战胜挫折坚持了下来。

4. 成就

有些人为了成功、成就、胜利和成绩本身而追求它们，哪怕它不能带来任何积极情绪、投入、意义和人际关系，即只是为了赢而赢，包括在财富、工作、爱情、体育、游戏等各个领域。幸福离不开成就，成就也是人类追求的一个终极目标。若要取得成就，坚毅的品格比智商和情商更为重要。用公式来表示：天赋×努力＝技巧；技巧×努力＝成就，而成就＝天赋×努力^2。个体如果不努力，才华只是潜能而已。如果用自己学得的技巧再加上努力，每天都有所进步，才会成功。高度的努力来自高度的坚毅。坚毅比天赋更能预测一个人未来的表现。在遇到挫折、失败时，仍能坚持不懈地朝着自己的目标努力，这才是决定长期成功的因素。若要培养坚毅的品格，就要找到并发展自己的兴趣，并且坚持练习，用内在的热情努力实现人生目标。

5. 人际关系

幸福或积极很少见于孤独的时候。无论是在个体生活体验中，还是相关研究，都显示了人际关系的重要性。积极心理学家克里斯托弗·彼得森用"他人"来描述积极心理学。他人是人生低潮最好和最可靠的解药。研究表明，帮助别人是提升幸福感最可靠的方法。被人爱的能力是关键。优质的社会联系能提升工作绩效，带来更多晋升机会，促进创造性思维；孤独使人苛刻，畏缩，脆弱，容易生病；而幸福的人一般都不孤独。幸福感取决于归属需要的满足程度，具有亲密关系的人较之单身生活的人更幸福、健康、长寿。哈佛大学75年研究成果表明，良好的人际关系让人更加快乐和健康，孤独寂寞有害健康；真正有影响的是关系的质量；幸福的婚姻既保护身体，又保护大脑。你上一次开怀大笑是什么时候？上一次喜不自禁是什么时候？上一次感觉到深刻的意义和目的呢？上一次为成就而自豪呢？你的生活中，有没有一个人可以让你在凌晨4点仍然敢打电话过去倾诉烦恼？如果有，那你很可能会比回答"没有"的人活得长。积极的人际关系能对幸福带来深刻正面的影响，很幸福的人有很好的人际关系。与其他人相比，他们的爱情和各种人际关系都更好。很幸福的人在人际关系的各个方面——友情、亲情、爱情方面的得分都更高，别人对他们的人际关系的评价更好，他们也更乐于与别人在一起。

积极的人际关系是实现蓬勃人生的必要条件。孤独对生活具有消极的作用，良好的人际关系是人类幸福的基石。史蒂芬·普斯特曾说，当他小时候，他母亲看到他心情不好，就会告诉他，"你看上去心情不好，你出去帮助别人吧"。科学家发现，帮助别人是提升幸福感最可靠的方法。

> **心灵思考——学而思不罔**
>
> "邮票又涨了一分钱！"我怒气冲冲地说。当时我已经排了45分钟的队，终于站到了这个蜿蜒长队的前列，打算买一张有100枚一分钱连张邮票。在我身后，人们烦躁不安地排着长队。最后，我买了10张连张邮票，每张都有100枚邮票，不过10块钱而已。
>
> "谁需要一分钱的邮票？"我大喊，"不要钱！"人群中爆发出一阵雷鸣般的掌声，他们纷纷聚集到我的周围，不到两分钟，大部分邮票都发完了，邮局里的人也走光了。这是我一生中最满意的时刻之一。
>
> 练习：让我们一起做个练习，想一件别人没有预料到的好事，明天就去做，再观察一下自己的情绪变化。

第二节 积极心理学中的幸福

📝 **故事导入**

猫头鹰在人们进入梦乡后捕捉老鼠，为民除害。它认为这就是幸福。非洲野牛为了生存，在长达3000公里的迁徙中，一路危机四伏，躲过狮子、老虎和狼的追杀，强渡马拉河，避开鳄鱼的捕杀，只为吃上一口鲜嫩的青草，它觉得这就是幸福。

据世界卫生组织统计，全球抑郁症发病率约为11%，全球约有3.4亿抑郁症患者。当前抑郁症已经成为世界第四大疾病，到2020年已成为仅次于心脏病的人类第二大疾患。

抑郁症将成为 21 世纪人类的主要杀手。严重的患者中有 15% 会选择自杀来结束生命，2/3 的患者曾有过自杀的念头，全世界每年因抑郁症自杀死亡的人数估计高达 100 万。全世界患有抑郁症的人数在不断增长，在未来的一年里，将有 5.8% 的男子和 9.5% 的女子会出现抑郁症症状。

知识链接

延伸阅读——思而学不殆

满意的生活，是不是幸福呢？

你对生活满意吗？满意的生活，是否让你觉得幸福？一些调查显示，金钱与幸福并不是一种同步增长的关系。但很多人认为一定是越有钱就越幸福。其实不然。钱财的增加是幸福度上升的一个方式，但有成千上万种可能让人幸福。如友情、爱情、知足度、平常心、一个意外的礼物等，幸福并不挑人，也不挑时间。一个女孩，是村子里十几年来唯一考上大学的人，此时她很幸福；一个迷路的人遇到一个好心人的引路，此时他很幸福；推销员因为衣服褶皱担心不能见客户时，发现了酒店房间里的熨烫机，此时他很幸福；一首音乐、一双新鞋、一个苹果、一句简单的称赞都可能会让心灵溢满幸福。

1. 有幸福感的人更长寿

有一项对 180 位修女的幸福感及其寿命进行的研究，研究者根据他们的自传来判定幸福感对于长寿的影响。当这 180 位修女的自传被拿出来研读时，一个惊人的差异显现了出来。有 90% 在自传中经常出现"非常愉快""很开心的期待"等字眼的修女年龄均超过了 85 岁。相反，有 66% 在自传中没有传达出幸福感的修女早已离世。研究发现修女们在自传中所表达出的幸福感的强烈程度影响着他们的寿命。

2. 爱笑的人更幸福

心理学研究数据显示，经常笑的人往往拥有更幸福的恋爱。美国加州大学的心理学家，李·哈卡教授做过这样的调查，统计某私立女子大学的毕业照片中的每个人是否在笑，并追踪调查他们毕业后的 30 年人生。结果发现，毕业照中笑得越开心的人，30 年后生活越幸福。在 21 岁的毕业照里留下笑容的人，30 年后对于结婚的满足度也较高。心理学中，称这种现象为"魅力偏见"。老师容易看到笑眯眯的孩子，结果孩子也更容易顺利成长。换个角度，在挑选恋人或结婚对象时，选择爱笑的人，你自己幸福的可能性也更高。哪怕并非是发自内心的笑，也比面无表情要好。从今天开始，多用心保持笑容吧。越是爱笑的人，越能得到幸福的婚姻。生理学也有笑能增强免疫力的统计数据。为了得到身心充实的生活，难过的时候，也别忘记笑哦！

第三节　如何让幸福持久

📖 **故事导入**

渔夫与银行家

在墨西哥一个小渔村的码头边，一位美国投资银行家遇到一个驾着小船刚刚打鱼回来的渔夫。银行家夸渔夫的鱼真是不错，并问捕这些鱼要花多长时间。

渔夫回答："只需一会儿工夫。"

银行家问："为什么你不捕更多的鱼呢？"

渔夫说："这些已足够我家用了。"

银行家又问："但是剩下的时间你干什么呢？"

渔夫说："每天我会睡个懒觉，然后打点鱼，逗孩子玩会儿，陪我老婆玛丽亚睡个午觉。晚上在村子里晃荡几圈，和朋友们弹会儿吉他，再喝上几杯。我的生活充实而又忙碌。"

银行家嘲笑地说："我是哈佛大学毕业的。或许我能够帮助你过得更好。你应该花更多的时间去捕鱼，然后用卖鱼挣的钱买一条更大的船——用这条大船挣的钱你可以再买几条船，最后你就会拥有一个船队；你要直接把捕到的鱼卖给加工商，而不是中间商，这样你才能卖得最好的价钱；财富积累到一定程度，你要自己开家食品罐头厂，这样你就能控制整个产品的生产、加工和供应。那时候你就可以离开这个小渔村，搬到墨西哥城去，然后是洛杉矶，甚至是纽约，在那里你还可以再进一步扩大你的投资。"

渔夫问："但是，这得需要多长时间呢？"

银行家回答："15 到 20 年。"

"然后呢？"渔夫问。

银行家得意地笑着说："然后你的生活就会非常精彩。当你投资企业达到一定规模，时机成熟，你就可以宣布上市计划，向公众出售你的股票。一夜之间，你就会变得非常富有，能够赚成百上千万美元啊！"

"上千万？然后呢？"

银行家说："然后，你就可以退休了，搬到一个海岸边的小渔村，早晨睡个懒觉，打几条鱼，逗逗孩子们，陪老婆睡个午觉。晚上在村里溜达几圈，和朋友们弹会儿吉他，再喝上几杯。"

"我现在过的就是这样的日子啊！"渔夫说。

⚛ **知识链接**

我们总是在想生活中有什么不满意的地方，却很少花时间去想生活中有多少恩惠。为了克服大脑的负面偏好，我们必须练习去想美好的事情。

一、感恩拜访练习

有一个简单的练习可以提升幸福感，减轻抑郁，叫作"感恩拜访练习"。闭上眼睛，想象一个依然健在的人，他多年前的言行曾让你的人生变得更美好。你从来没有充分地感谢过他。

给这个人写一封感恩信，并亲自递送给他。这封信的内容要具体，400 字左右。在信中，你要明确地回顾他为你做过的事，以及这件事如何影响到你的人生。让他知道你的现状，并提到你是如何经常想到他的言行的。要写得能拨动心弦！

写完这封感谢信后，打电话给这个人，告诉他你想要拜访他，但是不要告诉他这次见面的目的。见到他后，慢慢地念你的信，在你念完之后，你们可以讨论信的内容，并交流彼此的感受。从现在开始的一个月内，你将会觉得更加幸福，更少抑郁。

二、三件好事练习

幸福感提升以后能持续吗？

我们太过注意生活中的坏事，对于好事却关注不多。当然，有些时候我们需要分析坏事，以便从中吸取教训，并避免将来重蹈覆辙。然而，人们去想生活中的坏事的时间过多。更糟糕的是，这种对坏事的过度关注会加剧我们的焦虑和抑郁。

一般的理解是，幸福和痛苦都会回归平均值。因此，必须继续收获更多的好事，才能提升我们已经开始下降的幸福感。

与其等着新的好事发生，不如发现已经发生的好事。

三件好事练习：在每天晚上睡觉之前，花 10 分钟写下今天的三件好事，以及它们发生的原因。

重点是这 11 个字以及它们发生的原因。例如，如果你的男朋友给你买了哈根达斯，你就可以写下原因："因为我男朋友真的很体贴"。写下生活中好事的原因在一开始也许会让你觉得有点别扭，但坚持一个星期，它就会逐渐变得容易了。一般来说，6 个月后，你会更少抑郁、更幸福，并会喜欢上这个练习。

积极心理学之父马丁·赛里格曼曾经测试"三件好事"的效果，他的测试结果表明，"三件好事"是最能提升幸福感，减少抑郁的方法——在 6 个月后，"三件好事"参与者的幸福指数平均比对照组提高 5%，抑郁指数降低 20%。

三、积极主动式回应

生活中不同的人常常告诉我们不同的事情，可能是胜利、成功、喜悦等好事，也可能是悲伤、沮丧、无奈之举，而我们应对的方式可以加强这种关系，也可能会破坏这种关系。我们以亲子关系中的回应，列出了四种基本的应对方式。

孩子与你分享的好事	回应类型	你的反应
今天上专业课时，老师表扬了我	积极主动	太棒了：你的努力得到了老师的肯定，我真为你高兴，快告诉我老师表扬了你什么？（保持目光接触，表达积极的情绪）

（续）

孩子与你分享的好事	回应类型	你的反应
今天上专业课时，老师表扬了我	积极被动	还可以啊！很少甚至没有积极的情绪表达
	消极主动	表扬你一次，又不是天天表扬你（表现出消极情绪）
	消极被动	你表扬跟我有什么关系？别在这显摆了！（冷漠，离开）

四种基本的应对方式，其中只有一种是可以建立良好关系的，那就是积极主动式回应，它是一种乐观主义的反馈。积极主动式回应包含以下几个要点：

①描述客观事实；

②共情，真实的情感表达；

③看到不容易，鼓励成长；

④寻求背后的原因，你是怎么做到的；

⑤积极的非语言动作。

请选择一位与你关系密切的人，然后开始回忆当他说好消息时你做出的反应："我的测验成绩得了优秀！""我减肥成功了！"……直到能分辨出你的反应模式。如果你常使用积极主动式回应，很有可能跟这个人建立了不错的关系。

你可以选择另一个人进行这项训练，也许你非常关心这个人，你严肃的反应可能源自你对他的爱。你可能并不希望自己的孩子骄傲自满，也可能不希望他得知消息并非他所愿时而感到失望。但"建设性的"批评或者适当的热情是你说给他们听的，这本身就是一种安抚。所以，尝试改变，以积极主动的方式去对每一条好消息进行反馈。

当然，这项练习也要随机应变。如果对方真的跟你说了一件荒唐的事，这时你也没必要用积极的方式去应答。但是当生活中我们听到好消息时，能热情积极地给予反馈，你会发现各种人际关系会有不小的变化。

以下是你本周的练习：当你关心的人告诉你他们的好事时，你要认真倾听。改变你的习惯，用积极的、主动的方式来回应他们。请你与他们重温事件，重温的时间越长越好。在这个星期，你每天都要寻找周围人的好事，并在每晚将他们记录在下面的表格中。

别人的事件	我的回应（完整的记录）	别人对我的回应

如果你发现自己对此不太擅长，可以提前规划。写下最近听到的一些好事，以及当初应该如何回应。你早上醒过来时，花5分钟想一下你今天可能会碰到谁，他们可能告诉你什么好事，然后计划好你的积极主动式回应。在这个星期，每天都请对别人用各种积极主动式回应。

只要坚持这件事就会越做越顺。不过，对多数人来说，这不是与生俱来的能力，只有勤奋练习，才能让它变成一种习惯。一旦你开始了这项练习，你就会发现，别人更喜欢你了，他们更愿意跟你在一起，也更愿意与你分享他们生活中更多私密的细节。你的自我感觉会更好，而所有这一切又会反过来提高你积极主动式回应技巧。

四、妙用洛萨达比例

著名心理学者洛萨达提出过一个命题，一个人积极向上的情绪是由积极情绪和消极情绪综合而成。其中的比例大致是 17∶6，值约为 2.9013，这被称作心理学的魔力数值。

洛萨达提出：当积极情绪为 17，消极情绪为 6 的时候，人是最积极向上的。当积极情绪低于 17，消极情绪高于 6 的时候，人会达不到积极情绪的最高值，这个积极的值越低，人越消极。可当积极情绪超过 17 的时候，也就是说当 17∶6 的比例被打破，如达到 17.6∶0.4 的时候，人反而开始消极，如果积极情绪超过 17.6，人将急速陷入消极。这就是洛萨达心理线。

在人力资源领域，尤其是在团队合作当中，有很多心理学成果被运用。洛萨达心理线就是其中之一。在团队当中，好员工和坏员工的比例是 17∶6 时，这个团队是运行最健康的，反之，则会出现问题，就是说团队中如果全是好员工，将无法发挥最佳效益。

在家庭中，人的感情可以因一句话而受到伤害，却要说许多话弥补。洛萨达发现，幸福夫妻的对话中，积极与消极的比例是 5∶1，如果你说了一句伤人的话，就要用 5 句去弥补。即使在大学生的恋爱中也是如此。如果低于这个比例，恋爱的幸福度就要打折了。所以，如果你对女朋友或男朋友说了一句消极的话，都要用 5 句积极的话而弥补。

五、学会使用品格优势

在第二节我们已经通过测试清楚了自己的品格优势。排名靠前的两项优势就是你的最强优势，其中包含了你的标志性优势。即你不仅在这项优势上表现强大，而且你自己也真心喜欢、珍惜、认同这项优势。当你运用这些优势时，你会有兴奋、投入、富有激情的感觉；你会迅速成长；你会想方设法地找到运用这些优点的新途径、新项目；你会感到越来越兴致盎然，而不是越来越累。让我们一起来做个活动。现在请讲一个"最佳的我"的故事。通过这个故事来发现我们标志性的优势吧。接下来换个场景使用优势。发展优势时，我们需要不断地扩展到新的场景，找到新的途径使用优势。如创造力这一优势，既可以用在工作的创新中，也可以用在即兴编故事中。接下来，用优势把你不喜欢的事变成喜欢的事。当然，这需要一引发创造力。我们首先进行发散性思考，想一想这项你不喜欢的事情有哪些属性，然后进行联想性思考，把这件事情你的标志性优势联系起来，于是你就可以用优势来做你不喜欢的事了。

积极的心理健康是一种存在：存在积极的情绪、存在参与、存在意义、存在良好的人际关系，同时也存在成就。心理健康的状态不仅不会产生身心失调、紊乱更是一种蓬勃的存在。积极心理学之父马丁·塞利格曼在幸福感与健康的关系方面进行了深入的研究。通过多年对心血管疾病、传染病、癌症以及各种原因的死亡率进行临床研究发现，当所有其他风险因素保持不变的时候，具有较多积极情绪的人得心脏病的概率较低，积极情绪有助于预防感冒与流感，高度乐观的人群罹患癌症的风险更低，特别是乐观主义者的心血管疾病死亡率只有悲观主义者的 23%。总之，对于拥有较多幸福感的人群而言，由各种原因导致的死亡风险都较低。

实验表明，是乐观提升了健康。我们常常可以看到，幸福的人不太抱怨，他们很少会显露出痛苦和疾病的症状；一般而言，他们呈现出更好的健康状况。相反，悲观的人会更多地抱怨痛苦，表现出更糟糕的健康状况。两者在事实上可能有着相同的生理状况，是悲伤与幸福感改变了他们看待自己身体症状的方式。或者，也可能这只是反映了人在描绘症状时的偏见：悲观的人总是只注意到消极症状，而快乐的人只看到好的一面。因此，抑郁者感受到的痛苦更多，更容易生病；快乐者感受到的痛苦较少，患病也较少。

那么乐观是如何发挥保护作用，使人不太容易生病的？存在以下三种可能：

1. 乐观者采取行动，并有更健康的生活方式

乐观者认为自己的行为会影响到健康，而悲观者认为自己是无助的，无论他们做什么都不会有任何改观。乐观者愿意尝试，而悲观者则陷入消极失望。因此，乐观者很容易接受医学建议。再进一步说，生活满意度高的人，比生活满意度低的人更有可能控制饮食、不吸烟，还能经常锻炼身体。有研究表明，快乐的人比不快乐的人睡眠好。乐观主义者不仅容易听从医生的意见，还会采取行动，避免不良后果的发生；而悲观者是被动的。当飓风警告来袭时，乐观者比悲观者更有可能到飓风避难场所寻求安全，而悲观者则会听天由命。你身上的坏事越多，疾病也越多。

2. 社会的支持

朋友和爱越多，生病越少。如果你有一个能在凌晨三点打电话倾诉烦恼的朋友，你就会更健康。而孤独的人的健康状况明显不如朋友多的人。快乐的人拥有更丰富的社会网络，而社会关系能减缓衰老。

3. 生理机制

实验证实，乐观者相对于悲观者的血液对于病菌的反应更活跃，产生的抗感染的白细胞和 T 淋巴细胞也更多。另外在循环系统对反复压力的病理反应方面，悲观者容易放弃，会承受更多的压力，而乐观者能更好地应对压力。面对反复的压力，特别是当一个人感觉无助时，很可能会调动皮质醇(一种应激激素)及其他循环系统反应，从而诱发或加重对血管壁的损害，同时加速动脉粥样硬化，以及导致持久的炎症。

延伸阅读——思而学不殆

建立积极关系的钥匙——同理心

有一个精神病人，以为自己是一只蘑菇，于是他每天都撑着一把伞蹲在房间的墙角里，不吃也不喝，像一只真正的蘑菇一样。护士怎么叫他吃药睡觉都没有用，很是无奈。有一天，心理医生也撑了一把伞，蹲在了病人的旁边，病人很奇怪，问："你是谁呀？"医生回答："我是一只蘑菇。"过了一会儿，医生在房间里走来走去，病人就问他："你是蘑菇，怎么可以走来走去？"医生回答说："蘑菇当然可以

走来走去啦!"于是病人也站起来走。又过了一会儿,医生拿出食物吃,病人又问:"蘑菇可以吃东西?"医生回答:"蘑菇当然也可以吃东西。"于是病人也开始吃东西。一段时间后,病人还觉得自己是一只蘑菇,但他可以像正常人一样吃药吃饭睡觉了。当一个人难过、失落时,也许,他不需要太多的劝解和安慰,他需要的,只是能有一个在他身边蹲下来,陪他做一只蘑菇的人。

课堂互动——好之者不如乐之者

真我角色

A. 请你列出自己在生活中所扮演的各种角色(尽可能多列)

_____　　_____　　_____

_____　　_____　　_____

B. 请从上面各种角色中挑选出你认为最重要的三个,并写下你为此做了些什么。

角色一_____　做了什么_____

_____

角色二_____　做了什么_____

_____

角色三_____　做了什么_____

_____

C. 如果有一天你必须要放弃某一个角色,你的选择以及理由:

放弃的角色是:_____

放弃的理由是:_____

D. 当只可能剩下一种角色时,想一想你在扮演这个角色及选择时的感受:

最后的角色是:_____

决定的理由是:_____

选择时的感受:_____

E. 在这个练习中我受到的启发是:_____

_____

好书推荐——吾生有涯而知无涯

《持续的幸福》

作者：马丁·塞利格曼

本书介绍了实现幸福人生应具有的5个元素（PERMA），即要有积极的情绪（positive emotion）、要投入（engagement）、要有良好的人际关系（relationships）、做的事要有意义和目的（meaning and purpose）、要有成就感（accomplishment）。PERMA不仅能帮助人们笑得更多，感到更满意、满足，还能带来更好的生产力、更多的健康，以及一个和平的世界。

《吾心可鉴：澎湃的福流》

作者：彭凯平

幸福是人类永恒的话题。本书可以让我们认识到幸福是个人的感受，是身、心、灵完美融合的状态。让我们看到幸福并不是少数人的专利，而是任何人都可以享受到的极致幸福。它让人欣喜若狂、如痴如醉、欢乐至极。

好影推荐——光影共徘徊

《驯龙高手》

故事讲述一个住在博克岛的维京少年希卡普，他的驯龙测验即将到来，他必须把握这唯一的机会，向族人和他爸爸证明他存在的价值。但是，当希卡普遇见一只受伤的龙，并且和这只龙成为朋友之后，他的世界也从此变得不一样了。

《当幸福来敲门》

克里斯·加纳用尽全部积蓄买下了高科技治疗仪，到处向医院推销，可是因为价格高昂，接受的人不多。就算他多努力都无法提供一个良好的生活环境给妻儿，妻子最终选择离开家。从此他带着儿子克里斯·托夫相依为命。克里斯好不容易争取回来一个股票投资公司实习的机会，就算没有报酬，成功机会只有百分之五，他仍努力奋斗，儿子是他的力量。他受尽白眼，与儿子躲在地铁站的公共厕所里，住在教堂的收容所里……他坚信，幸福明天就会来临。

参考文献

毕淑敏，2018. 心灵七游戏[M]. 长沙：湖南文艺出版社.

卞文志，2020. "网红"李子柒：一个农家女利用自媒体成功创业的故事[J]. 科学种养(4)：15-17.

程龙泉，2014. 吾心成长——新编高职大学生心理健康教育教程[M]. 北京：高等教育出版社.

程曼诗，2020. 从"网红"走向"长红"[J]. 湖北日报(评论)(11)：1.

樊富珉，1997. 大学生心理健康与发展[M]. 北京：清华大学出版社.

樊富珉，2015. 结构式团体辅导与咨询应用实例[M]. 北京：高等教育出版社.

何文秋，程宇，2005. 大学生心理适应教育[J]. 当代青年研究，06：13-15.

侯瑞鹤，俞国良，2006. 情绪调节理论：心理健康角度的考察[J]. 心理课学进展(3)：375-381.

简·博克，莱诺拉·袁，2009. 拖延心理学[M]. 北京：中国人民大学出版社.

姜旭平，2008. 时间管理课堂[M]. 上海：上海交通大学出版社.

卡罗尔·德韦克，2017. 终身成长[M]. 南昌：江西人民出版社.

李菁华，2019. 大学生心理健康教育——做一个心理阳光的人[M]. 天津：天津科学技术出版社.

李正超，2020. 新浪网中的网红形象研究[D]. 南京：南京艺术学院.

刘华山，2001. 学校心理辅导[M]. 合肥：安徽人民出版社.

刘嵋，2009. 大学生班级团体心理辅导[M]. 北京：清华大学出版社.

卢家楣，李伟健，樊富珉，等，2018. 青少年心理十万个为什么[M]. 北京：科学出版社.

卢绪文，2013. 时间管理改变命运[M]. 北京：中国财富出版社.

马丁·塞里格曼，2010. 真实的幸福[M]. 沈阳：北方联合出版传媒(集团)股份有限公司，万卷出版公司.

马丁·塞里格曼，2012. 持续的幸福[M]. 杭州：浙江人民出版社.

苗玉硕，2020. "网红"发展对青少年的影响及危害调查[J]. 决策探索(上)：28-29.

彭凯平，2016. 吾心可鉴-澎湃的福流[M]. 北京：清华大学出版社.

汪海燕，马奇柯，2009. 高职高专学生心理健康指导[M]. 北京：高等教育出版社.

王俊生，王冠，2012. 大学生人际交往与沟通[M]. 北京：北京邮电大学出版社.

魏凤莲，2013. 借口心理学[M]. 北京：北京日报报业集团，同心出版社.

曾光，赵昱鲲，2018. 幸福的科学[M]. 北京：中国工信出版集团，人民邮电出版社.

张厚粲，2001. 大学心理学[M]. 北京：北京大学出版社.

郑颖，2020. "网红"的正确打开方式[J]. 江西日报(评与论)(10)：1.

中国互联网信息中心，2020. 第46次中国互联网络发展状况统计报告[R]. 国家图书研究院.

仲少华，2012. 新编大学生心理健康教程[M]. 上海：上海交通大学出版社.

周娅娴，2020. 基于SWOT分析方法分析某网红奶茶成功原因[J]. 中外企业家(20)：66.

朱珠，任梓昕，2021. 网红经济对大学生消费行为的影响[J]. 消费市场(1)：35-38.